Política

Dados Internacionais de Catalogação na Publicação (CIP)
(Câmara Brasileira do Livro, SP, Brasil)

Aristóteles
   Política / Aristóteles ; tradução de Vinícius Chichurra. – Petrópolis, RJ : Vozes, 2022. – (Coleção Vozes de Bolso)

   Título original: Política
   ISBN 978-65-5713-661-4

   1. Filosofia grega 2. Política I. Título. II. Série.

22-116354   CDD-320

Índices para catálogo sistemático:
1. Ciência política   320

Cibele Maria Dias - Bibliotecária - CRB-8/9427

Aristóteles

Política

Tradução de Vinícius Chichurra

Vozes de Bolso

Este texto de Aristóteles se baseou na edição: *Politcs*, Cambridge: Harvard University Press, 1932 (Loeb Classical Library, 264)

© desta tradução:
2022, Editora Vozes Ltda.
Rua Frei Luís, 100
25689-900 Petrópolis, RJ
www.vozes.com.br
Brasil

Todos os direitos reservados. Nenhuma parte desta obra poderá ser reproduzida ou transmitida por qualquer forma e/ou quaisquer meios (eletrônico ou mecânico, incluindo fotocópia e gravação) ou arquivada em qualquer sistema ou banco de dados sem permissão escrita da editora.

CONSELHO EDITORIAL

Diretor
Gilberto Gonçalves Garcia

Editores
Aline dos Santos Carneiro
Edrian Josué Pasini
Marilac Loraine Oleniki
Welder Lancieri Marchini

Conselheiros
Elói Dionísio Piva
Francisco Morás
Ludovico Garmus
Teobaldo Heidemann
Volney J. Berkenbrock

Secretário executivo
Leonardo A.R.T. dos Santos

Revisão do original: Alessandra Karl
Diagramação: Sheilandre Desenv. Gráfico
Revisão gráfica: Anna Carolina Guimarães
Capa: Ygor Moretti

ISBN 978-65-5713-661-4

Este livro foi composto e impresso pela Editora Vozes Ltda.

Livro I

[1252a] [1] Percebemos toda *pólis* como uma certa forma de comunidade e toda comunidade é formada visando algum bem (pois todos os homens realizam todas as suas ações em vista do que pensam ser o bem). É, então, evidente que, ao passo que todas as comunidades visam algum bem, a comunidade [5] mais elevada de todas, e a que reúne todas as outras, visa o mais elevado de todos os bens. Essa comunidade é o que chamam de *pólis* e é aquela que apresenta caráter comunitário e político.

Portanto, estão enganados aqueles que pensam que as funções de um político, de um rei, de um senhor de uma casa e de um déspota são as mesmas (pois imaginam que a diferença entre essas várias formas [10] de autoridade dá-se num maior ou menor número de submetidos e não em uma diferença de natureza, ou seja, que o governante de algumas pessoas é um déspota, mas o governante de várias pessoas é um senhor de uma casa; se governa ainda mais pessoas é um político ou um rei, como se não houvesse diferença entre uma grande propriedade e uma pequena cidade; consideram também, quanto ao político e ao rei, que quando controla como único governante trata-se de um rei, e aquele [15] que governa de acordo com os princípios da ciência política e que se reveza para governar e ser governado trata-se de um político; mas essas opiniões não são verdadeiras). Isso ficará claro se examinarmos a questão de acordo com o costumeiro método de investigação.

Assim como em todas as outras ciências, é necessário analisar um composto por inteiro, até aos seus elementos mais simples (pois esses são as menores [20] partes do todo); o mesmo ocorre com a *pólis*. Examinando os elementos pelos quais é composta, discerniremos melhor como esses diferentes tipos de governantes diferem entre si e se é possível obter alguma precisão técnica em relação a cada uma das declarações mencionadas acima.

[25] Assim como em outros domínios, observar as coisas em processo de desenvolvimento desde o início é o melhor método de investigação. Primeiramente, é necessário formar um par daqueles que não podem existir sem o outro, como a união do macho com a fêmea para a continuidade da espécie (e isso não tem a ver com uma questão de escolha, já que, assim como em outros animais e com as plantas, deixar descendentes, ou seja, um ser da mesma espécie, [30] é um instinto natural); também o caso daquele que, por natureza, governa e daquele que se submete a este por conta da segurança. É que aquele que é capaz de prever com sua percepção é naturalmente um governante e senhor, enquanto aquele que é capaz de usar o corpo para executar um trabalho é naturalmente governado e escravo; é por isso que o senhor e o escravo se adaptam um ao outro.

[1252b] Portanto, a mulher e o escravo são, por natureza, distintos (pois a natureza não faz nada de forma mesquinha, como os cuteleiros fazem a faca de Delfos, mas destina cada coisa para um propósito; pois, dessa maneira, cada ferramenta seria produzida com uma maior perfeição se servir somente a uma função, não a várias. [5] No entanto, entre os bárbaros, a mulher e o escravo têm a mesma condição; e a razão disso é que os bárbaros não possuem um governante natural, mas tornam sua comunidade em uma parceria de escrava e escravo. Daí o ditado dos poetas: "É justo

que os gregos governem os bárbaros", implicando que bárbaro e escravo são de mesma natureza.

Dessas duas comunidades, [10] então, primeiro se compõe a casa, e Hesíodo estava certo quando disse *"em primeiríssimo lugar, uma casa, uma esposa e um boi para a lavoura"* porque o boi é o servo dos homens pobres. A comunidade, portanto, que surge no curso da natureza para os propósitos cotidianos é a casa, cujos membros Carondas chamam de "companheiros da mesa" e Epimênides, [15] de Creta, de "convivas". Por outro lado, a principal comunidade constituída por vários agregados familiares para a satisfação de necessidades além das diárias é a aldeia. A aldeia, de acordo com o relato mais natural, parece ser uma colônia de lares, formada por aqueles que alguns chamam de filhos do mesmo leite, seus filhos e filhos de seus filhos. É por essa razão que nossas *póleis* estavam inicialmente sob o domínio real e que os povos estrangeiros ainda estão; [20] porque eram compostas de partes que estavam sob domínio real. Tal como toda casa está sob o domínio de seu membro mais velho, de modo que as colônias também o eram, devido ao parentesco de seus membros. É isso que Homero quer dizer com *"cada um dita a lei aos filhos e aos cônjuges"*, visto que [os ciclopes] viviam em famílias espalhadas; e essa é a maneira como se costumava viver nos primórdios. Também isso explica por que todos os homens dizem que os deuses [25] são governados por um rei, porque os próprios homens eram e alguns ainda o são, como costumavam ser os antigos. Uma vez que os homens imaginam os deuses à sua imagem, também supõem que seu modo de vida é como o seu. Por fim, a comunidade composta por várias aldeias é a *pólis* e a que, por assim dizer, atingiu o máximo da autossuficiência. Dessa maneira, a *pólis* que passou a existir [30] para preservar a vida, agora existe para assegurar a vida boa. Portanto, toda *pólis* existe por natureza na medida em que existiam as primeiras comunidades; pois a *pólis* é o fim destas, e a natureza é um fim; pois sempre que o crescimento de cada coisa, falamos como sendo sua natureza, por exemplo, seja de um homem, de um cavalo ou de uma casa. Além disso, o propósito para o qual uma coisa existe, ou seja, seu fim, é seu bem principal; [1253a] [1] e sua autossuficiência é tanto um fim quanto o melhor dos bens.

A partir disso, portanto, é evidente que a *pólis* existe por natureza e que o homem é, por natureza, um ser político. Aquele que não tiver uma cidade, por natureza e não por acaso, é um homem inferior ou superior, assim como [5] o homem condenado por Homero sendo "sem família, sem lei, sem lar", pois o homem que é assim por natureza é tanto um apreciador da guerra como um solitário, tal qual uma peça isolada em jogos.

A razão pela qual o homem é um ser político, mais do que qualquer abelha ou animal gregário, é óbvia. A natureza, como declaramos, não faz nada sem propósito, e só o homem, [10] dentre todos os seres vivos, possui a fala. Assim, a voz é um sinal de dor e prazer e, portanto, também pertence a outros animais (cuja natureza foi desenvolvida a ponto de ter sensações do que é doloroso e agradável e indicá-las uns aos outros), o discurso, por outro lado, destina-se a indicar o útil e [15] o prejudicial e, portanto, também o justo e o injusto; pois, em distinção aos outros animais, o homem possui uma característica particular: somente ele tem percepção do bem e do mal, do justo e do injusto e de outras qualidades morais; e é a comunidade desses aspectos que faz um lar e uma *pólis*. Assim também a *pólis* é, por natureza, anterior ao lar e a cada um de nós individualmente.

[20] O todo deve necessariamente ser anterior à parte; pois quando todo o corpo for destruído, pé ou mão não existirão, exceto em forma de homoní-

mia, no sentido em que se alguém falasse de uma mão esculpida em pedra (porque essa mão será uma mão já perdida), e todas as coisas são definidas por sua função e capacidade, de modo que, quando não são mais capazes de desempenhar sua função, não se deve dizer que são as mesmas coisas, mas que apenas apresentam o mesmo nome.

[25] É claro, portanto, que a *pólis* também é anterior, por natureza, ao indivíduo; pois se cada indivíduo, quando separado, não é autossuficiente, estará relacionado com a *pólis* assim como as partes estão com o todo, enquanto que um homem incapaz de entrar em comunidade, ou que é tão autossuficiente que não tem necessidade de fazê-lo, não faz parte de uma *pólis*, como um animal selvagem ou um deus. Portanto, é natural que o desejo de formar [30] uma comunidade desse tipo está presente em todos os homens, mas o responsável que primeiro uniu as pessoas em tal comunidade foi o maior dos benfeitores. Já que o homem é o melhor dos animais quando atinge seu completo desenvolvimento, ele é o pior de todos quando separado da lei e da justiça, pois a injustiça armada é mais perigosa, e o homem nasce possuindo armas para o uso da sabedoria e [35] da virtude, mas que também podem ser usadas inteiramente para fins opostos. Por isso, quando desprovido de virtude, o homem é o mais profano e selvagem dos animais, e o pior em relação aos prazeres sexuais e gula. A política, por outro lado, é própria da *pólis*, uma vez que a justiça é a ordem da comunidade política e consiste também na decisão do que é justo.

[1253b] [1] Agora que está claro quais são as partes componentes da *pólis*, é necessário, primeiramente, falar sobre a administração doméstica; pois toda *pólis* é composta de lares. A administração doméstica divide-se em partes correspondentes aos membros que compõem o agregado familiar; e a casa, em sua forma completa, consiste em escravos e homens livres.

[5] A investigação de cada coisa deve começar com suas partes menores, e as partes principais e menores de uma casa são as relações senhor e escravo, marido e mulher, pai e filhos; devemos, portanto, examinar a estrutura e o caráter próprios de cada uma dessas três relações, ou seja, da capacidade de ser senhor de uma casa, da capacidade de "ser casado" (não há um termo exato para [10] denotar a relação entre esposa e marido) e, em terceiro lugar, da capacidade "de procriar" (também não possui um termo próprio). Adotemos, então, essas três relações que mencionamos. Há também outro elemento que alguns consideram o mesmo que administração doméstica e outros a parte mais importante dela; devemos, assim, considerá-la. Falo sobre o que se chama de "a arte de ganhar dinheiro".

[15] Em primeiro lugar, comecemos por discutir a relação entre senhor e escravo, a fim de observarmos os fatos que dizem respeito a sua existência, e, também, saber se podemos obter algum conhecimento teórico melhor sobre o assunto do que as noções atualmente sustentadas. Pensam, pois, alguns, que a função do senhor de uma casa é uma ciência e, além disso, pensam que administração da casa, do senhor, do político e do rei são a mesma coisa, [20] como dissemos no início; outros, no entanto, sustentam que um homem ser senhor de outro homem é contrário à natureza (pois é apenas a convenção que torna um homem escravo e o outro livre, uma vez que não há diferença entre eles por natureza), e, portanto, é uma relação injusta, pois é baseada na força. Logo, como a propriedade faz parte de uma casa e a arte de ganhar dinheiro é parte da administração doméstica (pois sem o necessário [25] é impossível não só viver, como também viver bem) e visto que, assim como em outras artes definidas, seria necessário que os instrumentos apropriados fossem fornecidos para que seu trabalho fosse realizado, assim também o senhor de uma casa

deve ter seus instrumentos, uns inanimados e outros animados (por exemplo, para um timoneiro o leme é um instrumento inanimado e o vigia um instrumento animado – [30] pois um ajudante, nas diferentes artes, pertence à classe dos instrumentos); sendo assim, um artigo de propriedade é também um instrumento para o propósito da vida, e a propriedade é uma coleção de instrumentos; um escravo é uma espécie de artigo animado de propriedade e todo ajudante é como se fosse um instrumento para todos os outros; pois se cada instrumento pudesse realizar seu próprio trabalho quando ordenado ou pudesse prever o que deveria fazer – [35] tal como as estátuas Dédalo declaram ou ainda os tripés de Hefesto, que o poeta diz "movendo-se por si mesmos entram na companhia dos deuses" –; e se, do mesmo modo, os teares tecessem sozinhos e as palhetas tocassem a cítara por si mesmas, então os mestres artesãos não precisariam de ajudantes nem os senhores de escravos.

[1254a] Os instrumentos mencionados são instrumentos de produção, enquanto um artigo de propriedade é um instrumento de ação; de um tear obtém-se outra coisa além do seu mero uso, mas de uma roupa ou de uma cama obtemos apenas seu uso. [5] Ademais, como há uma diferença de tipo entre produção e ação, e ambas precisam de instrumentos, é necessário que essas ferramentas também possuam a mesma diferença. A vida é ação, não produção, portanto, o escravo é um ajudante na classe dos instrumentos de ação.

O termo "artigo de propriedade" é usado da mesma maneira que o termo "parte". A parte não [10] é apenas uma parte de outra coisa, mas lhe pertence inteiramente, e assim também é um artigo de propriedade. Desse modo, enquanto o senhor é apenas o senhor do escravo e não lhe pertence, o escravo não é apenas o escravo do senhor, mas lhe pertence inteiramente. Essas considerações, portanto, tornam clara a natureza e a qualidade do escravo: aquele que é um ser humano, por natureza, não pertencente a si mesmo, [15] mas a outro é um escravo por natureza, e uma pessoa que é pertencente a outra, apesar de ser humano, é um artigo de propriedade, e um artigo de propriedade é um instrumento de ação e de existência autônoma.

Devemos considerar, ainda, se existe ou não alguém que seja escravo por natureza, e se é vantajoso e justo serem escravos, ou pelo contrário, ou seja, se toda escravidão é contra a natureza.

[20] Não é difícil compreender pela teoria ou aprendê-la a partir do que acontece. Autoridade e subordinação são condições não apenas necessárias, mas também convenientes; em alguns casos, desde seu nascimento, as coisas são estabelecidas e destinadas a governar ou serem governadas. Há muitas variedades de governar [25] e de ser governado (e é sempre melhor quando a autoridade é exercida sobre o melhor tipo de subordinados, por exemplo, controlar um ser humano é algo melhor do que domar uma fera selvagem; pois aquilo que é governado pelo melhor fornece uma melhor função, e quando uma parte governa e outra é governada, há uma função desempenhada entre elas); porque em toda coisa composta, em que uma pluralidade de partes, contínuas ou descontínuas, se combinam para formar um único todo em comum, [30] sempre se encontra esse fator de governante e governado, e essa característica presente nos seres vivos surge como um resultado de toda a natureza, pois mesmo nas coisas inanimadas há um princípio de autoridade, como no caso de disposição harmoniosa. No entanto, esse assunto talvez pertença a uma investigação um pouco fora do nosso assunto. Primeiramente, um ser vivo consiste principalmente de alma [35] e de corpo, dos quais o primeiro é, por natureza, o que governa e o segundo o subordinado. Para

descobrir o que é natural devemos estudá-lo preferencialmente em coisas que estão em estado natural, e não em amostras corrompidas. Portanto, ao estudar o homem, devemos considerar um homem que está na melhor condição possível tanto no que diz respeito ao corpo quanto à alma, e no qual isso está evidente; [1254b] [1] pois aqueles que são maldosos ou que estão em um estado de maldade, pode-se pensar que o corpo muitas vezes governa a alma por causa de sua condição viciosa e antinatural. Dizemos, então, que é em um ser vivo, que se pode discernir primeiro o domínio tanto de um senhor quanto de um político; enquanto a alma controla o corpo [5] com a autoridade de senhor, a inteligência controla os apetites de um político ou de um rei; nestes exemplos é evidente que é natural e conveniente que o corpo seja governado pela alma e que a parte emocional seja governada pelo intelecto e pela parte que possui a razão, enquanto que as duas partes em posição de igualdade ou posições contrárias é prejudicial em todos os casos.

[10] Mais uma vez, é semelhante entre o homem e os outros animais: os animais domésticos são superiores, em sua natureza, aos animais selvagens, mas para todos os domesticados é vantajoso ser governado pelo homem, pois isso lhes dá segurança. Por outro lado, entre os sexos, o macho é por natureza superior e a fêmea inferior, o sexo masculino sendo o governante e o feminino o subordinado.

[15] O mesmo deve, necessariamente, ser aplicado no caso da humanidade como um todo; portanto, todos os homens que se diferenciam entre si tanto quanto a alma do corpo e o homem do animal selvagem (e esta é a condição daqueles cuja função é o uso do corpo e de quem isso é o melhor que podem oferecer), estes são escravos por natureza, e para eles é melhor serem [20] governados por esse tipo de autoridade, na medida em que é vantajoso para o sujei-

to as coisas anteriormente mencionadas. É, pois, escravo por natureza aquele que é capaz de pertencer a outro (e é por isso que ele pertence de fato), e que participa da razão até o ponto de apreendê-la, mas não de possuí-la; pois os outros animais são sujeitos não à razão, mas aos sentimentos. Também, a utilidade dos escravos diverge pouco da dos animais; [25] pois o serviço para as necessidades corporais da vida vem de ambos, tanto dos escravos como dos animais domésticos. A intenção da natureza, portanto, é tornar diferentes os corpos dos homens livres e dos escravos, estes fortes para o serviço pesado, e aqueles eretos e impróprios para [30] tais ocupações, mas úteis para uma vida de cidadão (e que se divide em atividades de guerra e de paz). Porém, na verdade, muitas vezes acontece exatamente o oposto: há escravos com corpos de homens livres e outros com almas; pois é certamente claro que, se os homens nascessem tão distintos apenas [35] no corpo, sendo superiores aos demais assim como as estátuas dos deuses, todos diriam que os inferiores deveriam ser seus escravos. E se isso fosse verdade, no caso do corpo, há razão muito mais justa para esta regra ser estabelecida também em relação à alma; mas a beleza da alma não é tão fácil de ver como a beleza do corpo.

[1255a] [1] É evidente, portanto, que uns são livres e outros escravos por natureza, e para estes a escravidão é conveniente e justa. Ao mesmo tempo, não é difícil ver que aqueles que afirmam o contrário também estão certos de algum modo. O fato é que são ambíguos os termos "escravidão" [5] e "escravo", pois há também um escravo ou um homem que está em escravidão por lei; pois a lei é uma espécie de acordo sob o qual se diz que as coisas conquistadas na guerra pertencem a seus conquistadores. É justamente contra este direito convencional que muitos dos juristas propõem uma medida inconstitucional assim como fariam contra um orador na assembleia; consi-

deram terrível que uma pessoa poderosa o suficiente para exercer a força, [10] e superior em poder, faça de escravo e subordinado a vítima de sua força; mesmo entre os sábios, alguns sustentam esta opinião, enquanto outros sustentam a outra.

A razão dessa diferença de opinião, e o que faz as teorias se sobreporem, é o fato de que, de certa forma, a virtude, quando obtém recursos suficientes, tem de fato um poder muito grande de usar a força, e [15] a parte mais forte sempre possui superioridade em algo que é bom. Dessa maneira, parece que a força não existe sem virtude, mas que a discussão é meramente sobre o que é justo nesse quesito (pois uma parte justifica que a justiça se fundamenta na boa vontade, enquanto a outra identifica a justiça como a regra do mais forte); porque, obviamente, se essas teorias fossem separadas, [20] as outras não teriam força ou plausibilidade, o que implica que o superior em virtude não tem pretensão nem de governar nem de ser um senhor. Outros, simplesmente agarrando-se, como pensam, ao princípio de justiça (pois a lei é um princípio de justiça), afirmam que a escravização de prisioneiros de guerra é justa, mas, ao mesmo tempo, contradizem-se, pois existe a possibilidade de que as guerras possam ser injustas em sua [25] origem e não se admitiria de forma alguma que um homem que não mereça a escravidão possa ser realmente um escravo; caso contrário, teremos o resultado de que as pessoas nascidas na mais alta nobreza se tornem escravos e descendentes de escravos se, por acaso, forem feitos prisioneiros de guerra e vendidos. Portanto, eles não pretendem descrever os gregos como escravos, se feitos prisioneiros, mas somente os bárbaros. No entanto, quando dizem isso, [30] estão apenas buscando os princípios da escravidão por natureza da qual falamos no início; pois eles são obrigados a dizer que alguns são essencialmente escravos em qualquer parte e outros em nenhum lugar.

E o mesmo se aplica também à nobreza por nascimento: os nobres se consideram nobres não apenas em seu próprio país, mas em toda parte, pois pensam que os nobres bárbaros só são nobres em seu próprio país, [35] o que pressupõe a existência de dois tipos de nobreza e de liberdade, um absoluto e o outro relativo, como diz a Helena, de Teodectes: "Tendo descendência divina de ambos os lados, quem ousaria chamar-me de serva?" No entanto, quando falam assim, não distinguem entre virtude e vício, [40] nem entre escravo e homem livre, nem entre o de nascimento nobre e o mal nascido; [1255b][1] pois supõem que, assim como de um homem nasce um homem e de um animal selvagem nasce um outro selvagem, também de bons vêm os bons. De fato, a natureza pretende muitas vezes fazer isso, mas nem sempre é capaz de atingir.

É claro, portanto, que há alguma razão para essa discussão, [5] e que, em alguns casos, não é evidente um ser escravo e o outro um homem livre por natureza; e também que, em outros casos, tal distinção existe, quando a escravidão para um e ser senhor para o outro são coisas vantajosas e justas, e é apropriado que uma parte seja governada e a outra governe pela forma de governo para a qual se encontra destinado, a fim de ser propriamente um senhor, mas governar mal é desfavorável para ambas as partes [10] (pois a mesma coisa é vantajosa tanto para a parte como para o todo, tanto o corpo como a alma, e o escravo é como uma parte de seu senhor, ou seja, ele é uma parte animada do corpo do senhor, mas uma parte separada); portanto, há uma certa relação de interesse e amizade recíprocas entre escravo e senhor nos casos em que eles foram qualificados pela natureza para esses cargos, embora quando não é este o caso, [15] mas escravo e senhor o são por lei e por coação da força, ocorre o contrário.

A partir dessas considerações, fica claro que a autoridade de um senhor e a de um político não são as mesmas, nem todas as formas de governo são iguais, como alguns afirmam. O governo controla os homens que são por natureza livres, por sua vez, a autoridade do senhor de uma casa controla os homens que são por natureza escravos, e o governo de uma casa é uma monarquia[1] (uma vez que cada casa é governada por um único governante), [20] enquanto a política é o governo de homens livres e iguais.

O termo "senhor", portanto, denota a posse não de um certo ramo do conhecimento, mas de um certo caráter, e similarmente também os termos "escravo" e "homem livre". Entretanto, pode haver um tipo de conhecimento relativo a senhor e escravo que costumava ser ensinado por um mestre em Siracusa; pois havia um homem lá que, mediante um salário, [25] dava aulas aos servos em seus deveres correntes; e, de fato, poderia haver um estudo científico mais avançado sobre tais assuntos, por exemplo, uma ciência da culinária e outros tipos de serviço doméstico. Servos diferentes possuem funções diferentes, algumas mais honrosas e outras mais necessárias, e como diz o provérbio "*há escravos e escravos e há senhores e senhores*".

[30] As ciências do escravo são, portanto, todos os vários ramos do trabalho doméstico; a ciência do senhor é a ciência de ser hábil em usar escravos; pois a função do senhor não consiste em adquirir escravos, mas em fazer um bom uso deles. Esta ciência, porém, não tem nenhuma importância ou dignidade particular, pois o senhor deve saber dirigir as tarefas que o escravo deve [35] saber executar. Portanto, todas as pessoas com recursos o suficiente para evitar este trabalho possuem um administrador que assume esse cargo, enquanto eles próprios se envolvem em política ou filosofia. A ciência da aquisição de escravos é, ainda, diferente das duas referidas, isto é, refere-se à ciência da aquisição justa de escravos, que é semelhante à da guerra ou da caça.

Em relação ao escravo e mestre, que fique assim [40] definido.

[1256a] Agora, sigamos o nosso método e investiguemos, de maneira geral, a natureza de todos os tipos de propriedade e a arte de obter riqueza, posto que o escravo é como uma parte integrante da propriedade. Em primeiro lugar, portanto, pode-se questionar: a arte de obter riqueza é a mesma da administração doméstica, [5] parte dela, ou subsidiária dela? Se subsidiária, seria no sentido em que a arte de fazer teares é subsidiária da arte de tecer ou na qual a arte de fundir bronze é subsidiária da fabricação de estátuas? (pois as duas não são subsidiárias da mesma forma, uma fornece ferramentas, enquanto a outra fornece material – e por material quero dizer a substância da qual certos trabalhos são produzidos, por exemplo, o algodão é material para um tecelão [10] e o bronze para um escultor). Agora está claro que obter riquezas não é a mesma arte que administrar uma casa, pois a função da primeira é adquirir e a da segunda usar (qual seria, então, outra arte que poderia usar o conteúdo de uma casa se não a arte da administração doméstica?); mas é assunto para debate se a obtenção de riqueza é parte da arte da administração doméstica, ou um tipo diferente de ciência. [15] Pois se é função de quem obtém riqueza considerar de onde o dinheiro e a propriedade devem ser obtidos [...]², sendo que a propriedade e as riquezas compreendem muitas partes.

Portanto, em primeiro lugar, nossa questão é: a agricultura é uma divisão da arte doméstica, ou é um tipo diferente de ciência? Ou se corresponde, no geral, à procura e à aquisição de alimentos? Além disso, há muitos tipos de alimentos, [20] devido aos quais tanto os animais quanto os homens têm muitos modos de vida; pois é impossível haver vida sem comida, de modo que as diferenças de comida tornaram a vida dos animais diferente. Entre os animais selvagens, alguns vivem em manada e outros solitários, conforme o hábito que lhes seja vantajoso para a alimentação, [25] pois alguns são carnívoros, outros herbívoros e outros comem todo tipo de alimento; de modo que a natureza diferenciou seus modos de vida para se adequar às suas facilidades e sua predileção por esses alimentos; e como diferentes tipos de animais saboreiam, por natureza, diferentes tipos de alimentos, até mesmo dentro das classes de animais carnívoros e herbívoros, seus modos de vida diferem uns dos outros. Da mesma forma [30] ocorre nos homens, pois há grandes diferenças de modo de vida entre a humanidade. Os homens mais ociosos são nômades (pois obter alimentos de animais surge sem esforços; como é necessário que os rebanhos se movam de um lugar para outro por causa dos pastos, as próprias pessoas são obrigadas a acompanhá-los, como [35] se estivessem cultivando uma lavoura viva). Outros homens vivem da caça, mas de diferentes tipos, por exemplo, alguns vivem do roubo, outros da pesca – os que habitam às margens de lagos, pântanos e rios ou de um mar propício à pesca – e outros vivem da caça de pássaros e animais selvagens. Porém, a maioria dos homens vive da terra e dos frutos do cultivo.

[40] Esses, então, praticamente são os vários modos de vida, pelo menos daqueles que subsistem pelo seu próprio trabalho e não obtêm seu alimento por meio de escambo e comércio, como **[1256b]** [1] a vida do nômade, do bandido, do pescador, do caçador, do marido. Outros também vivem agradavelmente combinando algumas dessas atividades, complementando o ganho insuficiente que recebem com suas ocupações, por exemplo, [5] alguns combinam a vida nômade com a bandidagem, outros com agricultura e caça, e da mesma forma com os outros; passam seu tempo em uma combinação de atividades conforme suas necessidades.

A propriedade desse tipo parece então ser concedida pela própria natureza a todos, imediatamente desde seu nascimento, até quando atingem a maturidade; [10] pois no nascimento dos filhotes, alguns tipos de animais trazem consigo, ao nascer, sustento suficiente para que a cria possa se sustentar até o momento em que ela possa conseguir por si mesma, por exemplo, todas as espécies que se reproduzem por larvas ou ovos. As espécies vivíparas têm, dentro de si, o sustento para sua prole por um determinado período, a substância natural que chamamos de leite. [15] De modo que, claramente, devemos supor que a natureza também as provê de maneira semelhante quando crescidas, e que as plantas existem para o bem dos animais, e os outros animais para o bem do homem; as espécies domésticas para uso e alimentação, e as selvagens, se não todas pelo menos a maioria delas, para alimentação e suprimentos de outros tipos, a fim de que [20] elas possam fornecer-lhes roupas e outros utensílios.

Se, portanto, a natureza não faz nada em vão ou sem propósito, então ela, necessariamente, fez todos os animais em função dos homens. Portanto, até mesmo a arte da guerra será, por natureza, uma arte de aquisição (da qual a caça faz parte) que é apropriadamente empregada tanto contra animais selvagens [25] quanto contra homens que, destinados a se submeterem, recusaram ser governados, visto que este tipo de guerra é justo por natureza.

Um tipo de aquisição, portanto, que faz parte da arte doméstica é aquela na qual, de acordo com a natureza, deve fornecer imediatamente ou então providenciar um suprimento de bens acumuláveis que são necessários à vida e úteis [30] para a comunidade da *pólis* ou do lar. E é desses bens que a riqueza, no seu verdadeiro sentido, parece consistir. A quantidade de tal propriedade que seja suficiente, bastando-se a si mesma, para uma vida boa não é ilimitada, como Sólon diz, em seu verso: *"para as riquezas destinadas aos homens não há nenhum limite fixado".* Porém, um limite foi fixado tanto aqui como para as outras artes, uma vez que nenhum instrumento de nenhuma arte é ilimitado, seja em quantidade, seja em tamanho. A riqueza é uma coleção de instrumentos possuídos pela administração da casa e pelos políticos. Portanto, fica evidente que há uma arte natural de aquisição própria aos senhores de uma casa e aos políticos, e por que razão é assim.

[40] Há, entretanto, outro tipo de aquisição que é especialmente chamado, e de forma justa, de *crematística*, ou seja, a arte de ganhar dinheiro, e a esse tipo se deve pensar que não há limite nem de riquezas nem de propriedades.

[1257a] [1] Devido à sua afinidade com a arte da aquisição de que falávamos, muitos pensam que são a mesma coisa; na realidade, embora não seja a mesma que a aquisição mencionada, não está muito afastada dela. Uma delas é natural, a outra não, mas realizada por meio de uma certa habilidade [5] e arte.

Tomemos como ponto de partida a seguinte consideração: em cada artigo de propriedade há dois modos de usá-lo; ambos estão relacionados ao próprio artigo, mas não da mesma maneira – um é adequado ao artigo e o outro não. Por exemplo, uma sandália: há seu uso como calçado e há seu uso como artigo de troca; ambas são maneiras de usar uma sandália, pois mesmo aquele que a troca por dinheiro ou comida com o cliente que quer uma sandália a usa como sandália, mas não faz o uso próprio de uma sandália, pois os calçados não existem para fins de troca. O mesmo vale para os outros artigos de propriedade; pois a troca abrange tudo e tem sua origem na ordem natural das coisas, porque os homens possuíam mais ou menos do que o suficiente de algumas delas (essa consideração também deixa claro que a arte do comércio não é, por natureza, parte da crematística; pois a prática do escambo era necessária apenas na medida em que satisfazia as próprias necessidades dos homens).

É evidente, portanto, que, na primeira forma de [20] comunidade (quero dizer a do lar), a troca não tem qualquer função, mas só surge depois que a comunidade cresce. Pois, no primeiro caso da comunidade familiar, os membros da família costumam partilhar bens que são de todos, enquanto um grupo dividido em várias famílias partilha também uma série de bens pertencentes a seus vizinhos, de acordo com suas necessidades e pelas quais eram forçados a fazer trocas, como ainda fazem muitos povos bárbaros. Tais povos não vão além de trocar mercadorias úteis, por exemplo, dar e receber vinho por trigo, e várias outras coisas do tipo.

A troca nesse contexto, portanto, não é nem contrária à natureza, nem um ramo da crematística, [30] (pois sempre existiu para o reabastecimento da autossuficiência natural); no entanto, dela surgiu, logicamente, a arte dos negócios. Pois, quando chegaram a se abastecer mais do exterior importando coisas em que eram deficientes e exportando aquelas de que tinham excedente, o emprego do dinheiro veio a ser adotado sob pressão da necessidade. Pois as coisas que satisfazem as necessidades naturais nem sempre são facilmente [35] transportáveis, por essa razão que os homens, para fins de troca, fizeram um acordo mútuo para dar e receber algo que fosse em si uma mercadoria útil e de fácil manuseio tendo em vista a vida geral. Determinou-se, então, o ferro, a prata e outros metais, definindo seu valor, em um primeiro estágio, apenas pelo tamanho e peso; e, por fim, [40] pela impressão de uma cunhagem, cuja marca foi colocada como prova do valor, para que isso os livrasse do trabalho da medição.

[1257b] [1] Assim, a partir do momento em que a moeda foi inventada como resultado da necessária troca de mercadorias, surgiu outra forma de obtenção de riqueza: o comércio – que, a princípio, se deu de forma simples, mas posteriormente tornou-se mais organizada à medida que a experiência ensinou de onde e como o comércio [5] daria mais lucro. Eis a razão do surgimento da ideia de que a arte de obter riqueza lida principalmente com a moeda, e que sua função é ser capaz de discernir quais as fontes de máximo rendimento, pois essa arte produz riquezas e dinheiro; na verdade, muitas vezes se supõe que riqueza consiste em abundância de dinheiro, porque é a coisa com a qual a crematística e a [10] arte dos negócios lida. Mas outras vezes, pensa-se o contrário, que o dinheiro é uma ilusão, e nada natural senão uma convenção, porque quando aqueles que o usam mudam a moeda, não vale mais nada e não é útil para nenhuma das necessidades da vida; um homem rico em dinheiro poderia se encontrar muitas vezes em dificuldade para satisfazer suas necessidades básicas de subsistência. É estranho que a riqueza [15] seja de tal tipo que não impede que um homem bem suprido dela morra de fome, tal como o mitológico Midas que, devido à insaciável cobiça de seu pedido, transformava todas as iguarias servidas a ele em ouro.

Por isso, procura-se uma definição diferente de riqueza e a arte de obter riqueza, e com razão; pois a obtenção de riqueza e a riqueza são diferentes [20] por natureza: a obtenção de riqueza natural pertence à administração doméstica, enquanto o outro tipo pertence ao comércio, produzindo riqueza, não de todas as maneiras, mas apenas pelo método de troca de bens. Acredita-se que esta arte de obter riqueza se preocupe com o dinheiro, pois o dinheiro é o princípio e limite do comércio; e tais riquezas, que derivam dessa arte, são verdadeiramente ilimitadas; [25] assim como a arte da medicina é ilimitada em relação à saúde, e cada uma das artes é ilimitada em relação ao seu fim (pois elas desejam alcançá-lo o máximo possível), mas não são ilimitadas no que diz respeito aos meios para seu fim (visto que o fim é um limite para todas elas). Do mesmo modo, esse tipo de crematística não tem limite quanto ao seu fim, e seu fim é a [30] riqueza e a aquisição de bens no sentido comercial. Por outro lado, a crematística do ramo doméstico tem um limite, pois a aquisição de riqueza comercial não é função da administração do lar. Portanto, deste ponto de vista, parece necessário que haja um limite para todas as riquezas, mas na verdade observamos que ocorre o oposto; porque todos os engajados na obtenção de riqueza tentam aumentar seu dinheiro a uma quantia ilimitada. [35] A razão disso é a estreita afinidade entre essas duas artes de aquisição. A base comum delas é utilização do mesmo meio, já que recorrem à propriedade, embora não da mesma maneira: a crematística doméstica tem um fim em vista, já o objetivo da outra é o aumento da propriedade. Consequentemente, alguns supõem que é função da administração doméstica aumentar a propriedade, e concluem que é seu dever proteger sua riqueza [40] ou aumentá-la a uma quantidade ilimitada. A causa dessa atitude é que seus interesses estão voltados para a ânsia de viver, mas não com o bem viver; **[1258a]** [1] e como esse desejo de viver é ilimitado, também desejam ilimitados meios de satisfação. Aqueles que visam viver bem buscam os meios por prazeres corporais, de modo que, na medida em que tais prazeres parecem se encontrar também na posse de bens, [5] então todas as suas atividades focam em obter riqueza; e devido a isso surgiu o segundo tipo de arte da obtenção de riqueza. Pois na medida em que seu prazer é excessivo, procuram também o que lhes pode fornecer prazer excessivo; e se eles não podem obtê-lo pela crematística, tentam fazê-lo por outros meios, [10] empregando todas as suas faculdades de maneira não natural. Não é função da coragem produzir riqueza, mas inspirar confiança; nem é função da arte militar nem da arte médica, mas sim trazer a vitória e promover a saúde, respectivamente. Ainda assim, alguns fazem de todas essas faculdades meios para ganhar dinheiro, na crença de que a riqueza é o fim e que tudo deve ser direcionado para tal fim.

Discutimos, portanto, tanto o tipo desnecessário [15] da crematística, definindo-a e também explicando a razão pela qual precisamos dela, quanto o tipo necessário, mostrando que é diferente, que é por natureza uma parte da administração doméstica e é relacionada com a alimentação, além de não ser ilimitado como aquele, mas apresentando um limite.

Também se torna clara a resposta à questão levantada no início, se [20] a crematística pertence ao administrador de uma casa e ao político, ou se é ao contrário, ou seja, os suprimentos já devem ser fornecidos (pois uma vez que a política não cria os homens, mas, tendo-os recebido da natureza, faz uso deles, também é necessário que a natureza lhes dê alimentos, pondo à disposição terra, mar ou qualquer outro meio) e a tarefa do senhor de uma casa é gerir esses suprimentos dados e descartá-los [25] da maneira correta.

Não pertence à arte da tecelagem fazer lã, mas usá-la, e também saber que a espécie de lã é de boa qualidade e adequada ou qual é de má qualidade e inadequada. De fato, uma questão que poderia ser levantada é por que razão a obtenção de riqueza faz parte da arte doméstica, enquanto a arte da medicina não faz parte dela, já que os membros da família [30] devem ter saúde, assim como devem ter vitalidade ou outras condições necessárias. Bem, se, em certo sentido, pertence ao senhor da casa e ao governante zelar pela saúde de seus subordinados, em outro sentido não pertence, mas sim ao médico; acontece o mesmo em relação à riqueza, embora, de certa forma, seja responsabilidade do administrador da casa, de certa forma não é, mas da arte de servir. O melhor de tudo, como já foi dito antes, esta disposição de recursos deve [35] ser feita antecipadamente pela natureza; pois é sua função fornecer alimento aos que nascem, visto que todos têm como primeiro alimento o resíduo daquilo de que nascem. Por essa razão a crematística é uma arte natural para todos, pois está relacionada com os frutos da terra e com os animais. Porém, como dissemos, esta arte apresenta duas formas, uma sendo parte da arte do comércio, enquanto a outra pertence à arte doméstica; [40] sendo esta última forma necessária e de boa estima, enquanto a outra relacionada à troca é censurável **[1258b]** [1] "pois não está de acordo com a natureza, mas envolve os homens tomando coisas uns dos outros". Sendo assim, a usura é, com muita razão, odiada, porque seu ganho vem do próprio dinheiro e não daquilo para o qual o dinheiro foi inventado. Pois o dinheiro foi criado para fins de troca, [5] mas o juro aumenta a quantidade do próprio dinheiro (e esta é a verdadeira origem da palavra grega "juro"[3]: os filhos se assemelham aos pais, e o juro é o dinheiro nascido do dinheiro); consequentemente, esta forma de obter riqueza é, de todas as crematísticas, a mais contrária à natureza.

Uma vez que definimos adequadamente o lado teórico do assunto, [10] devemos discuti-lo do ponto de vista prático; enquanto a teoria de todos esses assuntos convém ao homem livre, a aplicação exige experiência.

A parte útil da crematística é, em primeiro lugar, possuir um conhecimento aguçado sobre rebanhos, quais raças são mais lucrativas, em quais localidades e sob quais condições. Deve-se saber, por exemplo, como adquirir cavalos, gado, ovelhas, ou qualquer [15] outro animal de criação (pois é preciso que o agricultor saiba quais desses animais são mais rentáveis em comparação aos outros, e também quais espécies são mais rentáveis em determinado tipo de terra, já que espécies diferentes se desenvolvem melhor em lugares diferentes); em segundo lugar, saber agricultura, que se divide justamente em semeadura, plantio, apicultura e a criação de outros animais aquáticos e voadores [20] que podem ser usados para fornecer suprimentos. Estes são, então, os ramos e as partes primárias da crematística no sentido mais adequado.

No que diz respeito à crematística que lida com a troca, a parte mais importante é o comércio (que se divide em três ramos: marinha mercante, transporte e barqueiros; esses ramos diferem entre si pelo fato de que alguns são mais seguros e outros trazem maiores lucros); [25] a segunda parte mais importante é o empréstimo de dinheiro, e a terceira é o trabalho assalariado (o ramo do qual advém as artes artesanais e trabalhadores não qualificados que são úteis apenas para o serviço braçal). Há ainda uma outra forma de crematística que se situa entre esta última e aquela colocada em primeiro lugar (pois possui um elemento mediador tanto de ordem natural quanto do tipo baseado na troca): aquela que trata de todas as mercadorias obtidas da terra, [30] ou de matérias-primas, que não produzem frutos, mas que são úteis – exemplos são a extração de madeira e todos os tipos de mineração; esta última apresenta muitos gêneros, pois há muitos tipos de metais que podem ser obtidos da terra.

Dentre essas ocupações, as que mais fazem uso de habilidades são aquelas que envolvem o menor elemento do acaso; as mais árduas são aquelas [35] em que os operários sofrem maior degradação corporal; as mais servis aquelas em que mais usos são feitos do corpo como um todo; as mais ignóbeis aquelas em que há a menor exigência de virtude como acessório. Embora já tenhamos dado uma descrição geral desses vários ramos, um relato detalhado e particular deles, embora útil para a prática das ocupações, nos atrasaria como objeto de estudo prolongado. Existem escritos de alguns autores sobre esses aspectos práticos como Carétides, de Paros, [1259a] [1] e Apolodoro, de Lemnos, que escreveram sobre agricultura e cultivo, e similarmente outros autores também sobre outros tópicos, de modo que esses assuntos podem ser estudados a partir deles por qualquer pessoa interessada em fazê-lo; além disso, também deve ser feita uma compilação dos relatos orais e dispersos de métodos que trouxeram grandes fortunas a certos indivíduos. [5] Todos esses métodos são úteis para aqueles que apreciam a obtenção de riquezas. Tomemos, por exemplo, Tales de Mileto, que usou de uma artimanha para obter riqueza, mas que, embora lhe seja atribuído por sua sabedoria, é realmente de aplicação universal. Tales, diz a história, por causa de sua pobreza era insultado [10] e atribuíam sua condição à inutilidade da filosofia; mas, por seus conhecimentos de astronomia, ele havia observado, ainda no inverno, que haveria uma grande colheita de azeitonas, então levantou uma pequena quantia em dinheiro e alugou todos os lagares de Mileto e Quios, que estavam com aluguel baixo porque ninguém os utilizava; quando o tempo da colheita [15] chegou, houve uma repentina demanda por vários lugares ao mesmo tempo, e ao alugar no preço que bem entendeu, conseguiu uma grande soma de dinheiro, provando assim que é fácil para os filósofos serem ricos se eles quiserem, mas não é com isso que eles se importam. Conta-se, então, que Tales havia exibido assim sua sabedoria; mas, como dissemos, [20] esse recurso de aproveitar uma oportunidade para garantir um monopólio é um princípio universal dos negócios; por isso mesmo algumas *pólis* recorrem a este plano como um método de aumentar seu rendimento quando faltam fundos, ou seja, introduzem um monopólio de bens comercializáveis. Houve um indivíduo na Sicília que usou uma soma de dinheiro que tinha em depósito para comprar todo o ferro das [25] minas de ferro e, depois, quando os negociantes vieram dos centros comerciais, ele era o único vendedor; embora não tivesse aumentado muito o preço, mesmo assim obteve um lucro de cem talentos sobre seu capital de cinquenta que dispunha inicialmente em depósito. Quando Dionísio soube disso, ordenou ao homem que ficasse com o dinheiro, mas saísse imediatamente [30] de Siracusa, pois estava inventando meios de lucro prejudiciais aos negócios do próprio tirano. No entanto, na verdade, essa estratégia é a mesma que a descoberta de Tales, porque ambos os homens conseguiram garantir um monopólio. A familiaridade com essas artimanhas também é útil para os políticos, pois muitas *pólis* precisam de recursos e modos [35] de rendimentos como os descritos, assim como um lar precisa, mas em um grau maior; por isso, alguns políticos chegam a dedicar sua atividade política exclusivamente às finanças.

Como vimos, a arte da administração doméstica apresenta três divisões: a relação do senhor com o escravo, da qual já falamos, a relação paterna e a relação conjugal (pois o senhor da casa governa, também, a esposa e os filhos, ambos como pessoas livres, [40] mas não com a mesma autoridade: a esposa como um político governa os cidadãos e governa os filhos como um rei governa seus súditos; **[1259b]** [1] pois o ser masculino é, por natureza, mais apto para comandar do que o feminino, exceto em alguns casos em que sua união contrarie a natureza; e a pessoa mais velha e plenamente desenvolvida é mais apta do que a mais jovem e imatura). É verdade que, na maioria dos regimes políticos, [5] o governante e o governado se alternam (pois querem ser naturalmente iguais e a não ter diferença alguma), no entanto, durante o período em que um é governante e o outro governado, determinou que procurassem se distinguir por meio de trajes, títulos e honrarias, assim como Amásis fez seu discurso sobre o ritual de lava-pés[4]; o ser masculino sempre permanece [10] nessa relação com o feminino. A autoridade do pai sobre os filhos, por outro lado, é o de um rei; pois o genitor masculino é governante em virtude tanto da afeição quanto da idade, o que é característico de um governo de caráter régio. Por esse motivo que Homero designou perfeitamente Zeus ao dizer *"pai dos homens e dos deuses"*, pois é o rei de todas as coisas. Apesar de naturalmente superior, o rei deve ser igual aos seus súditos em relação à raça, e esta é a posição do mais velho em relação ao mais novo e do pai em relação ao filho.

Fica claro, então, que a administração doméstica se interessa mais pelos membros do lar do que por sua propriedade inanimada, mais [20] pela virtude destes membros do que pelas suas posses, que denominamos riqueza, e mais pelos homens livres do que pelos escravos.

Em primeiro lugar, uma questão que se poderia levantar acerca dos escravos é se ele possui, além de suas virtudes como instrumento e servo, alguma outra excelência mais valiosa, como a temperança, a coragem, o senso de justiça e [25] qualquer uma dessas outras virtudes morais. Ou será que um escravo não tem nenhum outro mérito além de seu serviço corporal? (De qualquer maneira, há nesses dois casos uma dificuldade: se os escravos possuem virtude moral, em que diferem dos homens livres? Mas se, por outro lado, não tiverem, isso não seria estranho, já que são seres humanos e racionais?). Quase a mesma questão é também levantada sobre a mulher e a criança: [30] elas também têm virtudes ou não? Uma mulher deve ser temperada, corajosa e justa ou não? Uma criança pode ou não ser indisciplinada e ajuizada? Este ponto, portanto, requer consideração geral em relação ao que naturalmente manda e ao que obedece: possuem ambos as mesmas virtudes, ou distintas? Se ambos partilham da mesma nobreza de caráter, [35] como poderia ser apropriado que um mande e o outro obedeça incondicionalmente? Não podemos dizer que a diferença deve ser em maior ou menor grau, pois governar e ser governado diferem em caráter, e a diferença entre mais e menos não é uma diferença de caráter. Ao passo que se, ao contrário, é próprio para um ter nobreza moral, mas não para o outro, isso é surpreendente. Pois, se o governante não for moderado e justo, [40] como governará bem? E se o governado não for assim, como ele obedecerá bem? **[1260a]** [1] Pois, sendo indisciplinado e covarde, não cumprirá nenhum dos deveres de seu cargo. É evidente, portanto, que ambos devem possuir virtudes, mas devem ser diferentes (assim como há diferenças entre aqueles que são por natureza governados). E disso encontramos logo uma indicação em relação à [5] alma; pois a alma contém por natureza uma parte que governa e uma parte que é governada, à qual atribuímos diferentes virtudes, isto é, a virtude do racional e a do irracional. Fica claro então que o caso é o mesmo também com os outros níveis de governante e governado. Portanto, existem, por natureza, várias classes de governantes e governados. O homem livre governa o escravo, [10] o homem governa a mulher e o homem adulto a criança, mas de maneiras diferentes. Todos esses casos possuem as várias partes da alma, porém de maneiras diferentes; pois o escravo não tem a parte deliberativa, e a mulher a tem, mas sem plena autoridade, enquanto a criança a tem, mas de forma não desenvolvida.

[15] Portanto, aquele que governa deve possuir virtude intelectual em completude (pois qualquer trabalho, em sua integridade absoluta, pertence ao artífice-mor, e a razão é um artífice-mor), enquanto cada uma das outras partes deve ter a parte da

virtude que lhes é apropriada. Devemos supor, portanto, que o mesmo vale necessariamente para as virtudes morais: todos devem compartilhar delas, não da mesma maneira, [20] mas à medida que convém a cada um em relação à sua própria função. Logo, é evidente que todas os mencionados possuem uma virtude moral própria, e que a temperança de uma mulher e a de um homem não são a mesma, nem sua coragem e justiça, como pensava Sócrates. Uma coisa é a coragem própria do comando e a outra a da subordinação, e o caso é semelhante com as outras virtudes.

Isso também fica claro quando examinamos o assunto mais detalhadamente, [25] pois é enganoso dar uma definição geral de virtude, como fazem alguns, que dizem que a virtude é estar em boas condições de alma ou agir corretamente ou algo semelhante; aqueles que enumeram as virtudes de pessoas diferentes separadamente, como Górgias faz, são muito mais corretos do que aqueles que definem a virtude dessa maneira. Portanto, devemos crer que todos possuem suas virtudes apropriadas, como disse o poeta sobre a mulher: [30] *"o silêncio dá encanto à mulher"*, mas não ao homem. Também a criança não está completamente desenvolvida, de modo que claramente sua virtude também não é própria, mas relativa ao ser plenamente desenvolvido, isto é, a pessoa que tem autoridade sobre ela. E da mesma forma a virtude do escravo também está em relação ao senhor. Acerca disso, estabelecemos que o escravo serve apenas para as necessidades da vida, de modo que claramente ele precisa apenas de uma pequena quantidade de virtude, [35] na verdade apenas o suficiente para impedi-lo de falhar em suas tarefas por intemperança e negligência.

Contudo, pode-se questionar: supondo que o que acaba de ser dito seja verdade, os artesãos também precisam ter virtude? Pois eles frequentemente negligenciam suas tarefas devido à intemperança. Ou o caso deles é totalmente diferente? Pois o [40] escravo é um parceiro na vida de seu senhor, mas o artesão é mais afastado, assim sua virtude só lhe cabe proporcionalmente à sua servidão; [1260b] [1] porque o artesão está sob uma espécie de servidão limitada, e enquanto o escravo é uma das classes naturais, nenhum sapateiro ou outro artesão pertence ao seu ofício por natureza. Fica claro que o senhor deve ser a causa da virtude própria de um escravo, mas não como possuidor daquela arte que ensina ao escravo [5] suas tarefas. Portanto, estão enganados aqueles que privam o escravo do raciocínio e nos dizem para usar apenas o comando; pois dar razão ao agir é mais apropriadamente empregada com escravos do que com crianças.

Sobre esses assuntos vamos concluir nossas decisões dessa maneira; a questão da virtude que pertence separadamente ao homem e à mulher, aos filhos e ao pai, e do modo certo e errado [10] de conduzir suas relações mútuas e o modo adequado de seguir o bom modo e evitar o mau, são questões que serão discutidas. É necessário falar sobre isso na parte de nosso tratado que aborda as várias formas de regimes políticos. Como, de fato, toda casa é parte da *pólis*, e esses sobre os quais falamos são membros de uma casa, e dado que a virtude da parte deve ser vista em função do todo, [15] é necessário que a educação tanto das crianças quanto das mulheres seja realizada com respeito à forma do regime político, pelo menos, caso seja considerado que a perfeição moral das mulheres e crianças faz diferença no que diz respeito à perfeição moral da *pólis*. E deve, de fato, fazer a diferença; pois as mulheres são metade da população livre, e as crianças [20] crescem para tomar parte da vida política da *pólis*. Uma vez que essas questões foram resolvidas, as que permanecem devem ser discutidas em outro lugar.

Deixemos os assuntos presentes como concluídos e comecemos um novo em nosso discurso; primeiro consideremos aqueles pensadores que têm visões avançadas sobre as melhores formas de regime político.

Livro II

Uma vez que consideramos teorizar sobre a forma de comunidade política, como qual é a melhor de todas as formas para os que são capazes de perseguir o modo de vida mais ideal, devemos também examinar as outras políticas [30] efetivamente empregadas por algumas das *pólis* ditas bem governadas, assim como as outras propostas por certos pensadores e tidas como de mérito, para que possamos discernir o que há de certo e conveniente nelas, e também para que a busca por algo diferente delas pareça surgir inteiramente do desejo de exibir engenhosidade, [35] mas que podemos pensar que entramos nessa investigação porque essas formas de política que já existem não são satisfatórias.

Devemos primeiro adotar como ponto de partida aquele que é natural para esta investigação: ou todos os cidadãos partilham todas as coisas, ou nenhuma, ou partilham algumas coisas e outras não. É claramente impossível não compartilhar nada, [40] (pois a *pólis* é essencialmente uma forma de comunidade e, para começar, partilham uma localidade comum; porque cada cidade ocupa um único território, e os cidadãos participam de uma mesma cidade).

[1261a] [1] Mas é melhor para uma cidade bem administrada partilhar tudo que seja em comum, ou é melhor partilhar algumas coisas em comum e outras não? Por exemplo, é possível que os cidadãos compartilhem filhos, mulheres [5] e bens em

comum entre si, como na *República* de Platão, em que Sócrates diz que devem ser comuns os filhos, mulheres e bens. Nesse contexto, o que é preferível: o sistema atual ou o que está em conformidade com o regulamento descrito na *República*[5]?

[10] É verdade que terem suas esposas compartilhadas envolve uma variedade de dificuldades para todos os cidadãos; embora o objetivo que Sócrates apresenta como a razão pela qual essa legislação deve ser feita claramente não decorre de seus argumentos; além disso, como um meio para o fim que ele afirma ser o objeto fundamental da *pólis*, o sistema descrito no diálogo é impossível; todavia, como deve ser elaborado ainda não foi declarado definitivamente em nenhum lugar. [15] Refiro-me ao ideal de que a maior unidade possível de toda *pólis* é o maior dos bens, que Sócrates toma como seu princípio fundamental.

No entanto, é claro que se o processo de unificação avançar além de um certo ponto, a *pólis* não será uma *pólis*; pois uma *pólis* consiste, por natureza, de uma pluralidade de pessoas, e se sua unificação for levada além de um certo ponto, a *pólis* será reduzida a uma casa, e de uma casa a um indivíduo; [20] uma vez que podemos declarar que a casa é uma unidade mais completa do que a *pólis*, e o indivíduo mais do que a casa. Desse modo, mesmo que alguém fosse capaz de unificar uma *pólis*, não deveria fazê-lo, pois a destruiria no processo. E não apenas uma cidade consiste em uma pluralidade de pessoas, ela consiste em pessoas de diferentes tipos. Um conjunto de pessoas idênticas não constitui uma *pólis*. Uma *pólis* é diferente de uma aliança militar; [25] em uma aliança militar, a quantidade de membros é o que importa, mesmo se forem do mesmo tipo (já que a função essencial da aliança é a assistência), assim como um peso valeria mais se pesasse mais, ao passo que componentes que devem fazer uma unidade devem se diferir (e é por essa característica que uma *pólis* se diferenciará de um povo, [30] cuja população não está agregada em aldeias, mas organizada à maneira dos árcades[6]). Portanto, a igualdade recíproca é a preservação das *pólis*, como já foi dito na *Ética*[7]. Pois, mesmo entre os indivíduos livres e iguais, é necessário que este princípio prevaleça, visto que todos não podem governar ao mesmo tempo, mas devem ocupar o cargo por períodos anuais ou por algum outro arranjo ou período; e justamente assim acontece [35] de todos governarem, tal como se todos os sapateiros fossem também carpinteiros se os sapateiros e os carpinteiros continuassem trocando de ofício em vez de serem, as mesmas pessoas, sempre sapateiros e carpinteiros. Contudo, como uma permanência de função é melhor para a comunidade política, é claro que é melhor que as mesmas pessoas governem sempre, se possível; e nos casos em que isso é impossível, porque todos os cidadãos são iguais em sua natureza, **[1261b]** [1] é justo que todos participem do governo, quer isso seja uma coisa boa ou ruim. Quando iguais se submetem à autoridade, por sua vez, imitam o fato de serem originalmente diferentes; pois alguns governam e outros são governados, [5] como se uns se tornassem nos outros; e, da mesma forma, entre os que governam, cargos diferentes são ocupados por pessoas diferentes.

Fica claro, então, a partir dessas considerações, que não é um resultado natural que a *pólis* seja uma unidade da maneira como certas pessoas dizem; e o que dizem ser o maior bem nas *pólis* realmente as destrói; no entanto, certamente o bem particular de cada coisa é o que a preserva.

[10] Outra forma de consideração também mostra que procurar unificar a *pólis* em absoluto não é benéfico: uma casa é mais autossuficiente do que um indivíduo e a *pólis* mais autossuficiente do que casa e, em princípio, uma *pólis* só existe

plenamente quando acontece da comunidade atingir um quantitativo suficiente; se, portanto, quanto mais autossuficiente é uma comunidade, mais desejável é sua condição, então um menor grau de unidade é [15] mais desejável do que um maior.

Mais uma vez, mesmo admitindo que é melhor para a comunidade ser tão unitária quanto possível, a prova dessa unidade completa não parece ser estabelecida pelo discurso de todos os que dizem ao mesmo tempo "isto é meu" e "isto não é meu", que Sócrates pensa ser um sinal de que a *pólis* [20] é completamente uma[8]. "Todos" é, com efeito, um termo ambíguo. Se significa "cada um em particular", muito provavelmente isso se aproximaria do que Sócrates desejava produzir (pois nesse caso cada cidadão chamará a mesma criança de seu filho e também a mesma mulher de sua esposa, sucedendo o mesmo com a propriedade e com cada um dos acessórios da vida); mas, na realidade, os cidadãos, [25] tendo mulheres e crianças em comum, usarão o termo "todos" nesse sentido, para designar o coletivo e não cada um deles individualmente, e, da mesma forma, em relação à propriedade, dirão que pertence a "todos" e não a "cada um" em particular. Vemos então, claramente, que o termo "todos" é equivocado (de fato, as palavras "todos", "ambos", "ímpar", "par", devido à sua ambiguidade, [30] causam argumentos contraditórios mesmo em discussões filosóficas; portanto, embora seja admirável que todos chamem de "meu" o mesmo objeto, isso não é possível, além de não consistir, de modo algum, em um indicativo de concordância).

Além disso, essa proposta tem outra dificuldade. Quanto maior número de proprietários uma coisa possui, menos atenção ela recebe; os homens se preocupam mais com seus bens particulares e menos [35] com o que eles possuem em comum, ou apenas na medida em que cabe à sua própria parte individual, pois, além de outras razões, eles se preocupam menos com as coisas porque outro está cuidando delas. Assim acontece no serviço doméstico, quando um grande número de criados às vezes serve pior do que um menor número. Ou ainda se cada cidadão chegasse a ter mil filhos, estes filhos não pertenceriam apenas a eles, mas qualquer criança [40] seria igualmente filho de qualquer um, de modo que todos os pais menosprezariam todos os filhos.

[1262a] [1] Ademais, cada um chama seus concidadãos que estão prosperando ou se dando mal de "meu filho" apenas no sentido fracionário que ele forma do número inteiro, isto é, ele diz "meu filho" ou "filho de fulano", especificando como fulano qualquer indivíduo dentre os mil cidadãos ou qualquer que seja [5] o número que compõe a *pólis*; e mesmo isso de forma duvidosa, pois é incerto quem por acaso teve um filho e se este sobreviveu, uma vez nascido. No entanto, qual é a melhor maneira de usar o termo "meu"? Da mesma forma que cada uma das duas mil ou dez mil pessoas aplicam à mesma coisa, ou melhor, da maneira como dizem "meu" atualmente nas *pólis*? Assim, a mesma pessoa é chamada de "meu filho" por um homem e "meu irmão" por outro, e outro o chama de "primo", ou por algum outro nome derivado de parentesco, seja de sangue, por afinidade ou casamento, mas que seja primeiramente próprio do falante ou de seus parentes próximos; e, além disso, alguém pode chamá-lo ainda de "colega de fratria" ou "companheiro de aldeia". É melhor ser, por conta disso, primo verdadeiro de alguém do que filho da maneira descrita.

Além do mais, não seria possível evitar que alguns suponham que certas pessoas [15] sejam seus próprios irmãos, filhos, pais ou mães; pois eles seriam obrigados a formar sua crença um no outro pelas semelhanças que ocorrem nas relações de parentesco entre filhos e pais. Isso, de fato, é dito por alguns daqueles que escrevem sobre viagens ao redor do mundo e relatam [20] que algumas pessoas da Líbia têm suas mulheres em comum, mas os filhos nascidos são divididos entre eles de acordo com suas semelhanças pessoais. E há algumas mulheres e fêmeas de outros animais, por exemplo cavalos e bois, que têm uma forte tendência natural para produzir descendentes semelhantes aos seus progenitores, como foi o caso da égua da cidade de Farsalo chamada "Justa".

[25] Não é fácil, aliás, para aqueles que instituem esse tipo de comunidade, se precaver contra ocorrências censuráveis como ofensas, homicídio involuntário e, em alguns casos voluntários, brigas, linguagem abusiva; todos os crimes que nunca são toleráveis quando cometidos contra pais, mães e parentes próximos, como seriam se cometidos contra estranhos; [30] tais crimes tendem a ocorrer com mais frequência quando não conhecem suas relações do que quando as conhecem, e também, quando ocorrem, se os ofensores conhecem sua relação, é possível que eles façam as penitências costumeiras, mas para aqueles que não a conhecem, nenhuma penitência é possível. Também é estranho que alguém que torna os filhos propriedade comum proíba a relação sexual entre amantes e não proíba o amor, nem as outras [35] práticas de intimidade, que entre pai e filho ou irmão e irmão são as mais impróprias, pois mesmo o fato do amor entre eles é condenável. E também é estranho que ele os prive de relações sexuais por nenhuma outra razão, exceto porque o prazer é muito violento; e que ele acha que não faz diferença que as partes sejam, em um caso, pai e filho e, no outro caso, irmãos um do outro. [40] E parece que a comunidade de esposas e filhos é mais útil para os agricultores do que para os guardiões; **[1262b]** [1] pois haverá menos afeto[9] entre eles se seus filhos e mulheres forem em comum, e esse afeto para com as classes submis-

sas é uma coisa boa para que continuem submissos à autoridade e não façam revolução.

De um modo geral, essa legislação [da *República*] traz necessariamente condições opostas às que as leis corretamente [5] promulgadas deveriam causar, e opostas à razão que leva Sócrates a pensar na necessidade de tais disposições sobre as crianças e as mulheres. Pois pensamos que a amizade é o maior dos bens para as *pólis* (pois é a melhor prevenção contrarrevoluções), e a unidade da *pólis*, que Sócrates tanto preza, [10] parece ser, como ele próprio diz, produto da amizade, assim como sabemos que Aristófanes, nos discursos sobre o amor, descreve como os amantes desejam crescer juntos devido ao seu extremo afeto, e, assim, ambos se tornam um em vez de serem dois. Em tal união, seria necessário que ambos desaparecessem, ou pelo menos um, [15] e, na *pólis,* a amizade inevitavelmente se diluiria em consequência de tal tipo de comunidade, e as expressões "meu pai" e "meu filho" se apagariam. Assim como colocar um pouco de doce em uma grande quantidade de água torna-o imperceptível, isso também acontece com a relação de parentesco mútua baseada nesses termos, [20] pois, na República [descrita por Platão], não há a necessidade de o pai cuidar de seus filhos ou o filho cuidar do pai ou um irmão cuidar do outro; pois há duas coisas que mais levam os homens a cuidarem e amarem uns aos outros: a propriedade e o senso de afeição; e nenhum desses está presente nos cidadãos que vivem no regime referido.

[25] Já quanto à transferência de algumas das crianças nascidas dos agricultores e artesãos para os guardiões e das nascidas dos guardiões para os agricultores e artesãos, há muita confusão sobre como deve ser feita; os pais que entregam as crianças e os funcionários que as transferem são obrigados a saber que filhos entregam e a quem entregam. E, novamente, as coisas mencionadas acima, [30] como

ofensas, amor ilícitos e homicídios, devem ocorrer ainda mais com essas crianças transferidas; pois os filhos dos guardiões transferidos para os demais cidadãos não chamarão mais os guardiões de irmãos, filhos, pais e mães, e os que vivem entre os guardiões farão o mesmo com as outras classes, para não cometer qualquer ofensa [35] por causa de seu parentesco. Estas, portanto, são nossas considerações quanto à comunidade de crianças e mulheres.

Juntamente a isso, temos que considerar que tipo de propriedade deve ter as melhores instituições políticas para uma comunidade que pretende viver no melhor regime político. A propriedade deve ser pública ou privada? [40] Esta questão poderia, de fato, ser considerada independentemente do sistema estabelecido por lei em relação às crianças e às mulheres.

[1263a] [1] Quero dizer, em relação à propriedade, e mesmo que haja famílias separadas, como é agora o caso de todas as nações, é melhor que a propriedade seja comunitária, assim como seu uso? [...][10] Por exemplo: é melhor que os terrenos sejam propriedades separadas, mas que seus produtos agrícolas sejam postos para o consumo comunitário (como fazem [5] alguns povos)? Ou, pelo contrário, que a terra seja uma propriedade comum e cultivada em comum, mas que sua produção seja dividida para uso privado (e essa forma também prevalece entre alguns povos)? Ou ambas as coisas, terrenos e frutos, deveriam ser propriedade em comum?

Poderia haver outro sistema mais fácil se os lavradores fossem de uma classe distinta da dos proprietários de terra, [10] mas quando os cidadãos fazem o trabalho por e para si mesmos, os regulamentos para a propriedade comum dariam mais motivos de descontentamento; pois se tanto nos benefícios quanto nos trabalhos não houver igualdade, mas forem desiguais, certamente surgirão queixas entre aqueles que desfrutam ou recebem muito, mas trabalham pouco, e aqueles que recebem menos, [10] mas trabalham mais. No geral, é difícil viver em comunidade e compartilhar todas as nossas questões humanas, especialmente questões como essas. Isso é mostrado na comunidade que surge entre companheiros de viagem, pois a maioria deles briga uns com os outros por assuntos fúteis e se desentendem por coisas pequenas; e do mesmo modo entramos mais em conflito com aqueles de nossos servos [20] que empregamos com mais frequência para atividades cotidianas.

A comunhão de bens envolve, portanto, essas e outras dificuldades semelhantes; e o regime atual, se aperfeiçoado ainda mais pela boa moral e pela regulamentação correta da legislação, seria muito superior porque teria as vantagens de ambos os sistemas, [25] ou seja, a vantagem da propriedade pública e a vantagem da privada. Pois a propriedade deve ser comum, em certo sentido, mas privada de um modo geral. Assim, as divisões de interesses entre os proprietários não causarão essas queixas recíprocas, e terá melhores resultados uma vez que cada um se dedicará ao que lhe é próprio; enquanto, por outro lado, a virtude será exercida para fazer dos [30] *bens dos amigos, propriedade comum*", como diz o provérbio.

Esse sistema existe atualmente, ainda em esboço, em algumas *pólis*, mostrando que não é impraticável, e, especialmente em *pólis* bem administradas, partes desse sistema já estão realizadas e partes podem ser realizadas; pois os indivíduos, enquanto possuem sua propriedade privada, dispõem seus próprios bens a serviço de seus amigos e fazem uso dos bens de seus amigos como propriedade [35] comum; por exemplo, em Esparta, todos usam os escravos uns dos outros como praticamente seus, o mesmo que fazem com cavalos e cães de caça; também usam os produtos nos campos de todo o país se precisarem de provisões para uma viagem. É claro, portanto, que é melhor que as propriedades sejam privadas, mas que seu uso seja público; e formar os cidadãos para isso é tarefa especial do legislador.

[40] Além disso, considerar uma coisa como sua propriedade privada faz uma diferença indescritivelmente grande para o prazer; pois o sentimento de amor por si mesmo certamente não é sem propósito, mas um instinto natural.

[1263b] [1] O egoísmo, por outro lado, é realmente condenável; mas orgulho não é amar a si mesmo, mas amar a si mesmo mais do que se deve, assim como a cobiça significa amar o dinheiro em excesso; porque todos amam, certamente, [5] cada uma dessas coisas. Além disso, conceder favores e ajuda a amigos, estrangeiros e companheiros é um grande prazer; e isso só acontece se a propriedade for privada.

Essas vantagens, portanto, não chegam àqueles que levam longe demais a unificação da *pólis*; e, além disso, manifestamente eliminam a prática de duas virtudes: a temperança em relação às mulheres [10] (porque é um ato nobre abster-se de uma mulher quando ela pertence a outro) e a liberalidade em relação à propriedade; pois ninguém se revelará liberal nem realizará uma única ação generosa sequer, pois o exercício da liberalidade se dá no uso dos bens. [15] Tal legislação, portanto, poderia parecer atraente e filantrópica; pois aquele que a escuta a recebe com alegria, pensando que resultará em uma maravilhosa amizade de todos para com todos, especialmente quando alguém atribui os atuais males existentes nas *pólis* ao fato de que [20] os bens não são propriedades em comum — refiro-me a ações judiciais entre cidadãos em relação a contratos, julgamentos por falso testemunho e bajulação dos ricos. A verdadeira causa de todos esses males não é a ausência de propriedade em comum, mas a perversidade humana, pois vemos muito mais brigas ocorrendo entre aqueles que possuem ou usam bens em comum do que entre aqueles que têm [25] suas propriedades separadas; mas notamos que aqueles que brigam por causa de seus bens em comum são poucos quando comparados com o total de proprietários privados. E novamente é justo afirmar não apenas todos os males que os homens perderão ao adotar tal sistema de governo, mas também todas as coisas boas; a vida em tais circunstâncias é vista como totalmente impossível.

Deve-se considerar que [30] a causa do erro de Sócrates consiste em uma suposição incorreta. É certo que, de certa forma, tanto a casa como a *pólis* devem ser uma unidade, mas não em todos os sentidos. Pois, a *pólis* atinge um ponto, à medida que sua unificação prossegue, em que deixará de ser uma *pólis*, e um outro ponto em que, embora continue uma *pólis*, ainda assim, deixará quase de sê-lo, ou seja, será uma *pólis* inferior, como se alguém transformasse uma [35] sinfonia em uníssono ou um ritmo em um único pé métrico. Como já foi anteriormente dito, a *pólis*, enquanto uma pluralidade, deve ser feita em comunidade e unidade por meio da educação, e é um absurdo que aquele que pretende introduzir um sistema de educação e pensa que isso fará com que a cidade se torne boa imagine que pode regular a sociedade por tais medidas, e não através de [40] costumes, filosofia e leis, assim como o legislador introduziu a comunidade relativa à propriedade em Esparta e Creta através de refeições públicas.

[1264a] [1] Também não se deve ignorar que é preciso prestar atenção à extensão do tempo e aos muitos anos decorridos, em que tal regime não passaria despercebido se essas medidas fossem boas; pois quase todos já foram descobertos, embora alguns deles não tenham sido realizados e outros, embora conhecidos, não foram colocados [5] em prática. Seu valor tornara-se mais evidente se pudéssemos ver este regime em processo real de formação; pois não será possível construir essa *pólis* sem separar e dividir a comunidade em refeições públicas, fratrias e tribos, de modo que nenhum outro regulamento será promulgado, exceto a isenção [10] dos guardiões quanto ao cultivo da terra, que é a medida que os espartanos tentam agora seguir.

Além disso, o funcionamento desse regime político como um todo em relação aos membros da *pólis* também não foi descrito por Sócrates, nem é fácil dizer qual será tal funcionamento. No entanto, a massa geral dos cidadãos das outras classes é quase a maior parte da *pólis*, e sobre isso não há regras definidas. Acerca dos [15] agricultores, ninguém sabe se deverão ter sua propriedade em comum ou mantê-la em propriedade privada, e também se suas esposas e seus filhos serão próprios ou compartilhados. Pois se tudo for comum a todos, qual será a diferença entre os agricultores e a classe dos guardiões? Ou que vantagem eles ganharão submetendo-se ao governo dos guardiões? Ou ainda, que consideração os induzirá a submeter-se [20] ao governo, a menos que os guardiões adotem algum artifício inteligente como o dos cretenses que concederam aos seus escravos os mesmos direitos que eles próprios, exceto frequentar os ginásios e o porte de armas?

Em contrapartida, se a classe dos agricultores vive como em outras *pólis*, que tipo de comunidade haverá? Pois haverá, inevitavelmente, duas *pólis* em uma, [25] e estas em oposição entre si, pois Sócrates faz um conjunto de homens guardiões, uma espécie de guarnição, e outro conjunto de agricultores e artesãos e demais cidadãos. As denúncias, os processos e todos os outros males que, segundo Sócrates, existem nas *pólis*, também serão encontrados entre seus cidadãos. No entanto, ele diz que, [30] os agricultores, os artesãos e os demais cidadãos, devido à sua educação, não precisarão de muitos regulamentos, como estatutos da cidade, do mercado e outros regulamentos desse tipo, embora o filósofo atribua a educação apenas aos guardiões. Mais uma vez, ele faz dos fazendeiros os donos das propriedades, pelas quais pagam um tributo; mas provavelmente serão muito mais difíceis e incontroláveis [35] do que as classes de hilotas, servos e escravos em geral. No entanto, se o compartilhamento de mulheres deve ser obrigatório para os agricultores da mesma forma que para os guardiões ou não, de fato não foi declarado definitivamente em nenhum lugar. Também não há qualquer informação sobre questões relacionadas, como: quais serão as funções políticas, a educação e as leis para essas classes subordinadas? Não é fácil – mas nem por isso é de pouca importância – encontrar as respostas para essas perguntas, de modo a saber que classes subordinadas contribuem [40] para a preservação da comunidade dos guardiões.

[1264b] [1] Mas, ainda, se pretende-se fazer com que os agricultores tenham as suas mulheres em comum, mas a sua propriedade privada, quem irá gerir a casa da maneira como os maridos das mulheres fazem o trabalho dos campos? E se a propriedade e as esposas dos agricultores forem comuns [...][11]. É absurdo, também, empregar uma comparação aos animais selvagens [5] para mostrar que as mulheres devem ter as mesmas ocupações que os homens, considerando que os animais não possuem casas para administrar. Ademais, é arriscado o método de Sócrates de nomear os governantes, pois ele faz os mesmos homens ocuparem sempre os cargos de autoridade; e isso ocasiona rebelião mesmo entre os cidadãos comuns, e, certamente, mais ainda entre homens irascíveis.

É evidente que ele pensa ser essencial fazer com que os governantes sejam os mesmos, pois a mistura divina de ouro na alma não é concedida uma vez a alguns e outra vez em outros, mas está sempre nos mesmos homens. Sócrates diz que no momento do nascimento alguns homens recebem dos deuses uma mistura de ouro e outros recebem de prata, e aqueles que serão os artesãos e os agricultores [15] recebem uma mistura de cobre e ferro. Novamente, embora ele prive os guardiões da felicidade, diz que é dever do legislador fazer toda a cidade feliz. Mas é impossível que o todo seja feliz, a menos que a maioria ou todas as suas partes, ou algumas delas, possuam felicidade. A felicidade não é uma coisa do mesmo tipo [20] que um número par, que pode pertencer a um todo, mas não a nenhuma de suas partes; mas com a felicidade isso é impossível. Ainda assim, se os guardiões não estão felizes, que outra classe estará? Pois, evidentemente, os artesãos e a massa geral das classes ditas comuns não são.

A *República* descrita por Sócrates possui, portanto, essas dificuldades, [25] além de outras não menos importantes.

Dificuldades quase semelhantes a essas valem também para as *Leis*, obra que foi escrita posteriormente, de modo que será vantajoso fazer um pequeno exame também acerca do regime nela proposto. Na *República,* Sócrates estabeleceu detalhes sobre poucos assuntos: sobre a comunidade de esposas [30] e filhos; sobre a propriedade; e sobre a estrutura da constituição (pois a população é dividida em duas partes, uma formando a classe camponesa e a outra a classe de defesa bélica; e há uma terceira classe extraída destas últimas encarregada de aconselhar e governar a *pólis*). Porém, no que se refere a agricultores e aos artesãos, [35] Sócrates não define se fazem ou não parte do governo, ou se têm alguma participação governamental, ou ainda se essas classes devem ou não possuir armas e servir na guerra juntamente às outras. Mas pensa que as mulheres devem servir na guerra com os guardiões e compartilhar a mesma educação, o restante do diálogo ele preencheu com tópicos externos e sobre o tipo de educação que é apropriado para os guardiões.

[1265a] [1] Embora a maior parte das *Leis* consiste em um tratado de leis, pouco foi falado sobre a forma da constituição e, no desejo de torná-la mais adequada para adoção pelas atuais *pólis*, ele desvia aos poucos para a outra forma, a da *República*. Com exceção [5] da comunidade de esposas e propriedade, ele atribui todos os seus outros regulamentos da mesma forma para ambos os regimes; prescreve para ambos a mesma educação e uma vida desvinculada de tarefas domésticas; quanto às refeições públicas, há a diferença de que, na *pólis* descrita nas *Leis*, deve haver refeições públicas também para as mulheres e os cidadãos armados [10] são em número de cinco mil, enquanto na *República* consiste em uma classe que possui mil armas.

É verdade que todos os discursos de Sócrates possuem notabilidade, esperteza, originalidade e agudeza de investigação, mas sem dúvida é difícil estar certo sobre tudo: por exemplo, em relação ao tamanho da população que mencionamos, seria necessário um território tão grande quanto o da Babilônia, [15] ou algum outro país de extensão ilimitada, para sustentar cinco mil homens ociosos e outra multidão muitas vezes maior de mulheres e servos ao redor deles. É apropriado, sem dúvida, imaginar hipóteses, mas nada que seja impossível.

Diz-se que, ao estabelecer as leis, o legislador deve ter sua atenção voltada para duas coisas: [20] o território e a população. Mas também seria bom acrescentar que ele deve levar em conta também as regiões vizinhas, se a cidade quiser, primeiramente, viver uma vida de política (pois é necessário que ela use em momentos de guerra não apenas as armas que são úteis em seu próprio território, mas também aquelas que são úteis em lugares fora dele; [25] e se não se aceita tal descrição, seja para a vida do indivíduo ou para a vida em comunidade da *pólis*, ainda assim é necessário que os cidadãos sejam temíveis para seus inimigos não apenas quando estes invadem seu território, mas também quando o deixam. Também a quantidade de propriedade requer consideração: talvez fosse melhor defini-la de outra forma, por uma fórmula mais clara. Sócrates diz [30] que deve ser suficientemente grande para que os cidadãos "vivam uma vida moderada" – como quem diz para "viver uma vida boa"; mas, na verdade, essa frase é muito genérica, pois é possível viver com moderação, mas miseravelmente. Uma definição melhor seria "viver com moderação e liberalidade" (pois, se os dois estiverem separados, um modo de vida liberal é passível de ser conduzida para o luxo e o moderado para uma vida de dificuldades), pois certamente essas são as únicas [35] qualidades desejáveis em relação ao uso da riqueza. Por exemplo, não é possível usar a riqueza com amenidade ou corajosamente, mas é possível usá-la com moderação e liberalidade, de modo que se segue que essas são qualidades que têm a ver com a riqueza. E também é estranho que, embora repartindo igualmente as propriedades, o filósofo não estabelece um número de cidadãos, mas deixa [40] a procriação de filhos descontrolada, supondo que o número de cidadãos será suficientemente nivelado devido aos casamentos sem filhos, por mais filhos que sejam gerados, [**1265b**] [1] porque isso parece ocorrer atualmente nas *pólis*. Isso deveria ser regulado muito mais no suposto caso do que agora, pois agora ninguém está destituído, porque os bens são divididos entre toda a população, mas como a divisão dos bens não será permitida, os filhos excedentes [5] não terão necessariamente nada, sejam eles em menor ou maior número.

Poderia pensar-se que o mais importante é impor restrições à taxa de natalidade e não à propriedade, de modo a não permitir uma geração maior do que certo número de filhos, e que, ao fixar seu número, deve-se levar em consideração as chances de nascimento, pois acontece que alguns dos filhos nascidos podem morrer, e há ausência de filhos [10] em outros casais; mas deixar o assunto de lado, como acontece na maioria das *pólis*, leva à pobreza entre os cidadãos, e a pobreza produz revoltas e crimes. O coríntio Pheidon, de fato, um dos mais antigos legisladores, pensava que os lares e a população de cidadãos [15] deveriam permanecer no mesmo número, embora no início as propriedades de todos fossem desiguais em tamanho; mas nas *Leis* ocorre o contrário. No entanto, devemos dizer mais tarde o que achamos que seria um sistema melhor nessas questões.

Outra questão omitida nas *Leis* é como os governantes serão diferentes das classes governadas. Apenas se diz [20] que os governantes devem estar na mesma relação com os governados que a teia está para a trama, que são feitas de lãs diferentes[12]. E na medida em que é permitido que a riqueza total de um homem seja aumentada até cinco vezes o seu valor original, por que razão não deve ser permitido um aumento de sua propriedade até certo ponto? Também deve ser examinado se a proposta de separação das propriedades não é [25] inconveniente para a administração doméstica; pois ao distribuir duas propriedades separadas uma da outra para cada cidadão faz com que seja difícil administrar duas casas.

Todo regime de governo pretende, é verdade, não ser nem uma democracia nem uma oligarquia, mas sim uma forma intermediária entre elas que é chamada de república, pois o governo é constituído pela classe dos cidadãos que portam armas. Se, portanto, Sócrates apresenta este regime como o mais comumente existente de todas as formas [30] nas *pólis* atuais, ele talvez tenha feito uma boa proposta; mas se ele a apresenta como a melhor forma de regime após um outro que seja ideal, não é uma boa proposta; pois, muito provavelmente, poderia-se preferir mais o regime espartano, ou talvez alguma outra forma mais próxima de uma aristocracia. De fato, alguns afirmam que o melhor regime deve ser uma combinação de todos os tipos, [35] por esse motivo elogiam o dos espartanos (pois dizem que ele se compõe de oligarquia, monarquia e democracia, significando que a realeza é a monarquia, a autoridade dos anciãos a oligarquia, e que a democracia é introduzida pelo governo dos éforos porque estes vêm do povo; [40] enquanto outros declaram o eforato uma tirania, mas encontram a democracia nas refeições públicas e nas outras regulamentações da vida cotidiana).

[1266a] [1] Nas *Leis*, afirma-se que o melhor regime deve consistir em uma combinação de democracia e tirania, que não deveriam, em absoluto, ser consideradas como regimes, ou então deveriam ser classificadas como as piores de todas. Uma teoria melhor, portanto, é apresentada por aqueles que misturam um maior número de elementos, pois o [5] regime composto a partir de um maior número de elementos é melhor.

Em seguida, o regime referido nas *Leis* prova, de fato, não conter nenhum elemento de monarquia, mas seus fatores são retirados da oligarquia e da democracia e, na maioria das vezes, ela tende a se inclinar para a oligarquia. Isso decorre dos regulamentos para a nomeação dos magistrados; pois sua seleção por sorteio de uma lista previamente eleita por voto é uma característica comum tanto da oligarquia quanto da democracia, mas a obrigação imposta aos cidadãos mais ricos [10] de comparecer à assembleia, a votar em magistrados ou exercer qualquer outra função política – funções das quais os outros estão isentos – é oligárquico, como é o esforço para garantir que a maioria dos magistrados seja composta pelos ricos e que os cargos mais altos sejam preenchidos pela mais alta das classes avaliadas pela riqueza. Também torna a eleição do conselho oligárquico, pois todos são obrigados [15] a eleger os cidadãos da primeira classe, ou seja, com rendimentos mais elevados e, então, novamente, um número igual de cidadãos da segunda classe e finalmente membros da terceira classe; exceto que não era obrigatório para todos votar nos membros da terceira ou quarta classe, e eleger da quarta classe era obrigatório apenas para os membros da primeira e segunda classes. Em seguida, entre os cidadãos eleitos desse modo, na obra é dito que é preciso nomear [20] um número igual de cada classe. Assim, serão mais numerosos e melhores os que elegerem os membros das classes mais elevadas, porque algumas das ordens mais baixas se absterão de votar por não ser obrigatório.

Sendo assim, não é apropriado estabelecer um regime político a partir de uma mistura de democracia e monarquia. Essas e outras considerações ficarão evidentes com o que será dito mais adiante [25] quando nossa investigação vier a lidar com essas classes de constituição. Além disso, a provisão para a eleição dos governantes entre os candidatos escolhidos em uma eleição preliminar é perigosa, pois mesmo que um número moderado de pessoas opte por se unir, as eleições sempre ocorrerão de acordo com seu desejo.

Tais são os pontos quanto ao regime político proposto nas *Leis*.

[30] Existem também outros esquemas constitucionais, alguns elaborados por amadores e outros por filósofos e políticos, mas todos eles estão mais próximos daqueles pelos quais as *pólis* são governadas atualmente do que os dois que foram considerados; pois ninguém mais introduziu uma inovação em relação à comunidade de crianças e [35]

mulheres, nem de refeições públicas para as mulheres, mas começam com as reformas necessárias.

Parece que, para alguns, a regulação correta da propriedade é o mais importante; pois a questão da propriedade, dizem eles, é a causa do surgimento das revoltas. O calcedônio Fáleas foi o primeiro a introduzir esse artifício; [40] pois ele diz que as propriedades dos cidadãos devem ser iguais [1266b] [1] e pensava que isso não seria difícil de assegurar nas *pólis* em processo de fundação; embora fosse uma tarefa mais cansativa nas *pólis* já estabelecidas, seria mais fácil fazer um nivelamento se os ricos concedessem donativos sem nada receber e os pobres os recebessem sem nada dar.

[5] Platão, ao escrever as *Leis*, pensava que até certo ponto a desigualdade deveria ser permitida, mas que nenhum cidadão deveria ter permissão para adquirir mais terra do que o quíntuplo da propriedade mínima, como já foi dito antes.

Entretanto, aqueles que legislam dessa maneira também não devem ignorar um fato do qual agora esquecem: ao regular a quantidade de propriedade, [10] os legisladores devem regular também o tamanho da propriedade e da quantidade de filhos; pois se o número de filhos se tornar muito grande para a propriedade, a lei certamente será revogada e, além da violação da lei, é prejudicial que muitos cidadãos ricos se tornem pobres, pois é difícil impedir tais homens de se revoltarem. Que [15] um padrão de propriedade afeta a comunidade política de uma maneira importante, alguns homens, mesmo em tempos antigos, reconheceram claramente; por exemplo, há a legislação de Sólon, uma lei para outras *pólis* que proíbe a aquisição de terras por qualquer quantia que o indivíduo deseje; da mesma forma, há uma legislação para impedir a venda de propriedades, como entre os Lócrios que possuem uma lei [20] que impede um homem de vender a menos que possa provar que um infortúnio lhe aconteceu; também há legislação para preservar os antigos loteamentos (a revogação dessa restrição, em Leucádia, tornou a constituição leucadiana excessivamente democrática, pois os cargos não eram mais preenchidos com as qualificações de propriedade estabelecidas).

É possível, contudo, que a igualdade de propriedades [25] possa ser mantida, mas seu tamanho pode ser muito grande e promover o luxo, ou muito pequeno, causando um padrão de vida mesquinho; é claro, portanto, que não basta ao legislador igualar os bens, mas deve procurar assegurar um meio-termo. E ainda, mesmo que se prescrevesse uma propriedade moderada para todos, de nada adiantaria, pois é mais importante nivelar os desejos [30] dos homens do que suas propriedades, e isso só pode ser feito por um sistema adequado de educação imposto por lei. Talvez Fáleas diria que ele mesmo prescreveu isso, pois considera fundamentalmente necessário que as *pólis* tenham igualdade nesses dois aspectos: propriedade e educação. Mas a natureza da educação precisa ser definida; não adianta apenas que [35] ela seja uma e a mesma para todos, pois é possível que todos tenham uma e a mesma educação, mas que esta seja de tal natureza para torná-los ambiciosos em obter riquezas ou honra, ou ambos; além disso, as revoltas civis são causadas não apenas pela desigualdade de propriedade, mas também pela desigualdade de honras, embora os dois motivos funcionem de maneiras [40] opostas – as massas revoltam-se se as posses são distribuídas de forma desigual e **[1267a]** [1] as classes superiores se as honras são distribuídas igualmente, daí o verso: *"em igual honraria são considerados o nobre e o vil."*[13]

Os homens não fazem o mal apenas por causa das necessidades básicas, o tipo de injustiça para a qual Faleas pensa tem como cura a igualdade de bens, de modo a evitar roubos por motivo de frio ou [5] de fome; os homens também fazem o mal para obter prazer e satisfazer o desejo. Pois se eles têm um desejo acima das necessidades básicas da existência, cometerão injustiças para satisfazer esse desejo; e, além disso, não apenas por desejo, mas para que possam desfrutar dos prazeres que não estão associados às dores.

Que remédio há então para esses três tipos de infrações? Para o primeiro, competência [10] e trabalho modestos; para o segundo, temperança; e quanto ao terceiro tipo, qualquer um que deseje prazeres que dependam de si mesmos não precisaria de cura, exceto aquela derivada da filosofia, uma vez que os outros prazeres requerem a ajuda de outros homens. Como é evidente, as maiores transgressões nascem de um desejo e não de necessidades básicas (por exemplo, os homens não se tornam tiranos para não tremer de frio e, por essa razão, [15] altas honrarias são concedidas a quem mata um tirano, mas não a quem mata um ladrão); assim, o método de constituição de Faleas é eficaz apenas contra as pequenas injustiças sociais.

Além do mais, Faleas deseja estruturar as medidas que visam um bom governo apenas nas relações internas da *pólis*, mas o legislador também deve levar em consideração as relações com os povos vizinhos e com todas as nações estrangeiras.

[20] É essencial, portanto, que o regime seja formulado tendo em vista a força militar, sobre a qual Faleas nada disse. O mesmo vale para a propriedade; pois os cidadãos devem possuir não apenas o suficiente para satisfazer suas necessidades na vida civil, mas também para enfrentar os perigos externos; por essa razão, eles não devem possuir uma quantidade tão grande de riqueza que seja cobiçada [25] por seus vizinhos e por *pólis* mais fortes – os possuidores não serão capazes de repelir seus invasores –, nem tão pequena quantidade que não seja capaz de sustentar uma

guerra contra inimigos iguais ou semelhantes. Faleas, na verdade, nada estabeleceu, mas é preciso não ignorar que quantidade de riqueza seja vantajosa. Talvez, portanto, o melhor limite da propriedade a prescrever é que não deve ser vantajoso [30] para um povo mais forte fazer guerra por causa de sua riqueza excessiva do que se os cidadãos não tivessem tanta riqueza. Por exemplo, quando o general persa Autofradates estava prestes a sitiar Atarneia, o tirano de Atarneia, Eubulo, pediu-lhe que considerasse quanto tempo levaria para capturar o local e, em seguida, calculasse quais seriam seus gastos para esse período, pois ele próprio estava disposto [35] a evacuar Altarneia mediante um pagamento inferior ao montante da despesa gasta na conquista; essas palavras fizeram com que Autofradates ponderasse e o levou a abandonar o cerco.

Pois bem, a igualdade de propriedade entre os cidadãos é certamente um dos fatores que contribuem para evitar que lutem entre si, no entanto, não é particularmente tão importante como dizem. As classes [40] mais elevadas podem se ressentir com o fato de que seus méritos não são iguais, razão pela qual aparecem frequentemente atacando o governo e se rebelando; [1267b] [1] e também a baixeza do ser humano é uma coisa insaciável. A princípio bastava um pagamento de apenas dois óbolos, mas quando isso se tornou um hábito, eles sempre queriam mais, até conseguirem ultrapassar todos os limites[14]; pois o apetite é, por natureza, ilimitado, e a maioria da humanidade [5] vive para a satisfação do apetite. O ponto de partida para tais questões é, de preferência, igualar as propriedades ao treinar aqueles que são superiores por natureza para que não desejem riqueza excessiva, e fazer com que os de nível inferior não sejam capazes de ambição, garantindo, assim, que se mantenham em uma posição inferior e não sejam tratados injustamente.

Além disso, não é merecedor de aprovação o que Faleas disse sobre [10] igualdade de propriedade, pois ele torna os cidadãos iguais apenas em relação à propriedade de terra, mas a riqueza também consiste em escravos, gado e dinheiro, além de haver muita riqueza no que é chamado de bens móveis; deve-se, portanto, buscar a igualdade ou alguma regulação moderada em relação a todas essas coisas, ou devemos permitir todas as formas de riqueza. Fica evidente pela legislação de Faleas que ele torna a *pólis* pequena, [15] na medida em que todos os artesãos se tornam escravos públicos e não são considerados complemento dos cidadãos da *pólis*. Mas se é apropriado ter escravos públicos, os trabalhadores empregados nas obras públicas devem ter esse *status* (como é o caso de Epidamno o que Diofanto uma vez tentou instituir em Atenas).

Essas observações podem ser suficientes para indicar os méritos [20] e defeitos que podem estar contidos na constituição de Faleas.

Hipódamo de Mileto, filho de Eurifonte, (que inventou a divisão das *pólis* [em quarteirões] e delineou as ruas do Pireu, e que também se tornou um tanto excêntrico em seu modo de vida devido ao desejo de ostentação ambiciosa, [25] de modo que alguns achavam que ele vivia de modo supérfluo, com cabelos longos e ornamentos caros, além de roupas simples, mas quentes, não apenas no inverno, mas também nos períodos de verão, e que desejava ser um homem instruído em todas as coisas da natureza), foi o primeiro, entre os homens não engajados na política, que tentou falar sobre o tema da melhor forma de regime político.

[30] Imaginou uma *pólis* com dez mil cidadãos, dividida em três classes: uma classe de artesãos, uma de agricultores e uma terceira de guerreiros bélicos e armados. Dividiu também o território em três partes: um sagrado, um público e um privado; o [35] sagrado para fornecer as oferendas costumei-

ras aos deuses, o comum para a manutenção da classe guerreira e o privado para ser de propriedade dos agricultores. Hipódamo também pensou que deveriam existir apenas três divisões da lei, já que as questões sobre as quais os processos judiciais ocorrem são em número de três — ofensas, danos, homicídios. Ele propôs, ainda, estabelecer um tribunal supremo de justiça, para o qual [40] deveriam ser levados todos os casos considerados mal julgados pelos tribunais particulares, e organizou este tribunal supremo com certos anciãos selecionados.

[1268a] [1] Sustentava que os veredictos nos tribunais não deveriam ser emitidos por cédula, mas que cada juiz deveria trazer uma tabuinha na qual deveria escrever a pena se julgasse o réu culpado, e, se o julgasse inocente, deixaria um espaço em branco; se o juiz considerasse o réu culpado em algumas acusações, mas não em outras, ele deveria [5] declarar isso; em relação ao estado atual da lei, ele o considera insatisfatório, uma vez que força os juízes a cometer perjúrio, dando um veredicto ou outro. Hipódamo ainda propôs uma lei para que aqueles que inventassem algo de útil para a *pólis* recebessem honra, e que os filhos dos que morressem na guerra tivessem seu sustento garantidos pela *pólis*, na crença de que isso [10] nunca havia sido previsto em lei em outro lugar (mas, de fato, essa lei existe atualmente tanto em Atenas como em outras *pólis*). Os oficiais governantes deveriam ser todos escolhidos pelo povo, composto pelas três classes da cidade; os eleitos deveriam supervisionar os interesses da comunidade, os interesses dos residentes estrangeiros e dos órfãos. Estes são, então, os principais e [15] os mais notáveis aspectos do sistema de Hipódamo.

A princípio, uma primeira dificuldade poderia ser levantada sobre a divisão da massa geral dos cidadãos. Os artesãos, os agricultores e os guerreiros participam do governo, embora os agricultores não tenham armas e os artesãos nem armas nem terras, [20] o que os torna quase escravos de quem as possui. Portanto, é impossível que eles compartilhem todos os cargos (pois é inevitável que tanto os generais quanto os guardiões e, geralmente, aqueles de cargos mais importantes sejam nomeados daqueles que possuem armas); mas se eles não participam desse regime político, como é possível que eles sintam consideração [25] por ele? De fato, a classe dominante como possuidora das armas está fadada a ser mais forte do que ambas as classes. Mas isso não é fácil se eles não são numerosos e, se for o caso, por que as outras classes deveriam participar do governo e controlar a eleição dos governantes? Mais uma vez, qual a utilidade dos agricultores para a *pólis*? Os artesãos [30] são necessariamente essenciais (pois toda pólis necessita deles) e eles podem viver da prática de seu ofício, como em outras *pólis*; mas quanto aos agricultores, eles têm terras próprias e as cultivam para si, embora fosse razoável que eles fizessem parte da *pólis* se fornecessem suas provisões à classe que possui as armas. [35] E ainda, se a terra comum de onde os que lutam pela *pólis* devem se alimentar deve ser cultivada por eles mesmos, a classe militar não seria diferente da agrícola, como Hipódamo desejava; ao passo que se os cultivadores da terra comum forem um grupo diferente de pessoas tanto daqueles que cultivam as propriedades privadas quanto dos combatentes, esta será ainda uma quarta parte da *pólis*, não [40] participando dela, mas bastante afastada do regime político. Contudo, se os que cultivam a terra privada e a terra comum forem as mesmas pessoas, a quantidade de produtos que cada homem cultivará será escassa para duas famílias, **[1268b]** [1] e, além disso, por que razão não devem, os agricultores, buscar comida para si e fornecê-la aos combatentes diretamente da terra e dos mesmos lotes? Todos esses pontos, portanto, são muito confusos.

A lei de Hipódamo sobre julgamentos [5] é insatisfatória; exige que o veredicto seja dado em contagens separadas quando a acusação for única, convertendo o juiz em árbitro. Isso é praticável em uma arbitragem mesmo quando há vários árbitros (pois eles conferem entre si a decisão), mas não é praticável nos tribunais, além de que a maioria dos legisladores desconfiam disso [10] e até proíbem a consulta entre os jurados. O veredicto, então, será inevitavelmente confuso quando o juiz decidir que o réu é responsável por danos, mas não em uma quantia tão grande quanto o queixoso exige; por exemplo: o queixoso processará pedindo por vinte minas[15] e um juiz atribuirá dez minas (ou um pouco mais ou um pouco menos do que isso), um outro juiz cinco minas, e ainda um outro quatro minas – e continuarão fazendo por meio de frações –, enquanto outros juízes concederão a quantia total exigida e outros nada; qual será então o método de contagem dos votos? Ademais, ninguém obriga o juiz que dá um veredicto simples de absolvição ou condenação e o faz com justiça a cometer perjúrio; pois o juiz [20] que dá um veredicto de absolvição não julga que o réu está devendo alguma coisa, mas que ele não deve as vinte minas pelas quais é processado; apenas o juiz que dá um veredicto condenando o réu a pagar as vinte minas, mas sem acreditar que as deve, que comete perjúrio.

Quanto à proposta de que uma honraria deve ser concedida àqueles que inventam algo útil para a *pólis*, a legislação nesse sentido não é segura, mas apenas soa bem ao ouvido; pois envolve processos maliciosos e, pode até acontecer mudanças de regime político. Tal questão leva a outro problema e a uma investigação diferente: algumas pessoas levantam a questão se é prejudicial ou vantajosa para as *pólis* de alterar as leis tradicionais, supondo que outra lei seria melhor. Por isso não é fácil concordar rapidamente com a proposta acima, se realmente for desvantajoso

[30] alterar as leis; no entanto, é possível que alguns possam apresentar a abolição de leis ou do regime político como um benefício para a comunidade. Já que fizemos menção a esta questão, será melhor fazermos algumas observações adicionais sobre ela, pois, como dissemos, envolve dificuldade. Pode-se pensar que seria melhor que a mudança ocorresse; em todos os casos, nos outros campos do conhecimento, isso provou ser benéfico, [35] como a medicina foi aprimorada ao ser afastada da sua forma tradicional, assim como a ginástica e todas as artes e faculdades em geral. Do mesmo modo, se a política deve ser contada como uma dessas ciências, é claro que a mesma coisa necessariamente vale também em relação a ela. E poderia dizer-se que um sinal disso ocorreu nos fatos históricos, pois as leis dos tempos antigos eram muito simples [40] e incivilizadas. Os gregos, por exemplo, costumavam carregar armas e comprar mulheres uns dos outros, e todos os resquícios de costumes da Antiguidade existentes em qualquer lugar são totalmente tolos, **[1269a]** [1] como em Cumas, onde há uma lei relativa a homicídios: se o acusado de homicídio apresentar um certo número de seus próprios familiares como testemunhas, o réu é culpado do crime. E, em geral, todos os homens procuram o que é bom, não o que é tradicional; e é provável que a humanidade [5] primitiva, seja nascida da terra ou os sobreviventes de algum cataclismo, fosse como as pessoas tolas de agora, como de fato se diz da raça nascida na terra, de modo que é estranho que devamos nos orientar por suas noções. Além disso, é vantajoso não deixar as leis escritas inalteradas, pois assim como nas outras artes, [10] também é impossível que tenha sido agrupado corretamente, e com detalhes, tudo o que se aplica à estrutura política de uma *pólis*; pois tudo deve necessariamente ser expresso em termos gerais, mas as ações referem-se a casos particulares.

Essas considerações, portanto, deixam claro que é apropriado que algumas leis sejam alteradas algumas vezes. Mas se considerarmos o assunto de outra perspectiva, parece ser algo que precisa de muita cautela. Quando [15] a melhoria é pequena, e porque é ruim acostumar os homens a revogar as leis levianamente, é claro que alguns erros tanto do legislador quanto dos governantes devem ser ignorados; pois o benefício obtido pela alteração será menos prejudicial do que o costume de desconfiar de seus governantes. Além disso, a comparação com as artes é um equívoco; [20] pois mudar uma arte é diferente de alterar uma lei; pois a lei não tem poder para obrigar a obediência além da força do costume, e o costume só surge com o decorrer de muito tempo, de modo que trocar sem cuidado as leis existentes por outras novas enfraquece o poder da lei. Mais uma vez, [25] mesmo que a alteração das leis seja adequada, todas as leis estão abertas à alteração, e em todas as formas de regime, ou não? E qualquer um, por acaso, é competente para introduzir alterações ou apenas alguns? Há uma grande diferença entre essas questões. Portanto, deixemos por enquanto essa indagação, pois ela pertence a outras ocasiões.

No que diz respeito aos regimes de Esparta e de Creta, [30] e também em relação a quase todas as outras formas de regime, as questões que se colocam para consideração são duas: uma é saber se sua estrutura tem alguma característica admirável ou não, em comparação com o melhor sistema; a outra é saber se, esse regime, contém alguma disposição que realmente se oponha ao princípio fundamental e ao caráter do regime que os legisladores pretendiam.

Que uma *pólis* bem governada [35] deve ser provida de um lugar para o descanso das ocupações servis, é concordado [por todos]; mas como isso deve ser fornecido não é fácil de determinar. A classe dos servos na Tessália repetidamente se levantou contra seus senhores, assim como os hilotas em Esparta (como um inimigo constantemente à espreita dos desastres de seus senhores). Já em Creta, [40] nada do tipo ocorreu até agora; a razão talvez seja que as *pólis* vizinhas, **[1269b]** [1] mesmo quando em guerra entre si, nunca se aliam aos rebeldes, porque, como eles próprios também possuem uma classe de servos, isso não seria do seu interesse. Por outro lado, os vizinhos dos espartanos – Argivos, Messênios e Arcádios – eram todos hostis. [5] As revoltas de servos que ocorreram contra os tessálios começaram originalmente porque ainda estavam em guerra com seus vizinhos, os aqueus, os perrebos e os magnésios. Além de outras desvantagens, a mera preocupação com o tratamento da classe de servos é uma dificuldade: se lhes for permitida a liberdade, eles se tornam insolentes e reivindicam direitos iguais [10] aos de seus senhores. Se vivem uma vida dura, eles conspiram contra seus senhores e os odeiam. Fica claro, portanto, que naqueles regimes em que acontecem esses problemas, não descobrem o melhor modo de tratar os hilotas.

Mais uma vez, a liberdade em relação às mulheres é prejudicial tanto no que diz respeito ao propósito do regime quanto no que diz respeito à felicidade da *pólis*. Pois, assim como [15] o homem e a mulher fazem parte de uma casa, também é claro que a *pólis* está dividida quase pela metade em sua população masculina e feminina, de modo que em todos os regimes em que a posição das mulheres é mal regulada, então metade da população deve ser considerada como tendo sido negligenciada na elaboração da lei. E foi isso que ocorreu em Esparta; [20] pois o legislador que desejou que toda a *pólis* fosse de caráter forte mostrou claramente sua intenção em relação aos homens, mas no caso das mulheres negligenciou inteiramente o assunto, pois elas vivem indisciplinadamente em relação a todo tipo de excessos e luxos.

Assim, o resultado inevitável é que, em um regime assim constituído, a riqueza seja honrada, especialmente se for o caso de o povo estar sob o domínio de suas mulheres, [25] como na maior parte dos povos militares e guerreiros, exceto os celtas e outros povos que aprovam abertamente as intimidades entre os homens guerreiros. Parece, então, que o criador dos mitos tinha boas razões para unir Ares com Afrodite, pois todos os homens de espírito guerreiro parecem ser atraídos por [30] companheiros ou por mulheres. Portanto, essa característica existia entre os espartanos e, no tempo de seu império, muitas coisas eram controladas pelas mulheres; no entanto, que diferença faz se as mulheres governam ou os governantes são governados pelas mulheres? O resultado é o mesmo. E embora [35] a bravura não seja útil para nenhum dos deveres cotidianos da vida, mas apenas na guerra, mesmo a esse respeito, as mulheres dos espartanos foram as mais prejudiciais; e mostraram isso na época da invasão tebana, pois não prestaram nenhum serviço útil, como fazem as mulheres em outras *pólis*, porém causavam mais confusão do que o inimigo. É verdade, portanto, que a excessiva [40] liberdade concedida às mulheres em Esparta parece ter surgido com razão, **[1270a]** [1] pois os espartanos costumavam ficar ausentes por longos períodos por causa de suas expedições militares, tanto na guerra contra os argivos como na guerra contra os árcades e messênios; mas quando estavam em época de paz, obedeciam ao legislador já que eram preparados para isso pela vida militar (e isso tem muitos elementos de virtude); quanto às mulheres, diz-se que Licurgo tentou submetê-las ao poder das leis, mas desistiu quando elas resistiram. Portanto, as mulheres espartanas são, é verdade, responsáveis pelo que aconteceu e claramente responsáveis por esse erro relativo ao regime político; de nossa parte, porém, [10] não estamos considerando a questão de quem merece desculpa ou não, mas qual é o modo de ação certo ou errado.

Como também foi dito antes, os erros em relação ao *status* das mulheres parecem não apenas causar certa indecência na conduta real da *pólis*, mas também contribuir em algum grau para o amor indevido ao dinheiro. [15] Pois além das coisas que acabamos de falar, pode-se censurar as instituições espartanas com relação à distribuição desigual da riqueza. Acontece que alguns dos espartanos possuem muitas propriedades e alguns extremamente poucas; por esta razão, a terra acumulou-se em poucas mãos, e isso também foi mal regulado pelas leis; pois o legislador [20] tornou condenável vender a propriedade existente de uma família, e o fez corretamente, mas concedeu liberdade para transferir a terra à vontade por doação ou herança; no entanto, o resultado acaba sendo o mesmo em ambos os casos. Quase dois quintos de toda a área do país é propriedade de mulheres, devido ao número de mulheres que herdam propriedades [25] e recebem grandes dotes; no entanto, teria sido melhor se os dotes fossem proibidos por lei ou limitados a uma quantia pequena ou moderada. [...][16] Porém, o pai pode dar sua herdeira em casamento a quem quiser; e se ele morrer sem ter dado instruções quanto a isso por testamento, quem ele deixar como tutor de sua herança a entrega a quem ele escolher. Como resultado disso, embora o país seja capaz de sustentar mil e quinhentos cavaleiros [30] e trinta mil hoplitas, estes não chegavam a mil.

A natureza defeituosa de seu sistema de posse da terra foi provada pelos fatos históricos: a *pólis* não conseguiu suportar um único golpe[17] pereceu devido à escassez de homens. Dizem que era costume, nos primeiros [35] reinados, admitir estrangeiros à sua cidadania, de modo que não havia escassez de população naqueles dias, mesmo se estivessem em guerra por um longo período; e afirma-se que em certa época os espartanos chegaram a alcançar dez mil cidadãos. No entanto, seja isso verdade ou não, é melhor que a população masculina de uma *pólis* seja mantida proporcional à repartição da propriedade. A lei em [40] relação à procriação também é um tanto adversa a essa deficiência; **[1270b]** [1] pois o legislador, desejando tornar os espartanos mais numerosos, incentiva os cidadãos a terem tantos filhos quanto possível: possuem uma lei que libera do serviço militar o homem que é pai de três filhos, e isentando o pai de quatro filhos de todos os impostos. No entanto, [5] é claro que, se nascerem vários filhos e a terra for correspondentemente dividida, inevitavelmente haverá muitos homens pobres.

Além disso, os regulamentos para o eforato também são deficientes. É este ofício que tem controle absoluto sobre os assuntos públicos mais importantes, mas os éforos são nomeados de todo o povo, de modo que muitas vezes homens muito pobres [10] entram na magistratura e, devido à sua pobreza, costumam ser facilmente subornados. Isso se manifestou muitas vezes em épocas anteriores e recentemente em um caso em Andros: certos éforos foram subornados com dinheiro e fizeram tudo que estavam ao seu alcance e poder para arruinar toda a *pólis*; porque o cargo era muito poderoso e igual a uma tirania, [15] os reis também foram obrigados a cultivar o favor dos éforos populares, de modo que o regime foi prejudicado, pois de uma aristocracia surgiu uma democracia.

É verdade que este ofício mantém a integridade do regime – pois as pessoas comuns se acalmam porque têm uma parte no mais alto cargo da *pólis*, de modo que, seja devido ao legislador ou [20] tenha ocorrido por acaso, o eforato é vantajoso para a condução dos negócios; pois se um regime deve ser preservado, todas as partes da *pólis* devem desejar sua existência e permanência. Em Esparta, os reis assim desejam devido à sua própria posição honrosa; a nobreza deseja isso devido ao ofício dos anciãos (que é um prêmio de [25] virtude), e as pessoas comuns desejam por causa do eforato (que é nomeado por toda a população). Mas, ainda assim, o eforato, embora justamente aberto a todos os cidadãos, não deve ser eleito como é agora (pois o método é muito infantil).

Além disso, seria melhor se eles não decidissem os casos por seu próprio julgamento, [30] mas por regras escritas e de acordo com as leis. Também o modo de vida dos éforos não está em conformidade com o objetivo do regime, pois é muito luxuoso, enquanto os outros cidadãos vivem mais inclinados na direção da vida dura, de modo que são incapazes de suportá-la, e secretamente abandonam a lei.

Também seus regulamentos para o ofício dos anciãos não são bons; é verdade que, se fossem homens íntegros que tivessem sido adequadamente treinados em relação às virtudes humanas, talvez se pudesse dizer que seria vantajoso para a *pólis*. Ainda assim, sua permanência no cargo de juiz em julgamentos importantes seja de fato questionável [40] (pois há velhice tanto do corpo quanto da mente); **[1271a]** **[1]** mas como a educação deles foi feita de tal forma que nem o próprio legislador pode confiar neles como homens de virtude, é perigoso. Sabe-se que aqueles que ocuparam este cargo aceitaram subornos e sacrificam muitos dos interesses públicos por favoritismo; [5] de modo que seria melhor se eles não estivessem isentos de prestar contas de seu cargo, mas atualmente estão. Também se poderia dizer que a magistratura dos éforos serve para supervisionar todos os cargos, mas isso seria muito privilégio ao eforato, e não é a maneira pela qual, como sustentamos, deve-se prestar contas.

Mais uma vez, o procedimento na eleição dos anciãos como um modo de [10] seleção não é apenas infantil, mas é errado que alguém que deva ser o titular deste cargo honroso precise pleiteá-lo; pois o homem digno do cargo deve executá-lo, quer ele queira quer não. É evidente que o legislador faz aqui o mesmo que as outras partes do regime: ele torna os cidadãos ambiciosos [15] e faz uso disso para a eleição dos anciãos, pois ninguém pediria um cargo se não fosse ambicioso; no entanto, certamente a ambição e o amor ao dinheiro são os motivos que provocam quase a maior parte das transgressões voluntárias que ocorrem entre os homens.

Quanto à realeza, a questão para saber se é ou não uma instituição vantajosa para as *pólis* possuírem [20] pode ser deixada para outra discussão; mas em todos os casos seria vantajoso que os reis não fossem nomeados como são agora, mas escolhidos em cada caso com relação à sua própria vida e conduta. Mas é claro que mesmo o próprio legislador não supõe que possa tornar os reis em homens de grande caráter: em todo o caso, desconfia que não sejam pessoas de valor suficiente; motivo pelo qual os espartanos costumavam enviar reis inimigos como seus colegas [25] nas embaixadas, e pensavam que a segurança da *pólis* dependia da rivalidade entre os reis.

Os regulamentos para as refeições públicas, chamadas *phidítia*, foram, também, mal estabelecidos pelo primeiro legislador. Os gastos para estas refeições deveriam vir de fundos públicos, como em Creta; mas entre os espartanos todos têm que [30] contribuir, embora alguns sejam muito pobres e não consigam arranjar dinheiro para essa cobrança, de modo que o resultado é o oposto do que o legislador pretendia. Pois ele pretendia que a organização das refeições públicas fosse democrática, mas quando regulamentada pela lei dessa maneira, ela não funciona de forma alguma como democrática; [35] pois não é fácil para os muitos pobres participarem. Sua regulação ancestral da cidadania consiste em privar de participação quem não pode pagar esse imposto. A lei sobre os almirantes também foi criticada por alguns outros escritores, e com razão; pois é responsável por causar disputa, já que, além dos reis [40] que são comandantes militares, o cargo de almirante é quase como outra realeza.

Outra crítica que pode ser feita contra o princípio fundamental do legislador [1271b] [1] é aquela que Platão fez nas *Leis*: todo o sistema de leis tem como finalidade uma forma de virtude, a bravura militar, porque ela é útil para o domínio. Devido a isso, os espartanos permaneceram seguros durante a guerra, mas começaram a decair [5] quando conquistaram um império, porque não sabiam como levar uma vida de paz e não haviam sido treinados em nenhuma outra forma mais importante do que a arte de guerra. Outro erro não menos grave que esse é este: eles pensam que os cobiçados prêmios da vida são conquistados mais pela virtude do que pela covardia, e nisso eles estão certos, mas imaginam erroneamente que esses prêmios valem mais do que a virtude [10] que os vence.

As finanças públicas de Esparta também são mal reguladas: quando faz guerras em grande escala, não tem nada no tesouro público, e os espartanos pagam mal os impostos de guerra porque, como a maior parte da terra é propriedade deles, não verificam as contribuições uns [15] dos outros. E o legislador alcança um resultado oposto ao que é vantajoso: torna pobre a *pólis* e ambicioso o cidadão.

Para uma discussão sobre o regime político de Esparta, isso é o suficiente, sendo esses os principais pontos de crítica.

[20] O regime político de Creta aproxima-se ao de Esparta, mas, embora em alguns pontos não seja pior, na maior parte é menos refinado. A

constituição espartana parece – e diz-se – ter sido copiada dos cretenses na maioria de suas disposições; e, via de regra, as mais antigas foram menos elaboradas do que as mais novas. Pois é dito [25] que, quando Licurgo renunciou ao cargo de guardião do Rei Carilau e foi para o exterior, ele passou a maior parte de seu tempo em Creta por causa das relações entre os cretenses e os espartanos; pois os líctios eram colonos de Esparta, e os colonizadores encontraram um sistema de leis já existente [30] entre os antigos habitantes do lugar; por isso que os aldeões vizinhos ainda hoje usam essas leis da mesma maneira que Minos primeiro as instituiu.

A ilha também parece ter sido projetada pela natureza e estar bem situada para dominar o mundo grego, pois se estende por todo o mar, ao redor do qual quase todos os gregos [35] estão estabelecidos; pois Creta está apenas a uma curta distância do Peloponeso de um lado, e da Ásia, em torno do cabo Triópio e de Rodes, no outro. Graças a isso, Minos conquistou o domínio do mar e submeteu algumas ilhas a seu poder e estabeleceu colônias em outras, mas, por fim, ao atacar a Sicília, terminou sua vida [40] ali perto de Câmico.

A organização cretense é análoga a de Esparta. Em Esparta a terra é cultivada pelos hilotas e, em Creta, pelos periecos; **[1272a]** [1] também ambas têm refeições públicas e, antigamente, os espartanos não as chamavam de *phidítia*, mas de *andreîa*, como fazem os cretenses, o que prova que elas se originaram de Creta. O mesmo acontece com o sistema de governo; pois os [5] éforos têm o mesmo poder que os magistrados, chamados *kósmoi* em Creta, exceto que os éforos são em número de cinco e os *kósmoi* são dez; os anciãos de Esparta são iguais em número aos anciãos dos cretenses, ambas as *pólis* os chamam de Conselho; a monarquia existia em tempos antigos, mas depois os cretenses a aboliram, e os *kósmoi* mantêm a [10] liderança na guerra. Todos os cidadãos são membros da assembleia, embora não tenham poderes, exceto a função de confirmar por voto as resoluções já tomadas pelos anciãos e pelos *kósmoi*.

Os arranjos cretenses para as refeições públicas são melhores do que dos espartanos; pois em Esparta cada cidadão paga um imposto fixo, [15] sob pena de ser impedido por lei de participar do governo, como já foi dito; mas em Creta o sistema é mais comunitário; de todas as colheitas e gado produzidos nas terras públicas, e os tributos pagos pelos servos, uma parte é destinada ao culto dos deuses e à manutenção dos serviços públicos [20] e a outra para as refeições públicas, para que, assim, todos os cidadãos sejam mantidos com os fundos públicos, tanto mulheres e crianças como homens; o legislador concebeu muitas medidas sábias para garantir o benefício da contenção à mesa: separou as mulheres dos homens, para que não tenham muitos filhos, e instituiu a permissão das relações íntimas [25] entre homens; ocasião para considerarmos, posteriormente, se foi uma coisa boa ou ruim. É evidente, portanto, que os regulamentos para as refeições públicas são melhores em Creta do que em Esparta.

Os regulamentos para os *kósmoi* são ainda piores do que os relativos aos Éforos. Pois a coisa ruim ligada ao ofício dos éforos pertence também aos *kósmoi*, [30] (pois o cargo é preenchido por qualquer um), enquanto o benefício concedido em Esparta para este ofício não existe em Creta. Em Esparta, como a eleição é feita entre todos os cidadãos, as pessoas comuns que participam do mais alto cargo desejam a manutenção do regime político, mas em Creta eles não elegem os *kósmoi* entre todos os cidadãos, mas apenas entre certas famílias, e os anciãos [35] são eleitos entre aqueles que já foram *kósmoi*. Sobre os anciãos, poderiam ser feitos os mesmos comentários sobre o que acontece em Esparta: sua liberdade de não ser acusável e seu mandato vitalício lhes confere uma posição maior do que seu mérito merece, e é perigoso que governem seguindo seu próprio critério e não sob a orientação de um código escrito. O fato de o povo tolerar silenciosamente [40] sua exclusão não é prova de que a organização seja boa; pois os *kósmoi* não recebem nenhum benefício como os éforos, **[1272b]** [1] já que vivem em uma ilha distante de qualquer povo para corrompê-los.

O remédio que empregam para esse defeito é curioso, e mais característico de um regime autoritário do que constitucional: muitas vezes os *kósmoi* são expulsos por uma conspiração formada entre alguns de seus colegas ou cidadãos particulares. Os *kósmoi* [5] também estão autorizados a renunciar durante o seu mandato. Seria preferível que todas essas questões fossem postas em vigor por lei e não a critério individual, pois é um princípio perigoso. O pior defeito de todos é o da suspensão do cargo de *kósmoi*, que muitas vezes é provocada por membros da classe poderosa que desejam escapar da punição; isso prova que o regime [10] tem um elemento constitucional, embora não seja realmente uma república, mas um regime autoritário. Os nobres frequentemente formam partidos entre o povo e entre seus amigos e assim se revoltam e lutam uns contra os outros. No entanto, tal estado de coisas não seria praticamente o mesmo que, por um período de tempo, a *pólis* passasse por uma revolução e os laços da comunidade política fossem afrouxados? E é uma situação perigosa para uma *pólis*, quando aqueles que desejam atacá-la têm o poder de fazê-lo. Mas, como foi dito, Creta é salva por sua localidade, pois a distância tem o efeito de afastar os estrangeiros. O resultado disso é que os periecos permanecem fiéis aos cretenses, enquanto os hilotas frequentemente se revoltam; pois os cretenses [20] não possuem bens no estrangeiro, e também a ilha só recentemente foi invadida pela guerra do exterior, tornando evidente a fraqueza do sistema constitucional lá.

Que isso seja suficiente para nossa discussão sobre essa forma de regime.

Cartago também parece ter uma boa constituição, [25] com muitas características marcantes em comparação com as de outras nações, mas bem parecida com a espartana em alguns pontos. Essas três constituições – a cretense, a espartana e, em terceiro lugar, a de Cartago – estão, de certa forma, próximas uma da outra e são muito diferentes de todas as outras. Muitos regulamentos em Cartago [30] são excelentes; e uma prova de um regime bem regulamentado é que a população permanece fiel ao sistema constitucional, e que nenhum conflito civil surgiu que seja digno de menção, nem mesmo um tirano.

Os pontos em que a constituição cartaginesa se assemelha à espartana são as *phidítiai*, refeições públicas das associações cívicas, e a magistratura dos cento [35] e quatro correspondentes aos éforos (exceto com uma característica superior: os éforos são extraídos de qualquer classe, mas os cartagineses elegem esta magistratura por mérito). Os reis e o conselho de anciãos correspondem aos reis e anciãos de Esparta, e é outra característica superior que os reis cartagineses não estão confinados à mesma linhagem familiar e aquela sem distinção particular; [40] se alguma família se distingue [...][18], os anciãos devem ser escolhidos entre eles e não por idade; pois, como eles são colocados no controle de assuntos importantes, se forem homens sem valor, causam grandes danos, **[1273a]** [1] e foi exatamente assim que prejudicaram Esparta.

A maioria dos pontos, portanto, do regime cartaginês que seriam criticados em razão de suas divergências são comuns a todas as constituições de que falamos; mas as características passíveis de crítica, julgadas pelo princípio de uma aristocracia [5] ou república, algumas delas conduzem à democracia e outras à oligarquia. A orientação de alguns assuntos e não de outros à assembleia popular cabe aos reis, em consulta com os anciãos, caso eles concordem por unanimidade, mas, na falta disso, esses assuntos também são do povo; e quando os reis introduzem propostas [10] na assembleia, eles não apenas deixam o povo sentar e ouvir as decisões que foram tomadas por seus governantes, mas o povo tem a decisão soberana sobre tais, e quem quiser pode falar contra as propostas apresentadas, um direito que não existe em outras constituições.

Por outro lado, são características oligárquicas: a nomeação por cooptação do Conselho dos Cinco, que controla muitos assuntos importantes, e que o conselho eleja [15] a suprema magistratura dos Cem além de exercer seu mandato de autoridade mais tempo do que qualquer outro oficial (porque exercem o poder depois de terem saído do cargo e antes de realmente entrarem nele). O fato de não receberem salário e não serem escolhidos por sorteio e outros regulamentos semelhantes devem ser considerados aristocráticos, assim como o fato de os membros do Conselho serem os juízes em todos os processos, [20] (em vez de diferentes processos serem julgados por diferentes juízes como em Esparta).

O sistema cartaginês desvia da aristocracia na direção da oligarquia mais claramente em relação a uma certa ideia que é compartilhada pela massa popular; pensam que os governantes devem ser escolhidos não só por seus méritos, mas também por suas riquezas, pois é impossível [25] a um pobre governar bem ou ter tempo livre. Se, portanto, a eleição pela riqueza é oligárquica e a eleição pelo mérito aristocrática, este será um terceiro sistema exibido na organização da constituição de Cartago, pois ali as eleições são feitas tendo em vista essas duas qualificações, e especialmente as eleições para os cargos mais [30] importantes, reis e generais.

Mas deve-se afirmar que essa divergência da aristocracia é um erro por parte de um legislador; pois um dos pontos mais importantes a ter em vista, desde o início, é que os melhores cidadãos tenham tempo livre e não se envolvam em nenhuma ocupação indecente, não apenas quando exercem algum cargo, mas também [35] na vida privada. Contudo, se é necessário olhar para a questão da riqueza como proporcionadora de lazer, é ruim que os maiores cargos da *pólis*, a realeza e a classe de generais, possam ser comprados. Pois esta lei torna a riqueza mais honrada do que a virtude, e incorpora em toda a *pólis* o amor pelo dinheiro; e o que quer que os detentores do poder supremo considerem honroso, [40] a opinião dos outros cidadãos também os seguirá, e uma *pólis* em que a virtude não é tida como a mais alta honra **[1273b]** [1] não pode ser um exemplo preciso de uma aristocracia. É certo que aqueles que compram cargos aprendem gradualmente a lucrar com isso, quando, na verdade, ocupam cargos por conta do dinheiro desembolsado; pois seria estranho que um homem de poucos recursos, mas respeitável, quisesse lucrar, mas uma pessoa de caráter inferior não o quisesse, quando gastou dinheiro para ser eleito. [5] Portanto, as pessoas que deveriam estar no cargo são as que possuem mais capacidade de ocupá-lo. E mesmo que o legislador tenha negligenciado garantir meios confortáveis para pessoas respeitáveis, em todo caso, seria melhor que ele lhes providenciasse lazer enquanto estiver no cargo.

Também pode ser considerado ruim que a mesma pessoa ocupe vários cargos, o que é considerado uma distinção em Cartago. [10] Um único homem para um único emprego é a melhor regra para a eficiência, e o legislador deve cuidar para que isso seja garantido, e não nomear o mesmo homem para tocar flauta e fazer sapatos. Por isso, exceto em uma pequena *pólis*, é mais constitucional e democrático que um número maior participe dos cargos, pois é mais justo para todos, como dissemos, e também as funções são desempenhadas melhor e mais rapidamente quando separadas [15] do que pelas mesmas pessoas. Isso fica claro em questões militares e navais; pois em ambos os departamentos o comando e a obediência são tarefa comum.

Mas, sendo a constituição oligárquica, escapam melhor aos perigos sendo ricos, pois constantemente enviam uma parte do povo comum para [20] compromissos nas *pólis* conquistadas; com este remédio curam a ferida social e tornam a constituição estável. No entanto, esta é uma conquista do acaso, enquanto a liberdade de conflitos civis deve ser assegurada pelo legislador; na situação atual, suponha que ocorra algum infortúnio e a multidão da classe subjugada se revolte, não há remédio fornecido pelas leis para restaurar a tranquilidade. Este é o caráter das constituições espartana, [25] cretense e cartaginesa, que são justamente famosas.

Daqueles que apresentaram pontos de vista sobre política, alguns não participaram de nenhuma atividade política, mas passaram toda a vida como cidadãos particulares; e já foi dito sobre [30] quase todos os escritores desta classe sobre os quais há algo digno de nota. Alguns, por outro lado, foram legisladores, seja em suas *pólis* nativas ou mesmo em terras estrangeiras, depois de terem se engajado ativamente no governo; destes, alguns foram apenas formuladores de leis, e outros elaboraram uma constituição, como Sólon e Licurgo, que instituíram leis e constituições. [35] A constituição espartana já foi discutida. Quanto a Sólon, ele é considerado por alguns como um bom legislador, por ter posto fim à oligarquia quando era muito desqualificada e por ter libertado o povo da escravidão e restaurado a democracia ancestral com uma habilidosa mistura de diferentes poderes: o Conselho do Areópago [40] é um elemento oligárquico; as magistraturas eletivas são do poder aristocrático; e os tribunais fazem parte da democracia.

[1274a] [1] Embora Sólon pareça apenas ter se abstido de destruir instituições que já existiam, como o Conselho e a eleição de magistrados, ele estabeleceu a democracia fazendo todos os cidadãos parte dos tribunais. Por isso, ele é culpado por algumas pessoas, como tendo dissolvido o poder das outras partes da comunidade, tornando o tribunal, que foi eleito [5] por sorteio, supremo. Pois, à medida que o tribunal se fortaleceu, os homens cortejaram o povo como um tirano, e assim trouxeram a constituição para a presente democracia; Efialtes e Péricles restringiram o poder do Conselho do Areópago, e Péricles instituiu um pagamento pelo serviço nos tribunais, e, dessa maneira, finalmente, [10] cada líder do povo os conduziram por etapas crescentes até a presente democracia.

Isso não parece ter acontecido de acordo com a intenção de Sólon, mas sim como resultado de um acidente (pois o povo, tendo sido a causa das vitórias navais na época das Guerras Médicas, adquiriu conhecimento de sua importância e adotou homens maus como líderes populares quando as classes superiores se opuseram à sua política), [15] na medida em que Sólon, por sua vez, pareceu conceder ao povo apenas o mínimo de poder de eleger os magistrados e de chamá--los a prestar contas (pois se mesmo isso não estivesse sob o controle da população, seriam meros escravos e inimigos estrangeiros); Sólon ainda nomeou todos os cargos dos notáveis e dos ricos para a classe dos *quinhentos alqueires*[19], dos [20] *cocheiros*[20], e para uma terceira classe chamada de cavaleiros; enquanto a quarta classe, os trabalhadores contratados, não foram admitidos a nenhum cargo.

As leis foram ditadas por Zaleuco aos lócrios ocidentais e por Carondas de Catana aos seus concidadãos e às outras cidades calcídicas nas costas da Itália [25] e da Sicília. Alguns dizem que Onomácrito surgiu primeiro como um legislador hábil; sendo um lócrio, foi treinado em Creta e lá viveu para praticar a arte da adivinhação. Tales se tornou seu companheiro, e Licurgo e Zaleuco foram discípulos de Tales, e Carondas de Zaleuco; [30] mas essas histórias dão pouca atenção às datas.

Filolau de Corinto também surgiu como legislador em Tebas. Filolau pertencia por nascimento à família dos Baquíadas; tornou-se amante de Diócles, vencedor dos Jogos Olímpicos, mas quando Diócles deixou a cidade por causa de seu ódio pela paixão incestuosa de sua mãe Alcíone, [35] Filolau foi embora junto dele para Tebas, e lá ambos terminaram a vida. Ainda hoje as pessoas mostram seus túmulos, à vista um do outro e um deles com a vista totalmente aberta na direção do país de Corinto, mas o outro não; pois a história diz que eles organizaram ser enterrados dessa maneira, [40] Diócles devido ao seu desprezo por essa paixão incestuosa, garantindo que a terra de Corinto não fosse visível de seu túmulo, e Filolau queria que a *pólis* fosse visível. **[1274b]** [1] Foi, então, essa a razão pela qual foram morar em Tebas; Filolau tornou-se o legislador dos tebanos em relação a vários assuntos, entre os quais o tamanho das famílias, lei chamada pelos tebanos de "lei de adoção"; sobre isso Filolau promulgou legislação especial, a fim de que o número de propriedades na terra pudesse ser preservado.

[5] Não há nada de especial no código de Carondas, exceto os julgamentos por falso

testemunho (pois ele foi o primeiro a introduzir essa denúncia), mas na exatidão de suas leis ele é o mais refinado do que os legisladores de hoje. Peculiar a Fáleas é a medida para equalizar propriedades; a Platão, [10] a comunidade de esposas, filhos e de bens, as refeições públicas para as mulheres, também a lei sobre a embriaguez, decretando que os sóbrios devem ser os mestres dos banquetes, o regulamento para o treinamento militar a fim de tornar homens ambidestros durante o exercício, alegando que é um erro ter uma das duas mãos útil e a outra [15] inútil.

Existem as leis de Drácon, mas ele as adaptou a uma constituição existente, e não há nada de peculiar em suas leis que seja digno de menção, exceto sua severidade em impor punições pesadas.

Pítaco também foi um formulador de leis, mas não de uma constituição; uma lei especial dele é que se os homens cometerem alguma ofensa quando bêbados, [20] eles devem pagar uma multa maior do que aqueles que ofenderem quando sóbrios; porque, como os homens são mais insolentes quando bêbados do que quando sóbrios, ele considerou não a visão de que os infratores bêbados devem ter mais misericórdia, mas atendeu à conveniência. Andrôdamas de Régio tornou-se legislador dos calcídios da Trácia, e a ele pertencem as leis que tratam de casos de assassinato [25] e de herdeiras; no entanto, não se pode mencionar qualquer disposição que lhe seja peculiar.

Assim terminamos, portanto, o nosso exame dos regimes atualmente em vigor e daqueles que foram propostos por certos autores.

Livro III

[**1274b**] [32] Para quem examina os regimes políticos, sua natureza e as características das várias formas de constituição, a primeira questão a considerar é em relação à *pólis*: qual é exatamente a natureza essencial de uma *pólis*?

Atualmente, trata-se de uma questão controversa: alguns afirmam que foi [35] a *pólis* que causou esse ou aquele ato, outros falam dele como a ação não da *pólis*, mas da oligarquia ou do tirano no poder; vemos, por outro lado, que a atividade do político e do legislador está inteiramente voltada para uma *pólis*, e um regime político é uma forma de organização dos habitantes de uma *pólis*. A *pólis* é, pois, uma coisa composta, no mesmo sentido que qualquer outra das coisas que são totalidades, [40] mas consistem em muitas partes; é, portanto, claro que devemos primeiro investigar a natureza de um cidadão; pois uma *pólis* é um composto de cidadãos, [**1275a**] [1] de modo que consideremos quem tem direito ao nome de cidadão e qual é a sua natureza essencial.

Muitas vezes há uma diferença de opinião quanto a isso. Nem todos concordam que uma mesma pessoa é um cidadão; muitas vezes alguém que seria um cidadão em uma democracia não o é em uma oligarquia.

[10] Não precisamos considerar aqui aqueles que adquirem o título de cidadão de forma excepcional, por exemplo, aqueles que são cidadãos naturalizados; e a cidadania não se constitui por habitar em

determinado lugar, uma vez que metecos e escravos compartilham um local de domicílio tal como os cidadãos; nem são cidadãos aqueles que partilham de um mesmo sistema de justiça, conferindo o direito de defender ou acusar uma ação; [5] visto que tal direito pertence também às partes estrangeiras sob um tratado comercial, pois elas também podem processar e ser processadas em lei (aliás, em muitos lugares, até mesmo o direito de ação legal não é compartilhado completamente pelos metecos residentes, que são obrigados a apresentar um patrono local, de modo que eles só participam de um processo legal da comunidade de maneira incompleta). Estes são apenas cidadãos de modo imperfeito, [15] pois, tal como os filhos que ainda são muito jovens para terem sido inscritos como cidadãos e os idosos que já foram dispensados de exercer funções cívicas, devem ser considerados cidadãos em certo sentido, mas não absolutamente; assim, consideramos com a qualificação adicional de "incompletos" no caso dos primeiros e "eméritos" ou algum outro termo semelhante (não faz diferença, pois o significado é suficientemente claro) aos destes últimos exemplos.

Procuramos definir um cidadão no sentido absoluto, ou seja, [20] aquele que não possui nenhuma desqualificação dessa natureza que exija um corretivo, pois dificuldades semelhantes também podem ser levantadas e resolvidas sobre cidadãos que foram cassados ou exilados.

Um cidadão puro e simples é definido por nada mais do que pelo direito de participar das funções judiciais e governamentais. Contudo, alguns cargos do governo são definitivamente limitados em relação ao tempo, de modo que alguns deles não podem ser ocupados duas vezes pela mesma pessoa, ou apenas após certo intervalo fixo de tempo; [25] já outros funcionários são sem limite de mandato, por exemplo, o juiz e o membro da assembleia.

Pode-se talvez dizer que tais pessoas não são funcionários públicos de forma alguma, e que o exercício dessas funções não constitui o exercício do cargo; e, no entanto, é absurdo negar o título de funcionário àqueles que têm o maior poder de autoridade. Mas não é necessário insistir nessa questão, pois é apenas uma questão de termo, [30] já que não há um nome comum para um juiz e um membro da assembleia que se aplique adequadamente a ambos.

Por uma questão de distinção, portanto, chamemos a combinação das duas funções de "magistratura sem limitação"[21]. Assim, estabelecemos que são cidadãos todos aqueles que participam desse cargo. Essa é quase a definição de cidadão que melhor se encaixaria com todos aqueles a quem o nome é aplicado.

[35] Não se deve esquecer que aquilo ao que as coisas se relacionam apresentam diferentes características (uma delas sendo primária, outra secundária e assim por diante), ou nada possuem em comum, como sendo o que elas o são, ou pouco têm em comum.

Agora vemos que as constituições se diferem umas das outras, sendo algumas inferiores e outra superiores; [1275b] [1] pois as formas errôneas e divergentes são necessariamente subsequentes às formas corretas (falaremos mais tarde em que sentido empregamos o termo "divergentes").

Assim, o cidadão correspondente a cada forma de regime político também será necessariamente diferente. [5] Por essa razão, a nossa definição de cidadão aplica-se especialmente à cidadania em uma democracia; sob outras formas de governo, pode ser válido, mas não necessariamente. Pois em algumas *pólis* não há um corpo de cidadãos e eles não têm o costume de instituir uma assembleia popular, mas apenas conselhos de membros especialmente convocados, sendo os processos judiciais divididos em seções – por exemplo, em Esparta, processos por violação de contrato são julgados [10] por diferentes éforos em diferentes casos, enquanto os casos de homicídio são julgados pelos gerontes e outros processos por algum outro magistrado. O mesmo método não é seguido em Cartago, onde certos magistrados julgam todos os processos. Mas, ainda assim, nossa definição de cidadão admite correção. Pois sob as outras formas de regime, um membro da assembleia e de um tribunal não é um "magistrado sem limitação", [15] mas um magistrado definido de acordo com seu cargo; a todos ou a alguns deles são atribuídas funções deliberativas e judiciais, quer em todas as questões, quer em determinadas questões.

O que constitui um cidadão é, portanto, claro a partir destas considerações: agora declaramos que aquele que tem o direito de participar do cargo deliberativo ou judicial é um cidadão da *pólis*. [20] Uma *pólis* é um conjunto de tais pessoas, suficientemente numerosas, falando de maneira geral, para assegurar a independência da vida, ou seja, viver em autarquia.

Na prática, a cidadania limita-se ao filho de cidadãos de ambos os lados, não apenas de um lado, ou seja, filho de pai cidadão ou de mãe cidadã; e outras pessoas levam esse requisito mais para longe, por exemplo, para a segunda ou terceira geração anterior ou mais.

[25] Mas, dada essa definição prática e apressada, algumas pessoas levantam a questão: como aquele ancestral de três ou quatro gerações atrás foi um cidadão? Górgias de Leontinos, em parte talvez com genuína perplexidade, mas também em tom de ironia, disse que, assim como os vasos feitos pelos fabricantes de vasos eram vasos, os cidadãos feitos pelos magistrados eram de Larissa, [30] já que alguns dos magistrados eram na verdade fabricantes de laríssios.

Na realidade, é uma questão simples; pois se eles possuíssem a cidadania da maneira declarada em nossa definição de cidadão, eles eram cidadãos – uma vez que é claramente impossível aplicar a qualificação de descendência de um pai ou mãe cidadão aos colonizadores ou fundadores originais de uma *pólis*. Mas talvez surja uma questão maior sobre aqueles que foram admitidos [35] à cidadania quando ocorreu uma mudança de regime, por exemplo, uma criação de cidadãos como a realizada em Atenas, por Clístenes, após a expulsão dos tiranos, quando ele inscreveu em suas tribos muitos residentes estrangeiros que haviam sido metecos ou escravos. A dificuldade quanto a isso não é sobre o fato de serem cidadãos, mas se a receberam de forma justa ou injusta.

No entanto, ainda quanto a isso, pode-se levantar a seguinte questão: **[1276a]** [1] se "injusto" significa o mesmo que "falso", um homem que não é um cidadão de forma justa pode ser considerado um verdadeiro cidadão? Pois, uma vez que vemos alguns governarem de modo injusto, não negamos que governam, mas diremos que não o fazem corretamente. E, uma vez que um cidadão é definido por certa função no governo (um cidadão, como dissemos, [5] é aquele que participa de um cargo indefinido), portanto, é claro que mesmo as pessoas injustamente admitidas à cidadania devem ser declaradas cidadãs, embora a questão de saber se essa cidadania é justa ou não está relacionada com a questão que foi proposta antes. Alguns se perguntam quando a ocorrência de um determinado ato é da própria *pólis* e quando não é; por exemplo, quando o governo passa de uma oligarquia ou tirania [10] para uma democracia. Em tais circunstâncias, alguns afirmam que o novo governo não deve quitar dívidas públicas, alegando que o dinheiro foi emprestado pelo tirano e não pela *pólis*, e deve repudiar muitas outras reivindicações semelhantes também, porque algumas formas de governo se baseiam na força e não visam o bem-estar da comunidade. Se, portanto, algumas democracias também são governadas dessa maneira, [15] os atos das autoridades em seu caso só podem ser considerados atos da *pólis* no mesmo sentido que os atos públicos que emanam de uma oligarquia ou de uma tirania. Semelhante a essa controvérsia parece ser o seguinte: qual é exatamente o princípio sobre o qual devemos pronunciar que uma *pólis* mantém, ou não, a mesma identidade da *pólis* que era antes?

O modo mais óbvio de investigar essa questão [20] lida com o lugar e as pessoas: o lugar e as pessoas podem ter sido separados, e alguns podem ter se estabelecido em um lugar e outros em outro. Nesta forma, a questão deve ser considerada de mais fácil solução, pois, como *"pólis"* tem vários significados, a investigação assim colocada não é difícil. Mas pode-se perguntar da mesma forma: [25] suponha que um conjunto de homens habite o mesmo lugar, em que circunstâncias devemos considerar sua *pólis* como uma única *pólis*? Sua unidade claramente não depende das muralhas, pois teríamos que circundar o Peloponeso em uma única muralha. Um caso em questão talvez seja o da Babilônia, e qualquer outra *pólis* que tenha a condição de uma nação em vez de uma *pólis*; pois diz-se que quando Babilônia foi capturada, [30] uma parte considerável da cidade não estava ciente disso três dias depois. Mas o estudo dessa dificuldade será útil para outra ocasião (pois o político não deve esquecer a pergunta: qual é a dimensão mais vantajosa para uma *pólis*? Sua população deve ser de uma raça ou de várias?); devemos dizer que uma *pólis*, em que a mesma população habita o mesmo lugar, [35] é a mesma *pólis* enquanto a população for da mesma raça, apesar do fato de que o tempo todo alguns estão morrendo e outros nascendo, assim como é nosso costume dizer que um rio ou uma nascente é o mesmo rio ou nascente, embora um fluxo de água esteja sempre sendo adicionado a ele e outro sendo retirado dele? Ou devemos dizer que embora a população seja a mesma, [40] pela mesma razão apontada, mas a *pólis* é uma *pólis* diferente?

[1276b] [1] Se a *pólis* é uma espécie de comunidade – e uma comunidade de cidadãos em um regime político –, quando a forma do governo é alterada e fica diferente, parece seguir que a *pólis* não é mais a mesma, assim como dizemos que um coro [5] que representa uma comédia é diferente de outro que representa uma tragédia, embora muitas vezes seja composto pelos mesmos membros. Da mesma forma com qualquer outro conjunto comum ou estrutura composta que digamos que é diferente se a forma de sua estrutura for diferente, como uma melodia musical consistindo das mesmas notas que chamamos de uma melodia diferente se uma vez for tocada no modo dórico e em outra no frígio. Portanto, se este for o caso, [10] é claro que devemos falar de uma *pólis* como sendo a mesma, principalmente no que diz respeito a seu regime político; e é possível que seja chamada por ela ou por uma designação diferente tanto quando seus habitantes são os mesmos ou quando são pessoas inteiramente diferentes. Mas se uma *pólis* é ou não obrigada pela justiça a cumprir seus compromissos quando mudou para um regime diferente, [15] é outro assunto.

A próxima coisa a considerar depois do que foi agora dito é a questão de saber se devemos sustentar que a bondade de um homem bom é a mesma que a de um bom cidadão, ou não. No entanto, se este ponto deve realmente ser investigado, devemos primeiro averiguar em algumas linhas gerais o que constitui a excelência de um cidadão.

[20] Assim como o marinheiro é membro de uma comunidade, assim é um cidadão como declara-

mos. Embora os marinheiros difiram uns dos outros em função (um é remador, outro timoneiro, outro vigia e outro tem alguma outra designação especial semelhante) e tão claramente a definição mais exata de sua excelência será especial para cada um, [25] ainda haverá também uma definição comum de virtude que se aplicará igualmente a todos eles; pois a segurança na navegação é o objetivo comum de todos eles e é o que cada um dos marinheiros visa. Da mesma forma, portanto, com os cidadãos, embora sejam diferentes uns dos outros, seu objetivo é a segurança de sua comunidade, e esta comunidade é o regime político, [30] de modo que a virtude de um cidadão deve necessariamente ser relativa a esse regime. Se, portanto, existem várias formas de regime, é claro que não pode haver uma única virtude do bom cidadão que seja perfeita; e quando falamos de um homem bom queremos dizer que ele possui uma única virtude, a virtude perfeita. Portanto, é manifestamente possível ser um bom cidadão sem [35] possuir a virtude que constitui um homem bom.

Além disso, também é possível prosseguir o mesmo tema, levantando a questão de outra forma em relação à melhor forma de regime. Se é impossível para uma *pólis* consistir inteiramente de homens bons, e se é necessário que cada um desempenhe bem o trabalho de sua posição, e isso vem da virtude, [40] então é impossível que todos os cidadãos sejam parecidos. **[1277a]** [1] A virtude de um bom cidadão não seria a mesma coisa que a virtude de um homem bom; pois todos devem possuir a virtude de um bom cidadão (esta é uma condição necessária para que a *pólis* seja a melhor possível), mas é impossível que todos possuam a virtude de um homem bom, se não for necessário que todos os cidadãos em bom estado devem ser bons homens.

[5] Novamente, uma vez que a *pólis* consiste em pessoas diferentes, assim como um animal é composto de alma e corpo, uma alma de razão

e desejo, uma casa de marido e mulher e a proprieda-de de um mestre e escravo, do mesmo modo a *pólis* é composta por todas esses elementos e também por outros diferentes. [10] Segue-se, necessariamente, que a virtude de todos os cidadãos não é a mesma, assim como não pode haver uma habilidade comum entre um corifeu e seus coreutas.

Fica claro, então, dessas considerações que a virtude de um bom cidadão e a de um homem bom não são as mesmas em geral; mas a virtude de um bom cidadão e a de um homem bom poderiam ser a mesma em alguém? Agora dizemos que um bom governante [15] é virtuoso e sábio, e que um cidadão que participa da política deve ser sábio. Também alguns dizem que até mesmo a educação de um governante deveria ser diferente; por isso, vemos que os filhos dos reis são educados em equitação e na arte da guerra. Como Eurípides diz: *"Não há requintes para mim, mas apenas o que a pólis necessita"*, [20] implicando que há uma educação especial para um governante.

Se a virtude de um bom governante é a mesma do que a virtude de um homem bom, ainda assim o governado também é um cidadão, de modo que a virtude de um cidadão em geral não será a mesma de um homem, exceto em alguns casos; pois a virtude como governante não é a mesma do que a virtude como cidadão comum, e sem dúvida esta é a razão pela qual Jasão disse que quando não era tirano passava fome, [25] significando que não conhecia a arte de ser um simples indivíduo.

Outro ponto é que louvamos a capacidade de governar e de ser governado, e, sem dúvida, sustenta-se que a virtude de um cidadão consiste na capacidade de governar bem e de ser bem governado. Se, então, estabelecermos que a virtude do homem bom se manifesta ao governar, enquanto a do cidadão se manifesta em ambas as qualidades, as duas capacidades não podem ser igualmente louváveis.

Como, portanto, [30] ambas as visões parecem ser aceitas, e pensa-se que o governante e o governado não precisam aprender as mesmas artes, mas que o cidadão deve conhecer ambas as artes e compartilhar em ambas as capacidades, devemos considerar como essa dupla aptidão pode ser adquirida.

Há uma forma de autoridade própria de um senhor; por isso queremos dizer o exercício da autoridade em relação ao trabalho necessário da casa. Não é necessário que o senhor [35] saiba executar, mas sim utilizar; a outra capacidade, quero dizer, a capacidade de realmente servir nessas tarefas domésticas, é, de fato, a qualidade de um escravo. Mas distinguimos vários tipos de servos, pois suas tarefas são várias. Uma dessas pertence aos trabalhadores manuais, que, como o próprio nome indica, são os homens que vivem de suas mãos, [1277b] [1] uma classe que inclui o artesão. Por essa razão que, em algumas *pólis*, os trabalhadores braçais não eram admitidos em cargos políticos, antes do desenvolvimento da democracia extrema.

As tarefas daqueles que estão sob esta forma de autoridade, portanto, não são apropriadas para o homem bom ou o político ou o [5] bom cidadão aprender, exceto ocasionalmente para seu próprio uso pessoal (pois então deixa de ser um caso de senhor de um lado e escravo do outro).

Existe, contudo, uma forma de autoridade pela qual um homem governa pessoas da mesma origem que ele e homens livres. É assim que descrevemos a autoridade política, e isso o governante deve aprender sendo governado, [10] assim como um homem deve aprender a comandar a cavalaria depois de ter servido como soldado, e a comandar um regimento depois de ter servido em regimento e ter estado no comando de uma companhia e de um pelotão. Portanto, há muita verdade no ditado de que é impossível tornar-se um bom governante sem ter sido um subordinado. E embora a virtude de um governante e a de um governado sejam diferentes, o bom cidadão deve ter o conhecimento e a capacidade tanto de ser governado [15] quanto de governar, e a virtude do bom cidadão consiste em reconhecer a autoridade dos homens livres de ambos os lados.

Ambas as virtudes são características de um homem bom, mesmo que a temperança e a justiça em um governante sejam de tipo diferente da temperança e justiça em um subordinado; pois claramente a virtude de um homem bom, por exemplo, sua justiça, não será a mesma quando ele está sob governo e quando ele é livre, mas será de tipos diferentes: [20] um que lhe serve para governar e outro para ser governado, assim como a temperança e a coragem são diferentes no homem e na mulher (pois um homem seria considerado um covarde se fosse tão corajoso quanto uma mulher corajosa, e uma mulher seria considerada tagarela se fosse tão reservada quanto um homem bom; até as funções domésticas de um homem e de uma mulher são diferentes – a função dele [25] é adquirir e a dela manter). Somente a prudência é uma virtude peculiar a um governante; pois as outras virtudes parecem ser igualmente necessárias para os subordinados e governantes possuírem. A prudência certamente não é uma virtude peculiar ao subordinado, mas apenas a opinião correta: o governado corresponde ao homem que faz flautas e o governante [30] ao flautista que as toca.

A questão de saber se a bondade de um homem bom é a mesma de um bom cidadão ou diferente, e como eles são iguais e quão diferentes, fica clara a partir dessas considerações.

Ainda resta uma das dificuldades quanto ao que constitui um cidadão. É verdadeiramente um cidadão aquele que tem o direito de compartilhar um cargo no governo, [35] ou as classes trabalhadoras também devem ser consideradas cidadãos? Contando-se igualmente essas pessoas que não têm participação nos cargos, não é possível que todo cidadão possua a virtude de cidadão; pois o verdadeiro cidadão é o homem capaz de governar. Se, por outro lado, nenhum dos trabalhadores é cidadão, em que classe devem ser classificados os vários trabalhadores? Pois não são metecos nem estrangeiros. Ou devemos dizer que, até onde esse argumento vai, não há resultados de inconsistência? [1278a] [1] Pois nem mesmo os escravos estão nessas classes mencionadas, nem os homens livres.

A verdade é que nem todas as pessoas indispensáveis à existência de uma *pólis* devem ser consideradas cidadãs, pois até mesmo os filhos dos cidadãos não são cidadãos no mesmo sentido do que os adultos: [5] estes são cidadãos em sentido pleno, os primeiros são cidadãos, mas incompletos.

Nos tempos antigos, de fato, a classe de artesãos em algumas *pólis* consistia de escravos ou estrangeiros, devido aos quais a grande massa de artesãos é assim até agora; e a *pólis* mais bem ordenada não fará de um artesão um cidadão. Se até o artesão é um cidadão, então o que dissemos [10] ser a virtude do cidadão não deve ser dito como sendo de todo cidadão, nem meramente definido como a virtude de um homem livre, mas pertencerá apenas àqueles que são libertos de ocupações servis. Entre as ocupações subalternas, os que prestam esses serviços a um indivíduo são os escravos, e os que o fazem para a comunidade são os artesãos e os trabalhadores contratados. O estatuto sobre eles ficará mais evidente pelo que se segue, quando avançarmos um pouco mais; uma vez compreendido o que foi dito, o assunto fica elucidado.

[15] Uma vez que há regimes políticos devem existir também vários tipos de cidadãos, e especialmente do cidadão em posição de governado; portanto, sob uma forma de regime, a cidadania necessariamente se estenderá ao artesão e ao trabalhador contratado, enquanto que, sob outras formas, isso é impossível, por exemplo, em qualquer regime que seja da forma aristocrática e na qual [20] as honras são concedidas de acordo com a virtude e ao mérito, visto que uma pessoa que vive uma vida de trabalho manual ou como trabalhador assalariado não pode praticar as atividades em que a virtude é exercida. Nas oligarquias, por outro lado, embora seja impossível para um trabalhador contratado ser cidadão (já que a participação de cargos políticos é baseada em altas avaliações de riqueza) é possível para um artesão; pois até a massa geral dos artesãos é rica.

[25] Em Tebas havia uma lei que proibia aquele que não tivesse se mantido fora do comércio nos últimos dez anos de ser admitido em qualquer cargo político. Por outro lado, em muitos regimes, a lei atribui cidadania até mesmo a estrangeiros; pois em algumas democracias o filho de uma mãe cidadã é um cidadão, e a mesma regra vale para filhos de nascimento ilegítimo em muitos lugares. [30] No entanto, tais leis em que tais pessoas são adotadas como cidadãos ocorrem devido à falta de cidadãos de nascimento legítimo (pois se recorre a legislação desse tipo por causa da escassez de população). Quando uma *pólis* se torna numerosa, gradualmente se priva, primeiramente, a cidadania de filhos de pai ou mãe escrava, depois daqueles cujas mães só eram cidadãs e, finalmente, só permite a cidadania aos filhos de cidadãos pelo lado da mãe e do pai.

[35] Esses fatos mostram, então, que existem vários tipos de cidadãos, e que cidadão no sentido mais amplo significa o homem que partilha das honras da *pólis*. Como diz Homero: "*semelhante a*

um estrangeiro a quem não se prestam honras", já que um nativo não admitido a partilhar das honras públicas é como um meteco na terra. Porém, em alguns lugares, essa exclusão é disfarçada, com o objetivo de enganar aqueles que fazem parte [40] da população.

A resposta, portanto, à questão de [1278b] [1] saber se a bondade que faz um homem bom deve ser considerada a mesma que faz um cidadão digno, ou diferente, agora fica clara pelo que foi dito; existe, em algumas *pólis*, a eventualidade do homem bom e o bom cidadão serem o mesmo, mas em outra eles são diferentes, e também no primeiro caso não é todo cidadão, mas apenas o político que é essencialmente também um bom homem, ou seja, o homem que controla ou é competente para controlar, sozinho ou com outros, [5] a administração da comunidade.

Uma vez que esses pontos foram determinados, a próxima questão a ser considerada é se devemos estabelecer que há apenas uma forma de regime ou várias, e se várias, quais são, quantas e quais são as diferenças entre elas. Um regime é a ordenação de uma *pólis* em relação às suas várias magistraturas; e especialmente [10] às magistraturas que são supremas sobre todos os assuntos. O governo é completamente supremo sobre a *pólis* e o regime é, de fato, o governo. Quero dizer que nas *pólis* democráticas, por exemplo, o povo é supremo, mas nas oligarquias, ao contrário, poucos são; e, por esta razão, dizemos que esses dois regimes têm uma constituição diferente. Usaremos o mesmo argumento sobre [15] as outras formas de governo também.

Temos, portanto, que determinar primeiro os pontos fundamentais: qual é o objetivo para o qual uma *pólis* existe e quantos tipos diferentes de governo existem para governar a humanidade e para controlar a vida em comunidade. Foi dito, em nosso primeiro livro, nos quais estabelecemos os princípios relativos à administração doméstica e ao controle dos escravos, que o homem é por natureza um ser político[22]; [20] por esse motivo, mesmo quando os homens não precisam de ajuda uns dos outros, eles não deixam de desejar viver em conjunto. Ao mesmo tempo, eles também são reunidos pelo interesse comum, na medida em que cada um alcança uma parte da vida boa. A vida boa é, então, o objetivo principal da sociedade, tanto coletivamente para todos os seus membros quanto individualmente; mas eles também se unem e mantêm a parceria política apenas para viver, [25] pois sem dúvida há algum elemento de valor contido mesmo no mero estado de estar vivo, desde que não haja um excesso de dificuldades da vida. É claro que a maior parte da humanidade suporta muitos sofrimentos devido ao apego pela vida, o que mostra que a vida contém alguma medida de bem-estar e doçura em sua [30] natureza essencial.

Novamente, as diversas variedades reconhecidas de governo podem ser facilmente distinguidas; na verdade, nós frequentemente discutimos sobre isso em nossos discursos externos. A autoridade de um senhor sobre um escravo – embora exista, na verdade, interesses em comum tanto do senhor quanto do escravo quando assim designados pela natureza para suas posições –, governa, em maior grau, tendo em vista o interesse [35] do senhor, e somente incidentalmente no interesse do escravo; pois se o escravo acontece de se deteriorar, a posição do senhor não pode ser salva de danos. A autoridade sobre os filhos, a esposa e sobre toda a casa – o que chamamos de arte da administração da casa – é exercida ou no interesse dos dominados ou em algum interesse comum de ambas as partes. Essencialmente é exercida no [40] interesse dos dominados, conforme vemos nas demais artes também, **[1279a]** [1] como a medicina e a ginástica, que são praticadas no interesse das pessoas por acidente, embora incidentalmente também possam ser do interesse dos próprios praticantes; pois nada impede que o treinador seja, às vezes, também, uma das pessoas em treinamento, assim como o piloto é sempre um membro da tripulação; desse modo, embora o treinador [5] ou o piloto visem o bem daqueles sob sua autoridade, quando ele próprio igualmente se torna um deles, ele compartilha o benefício incidentalmente, pois o piloto é um marinheiro do navio e o treinador pode se tornar uma das pessoas em treinamento sob sua própria direção.

Portanto, no que diz respeito aos cargos políticos, quando a *pólis* é constituída pelo princípio da igualdade e da semelhança entre os cidadãos, [10] estes pretendem exercer alternadamente os cargos – antigamente, cada indivíduo, naturalmente, pretendia prestar serviços públicos por turno, e que alguém, em troca, cuidasse de seu próprio bem-estar, assim como antes cuidava de seu interesse quando estavam no cargo –; mas, hoje em dia, devido aos benefícios que se obtêm dos cargos públicos e do seu exercício, os homens desejam estar [15] continuamente no cargo, como se os seus ocupantes fossem doentes e sempre gozassem de boa saúde quando em suas funções – e, nesse caso, o cargo sem dúvida seria muito perseguido por inválidos.

É claro, então, que aqueles regimes que visam o benefício comum são, com efeito, corretamente enquadrados de acordo com a justiça absoluta, enquanto aquelas que visam apenas o próprio benefício dos governantes são falhas, [20] e são todos desvios do correto regime; pois eles têm um elemento de despotismo, enquanto uma *pólis* é uma comunidade de homens livres.

Definidas essas questões, o próximo passo é considerar quantas formas de regimes existem e quais são. Primeiramente, devemos estudar as formas corretas de regime, pois os desvios também se tornarão [25] claros quando forem definidos.

Visto que "regime" significa o mesmo que "governo", e o governo é o poder supremo na *pólis*, este poder deve ser, necessariamente, um único governante, alguns poucos ou a massa dos cidadãos. Nos casos em que um ou poucos ou muitos governam com vista ao interesse comum, estes regimes devem, necessariamente, ser justos, [30] enquanto aqueles administrados com vista ao interesse privado de um ou de poucos ou de muitos são desvios. Ou não devemos dizer que aqueles que fazem parte do governo são cidadãos, ou aqueles que fazem parte do governo devem compartilhar a vantagem de serem membros.

Nossa designação costumeira para uma monarquia que visa o interesse comum é "realeza"; para um governo que visa o interesse de mais de uma pessoa, [35] mas que sejam apenas algumas, chamamos de "aristocracia" (seja porque os melhores homens governam ou porque governam em vista do que é melhor para a *pólis* e para os seus membros); enquanto quando o povo governa a *pólis* com vistas ao benefício comum, é chamado pelo nome comum a todas as formas de governo: "regime constitucional". Há uma boa razão; é possível para um, ou poucos, se sobressair [40] em virtude, porém, quando o número é maior, torna-se difícil possuir a perfeição em relação a todas as formas de virtude.

[1279b] [1] Essa perfeição, todavia, pode sobressair-se melhor na bravura militar, pois ela se evidencia com os números; e, portanto, com esta forma de regime, a classe que luta pela *pólis* na guerra é a mais poderosa, e são aqueles que possuem armas que são admitidos ao governo.

Os desvios mencionados são: [5] a tirania em relação à realeza, a oligarquia em relação à aristocracia e a democracia em relação ao regime constitucional; pois a tirania é uma monarquia governando no interesse do monarca, a oligarquia no interesse dos ricos, a democracia no interesse dos pobres, e nenhuma dessas formas governa em relação ao [10] interesse da comunidade.

É necessário, todavia, dizer com um pouco mais de extensão o que é cada um desses regimes; pois essa questão envolve certas dificuldades, e quando alguém estuda seguindo um método filosófico qualquer ramo do saber, e não apenas no que diz respeito ao seu aspecto prático, traz à luz [15] a verdade sobre cada caso sem abandonar nem omitir nenhum ponto.

A tirania, como já foi dito, é a monarquia exercendo poder despótico sobre a comunidade política; a oligarquia é quando o controle do governo está nas mãos daqueles que possuem propriedades; democracia é quando, pelo contrário, está nas mãos daqueles que não são ricos, mas sim pobres.

[20] Uma primeira dificuldade diz respeito à definição. Como no caso de a maioria dos cidadãos ser rica e controlar a *pólis*, porém quando a multidão está no poder é uma democracia; da mesma forma, para tomar o outro caso, se ocorresse em algum lugar onde os pobres fossem em menor número do que os ricos, mas fossem mais fortes, portanto, estavam no controle do governo, mas onde um pequeno número está no controle, [25] diz-se que é uma oligarquia, então parece que nossa definição das formas de regime não foi boa. Novamente, se alguém assumisse a combinação de pequeno número com riqueza e de multidão com pobreza, e nomeasse como oligarquia aquele regime no qual os ricos são poucos em número e ocupam os cargos, e como democracia aquele em que os pobres são muitos em número e ocupam os cargos, [30] isso envolveria outra dificuldade. Se não existe outra forma de

regime além dos mencionados, como, então, chamamos os regimes que acabamos de descrever – aquele em que a autoridade máxima está nos mais ricos, que são a maioria, e aquele em que os pobres governam, sendo a minoria? O argumento [35] parece deixar claro que poucos ou muitos terem poder, oligarquia e democracia respectivamente, é uma característica acidental devido ao fato de que os ricos são poucos e os pobres são muitos em todos os lugares (de modo que não é verdade que os pontos mencionados constituam uma diferença específica entre ambos os regimes).

A real causa em que [40] democracia e oligarquia diferem uma da outra é pobreza e riqueza; **[1280a]** [1] e segue-se, necessariamente, que onde quer que os governantes devam seu poder à riqueza, seja uma minoria ou uma maioria, isso é uma oligarquia, e quando os pobres governam, é uma democracia. Acontece, todavia, acidentalmente, como dissemos, de os governantes que detêm o poder pela riqueza serem poucos e os que detêm o poder pela pobreza serem muitos. É que [5] poucos homens são ricos, mas todos os homens possuem liberdade, e riqueza e liberdade são as causas sobre as quais as duas classes reivindicam o governo.

Primeiramente, devemos verificar quais são as qualidades determinantes da oligarquia e da democracia, e qual é o princípio da justiça sob uma forma de governo e sob a outra. Pois todos os homens se apegam a algum tipo de justiça, mas [10] só avançam até certo ponto e não expressam o princípio da justiça absoluta em sua totalidade. Por exemplo, há quem pense que a justiça consiste na igualdade, e assim é, embora não para todos, mas apenas para aqueles que são iguais; e pensa-se que a desigualdade é justa, pois de fato é, embora não para todos, mas para aqueles que são desiguais; mas os que assim argumentam tiram a qualificação das pessoas envolvidas e julgam mal. A causa disso [15] é que eles próprios estão preocupados com a decisão, e talvez a maioria dos homens sejam maus juízes quando seus próprios interesses estão em questão. Assim, como o justo é relativo apenas para certas pessoas, e é dividido da mesma maneira em relação às coisas a serem distribuídas e às pessoas que as recebem, como já foi dito antes na *Ética*[23], as duas partes concordam no que constitui a igualdade das coisas, mas discordam sobre o que constitui a igualdade das pessoas; [20] principalmente pela razão que acabamos de expor: os homens são maus juízes no que diz respeito a eles mesmos, mas também porque ambas as partes propõem uma justiça relativa, mas pensam que dizem da justiça absoluta.

Uns pensam que se são desiguais em alguns aspectos – como em riqueza –, eles são desiguais em tudo; outros pensam que se são iguais em alguns aspectos – como em liberdade –, eles são iguais [25] em tudo. Mas não mencionam a coisa mais importante. Se os homens formavam a comunidade e se reuniam por causa da riqueza, sua participação na *pólis* deveria ser proporcional à sua participação na riqueza, de modo que o argumento dos oligarcas parece válido: em uma parceria com um capital de cem minas, não seria justo para o homem que contribuiu com uma mina [30] ter uma parte, do capital ou dos lucros, igual à parte do homem que forneceu o restante das minas; mas a *pólis* foi formada não apenas para a vida, mas para a boa vida (pois, caso contrário, existiriam *pólis* de escravos ou de animais, mas é impossível existir *pólis* dessa maneira, porque escravos e animais não partilham da felicidade nem escolhem seu modo de vida). Tampouco foi formada com o objetivo de uma aliança militar [35] contra a injustiça de qualquer pessoa nem para fins de trocas e relações comerciais – pois se fosse, etruscos, cartagineses e todas as pessoas que mantêm relações comerciais entre si seriam cidadãos de uma única *pólis*. Na realidade, esses povos têm acordos sobre importações e exportações, além de convênios quanto à conduta justa e [40] tratados de aliança para defesa mútua; **[1280b]** [1] mas, por outro lado, não há magistrados comuns a todos esses povos nomeados para fazer cumprir esses convênios, mas cada parte possui magistrados diferentes; nenhuma das partes se preocupa com o caráter moral adequado da outra, nem tenta assegurar que as outras não sejam desonestas ou de qualquer forma imoral; somente se preocupam em evitar que não cometam nenhuma injustiça [5] umas contra as outras.

Por outro lado, todos aqueles que estão preocupados com um bom governo indagam sobre a virtude cívica e o vício. Desse modo, é claro que qualquer *pólis* que seja verdadeiramente uma *pólis* e não seja meramente no nome deve preocupar-se com a virtude; pois de outro modo a comunidade tornaria-se apenas uma aliança, diferindo somente em localidade das outras alianças, aquelas [10] de aliados que vivem a uma certa distância. E a lei é uma aliança ou, na frase do sofista Licofronte, "*uma garantia dos direitos dos homens uns sobre os outros*", mas incapaz de tornar os cidadãos virtuosos e justos.

Que isso é verdade, está manifesto. Com efeito, se alguém realmente reunisse os locais de duas *pólis* em um, de modo que as muralhas da *pólis* de Mégara e [15] as de Corinto fossem uma só, ainda assim elas não seriam uma *pólis*; nem a fariam uma mesma *pólis* se promulgassem direitos de casamento entre si, embora o casamento entre cidadãos seja um dos elementos da comunidade que são característicos das *pólis*. Da mesma forma, mesmo que certas pessoas vivessem em lugares separados, mas não tão distantes a ponto de não terem relações, mas tivessem leis para impedir que se prejudicassem [20] nas trocas de produtos – por exemplo, se um homem fosse carpinteiro, outro um agricultor, outro um sapateiro e outro qualquer outra coisa do tipo, e toda a população se elevasse a dez mil, mas, no entanto, não tivessem nada em comum, exceto em coisas como troca de mercadorias e aliança militar, mesmo assim isso ainda não seria uma *pólis*.

Qual é, então, exatamente a razão para isso? Pois claramente não é porque estejam distantes, [25] pois mesmo que eles tenham se reunido para esse tipo de relacionamento (cada um usando sua casa particular como uma *pólis*) e para a ajuda militar apenas contra agressores injustos, como sob uma aliança defensiva, nem mesmo assim pareceria ser uma *pólis* aos que consideram cuidadosamente o assunto, até mesmo se mantivessem essas relações idênticas às que existiam quando separadas.

É evidente, portanto, que [30] uma *pólis* não é apenas a partilha de uma localidade comum com o objetivo de prevenir danos mútuos e trocas comerciais. Estas são pré-condições necessárias para a existência de uma *pólis*; no entanto, mesmo que todas essas condições estejam presentes, isso não constitui, portanto, uma *pólis*. Uma *pólis* é uma comunidade de lares e de famílias para viver bem, e seu objetivo é uma vida plena e independente. [35] Ao mesmo tempo, isso não será realizado a menos que os membros da *pólis* residam na mesma localidade e pratiquem casamentos entre si. Esta é de fato a razão pela qual as relações familiares surgiram em todas as *pólis*, além de irmandades e clubes para ritos de sacrifício e recreações sociais. Mas tal organização é produzida pelo sentimento de amizade, pois a amizade é o motivo da vida em comunidade.

Portanto, enquanto o objeto de uma *pólis* é a vida boa, [40] essas coisas são meios para esse fim. E uma *pólis* é a comunidade de famílias e aldeias em uma vida plena e independente, **[1281a]** [1] que, a nosso ver, constitui uma vida feliz e boa. A comunidade política deve, portanto, ser considerada como existente por causa de boas ações, não apenas para viver em comunidade. Portanto, aqueles que mais contribuem para tal [5] tipo de comunidade têm uma participação maior na *pólis* do que aqueles que são seus iguais ou superiores em liberdade e nascimento, mas não seus iguais em virtude cívica, ou do que aqueles que os superam em riqueza, mas são superados por eles em virtude.

Fica claro, portanto, pelo que foi dito, que todos aqueles que disputam as formas de regime [10] afirmam uma parte do princípio de justiça. Há ainda uma outra questão: qual deve ser o poder soberano na *pólis*? A multidão, os ricos, os notáveis, o melhor de todos os homens, ou um tirano? Todos esses arranjos parecem envolver consequências desagradáveis. Por quê? Porque, por exemplo, se os pobres [15] se aproveitam do fato de serem em maior número para dividir a propriedade dos ricos, isso não é injusto? Não, por Zeus, pois foi uma decisão feita pela autoridade suprema de forma justa. Então, o que deve ser declarado como o extremo da injustiça? E novamente, quando todos são levados em conta, suponha que a maioria reparta entre si a propriedade da minoria, é evidente que corrompem a *pólis*; mas seguramente a virtude não destrói [20] seu possuidor nem a justiça é destruidora da *pólis*, de modo que é claro que este princípio também não pode ser justo. Também se segue que todas as ações feitas por um tirano são justas, pois seu uso da força é baseado em força superior, como é a compulsão exercida pela multidão contra os ricos.

Mas é justo que a minoria e os ricos [25] governem? Suponha, portanto, que eles também ajam da mesma maneira e saquem e tirem a propriedade da multidão, isso é justo? Se for, o outro também seria. É claro, portanto, que todas essas coisas são deficientes e não justas.

Devem as classes superiores governarem e estarem no controle de todas as classes? Se assim for, segue-se que todas as outras classes serão desonradas, [30] se não forem honradas ocupando cargos de governo; falamos de magistraturas como honras, e se as mesmas pessoas estão sempre nos mesmos cargos, o restante ficaria necessariamente excluído da honra.

Será melhor, então, que o indivíduo mais virtuoso seja o governante? Isso é ainda mais oligárquico, pois as pessoas excluídas da honra serão mais numerosas. Mas talvez alguém diga [35] que em todo caso é errado para um ser humano, tendo em sua alma as paixões que são os atributos da humanidade, ser soberano, e não a lei. Suponhamos, portanto, que a lei seja soberana, mas uma lei de natureza oligárquica ou democrática, que diferença fará em relação às dificuldades que foram levantadas? Os resultados descritos antes aconteceriam da mesma forma.

A maioria desses pontos, portanto, deve ser discutida em outra ocasião; [40] mas a alternativa sugerida de que é mais apropriado para a multidão ser soberana do que os poucos de maior virtude pode ser considerada plausível e ter alguma justificativa, e até mesmo ser a verdadeira. Pois é possível que muitos, embora não individualmente bons homens, **[1281b]** [1] quando se reúnem, podem ser melhores, não individual, mas coletivamente, do que os que o são, assim como os banquetes públicos que são melhores quando muitos contribuem do que se for pago por um só homem; pois onde há muitos, cada indivíduo, pode-se argumentar, tem certa porção de virtude e sabedoria, [5] e quando eles se reúnem, a multidão se torna um único homem com muitos pés, muitas mãos e muitos sentidos, assim como se torna uma personalidade no que diz respeito às qualidades morais e intelectuais. É por isso que o público em geral julga melhor as obras de música e os escritos dos poetas, porque uns apreciam uma parte da obra, outros apreciam outra parte, e todos eles [10] apreciam todas.

De fato, a superioridade dos homens bons sobre a massa de homens individuais – como a dos homens bonitos, como se diz, sobre os homens simples e das obras de arte do pintor sobre os objetos reais – consiste realmente no fato de que uma série de bons pontos foram reunidos em um exemplo; visto que se os traços forem tomados separadamente, o olho [15] de uma pessoa real é mais bonito do que o do homem em uma pintura, ou qualquer outro traço de outra pessoa. Na verdade, não está claro se essa superioridade coletiva dos muitos em comparação com os poucos homens bons pode existir em relação a toda democracia e a toda multidão, e talvez se possa argumentar, por Zeus, que é manifestamente impossível no caso de alguns (pois o mesmo argumento também se aplicaria aos animais; mas que diferença há [20] entre algumas multidões e animais?) – mas nada impede que o que foi dito seja verdade sobre alguma multidão em particular.

Pode-se, portanto, empregar essas considerações para resolver não apenas a dificuldade anteriormente declarada, mas também a questão sobre se o que importa é a autoridade dos homens livres, a massa dos cidadãos (expressão usada para [25] denotar aqueles que não são ricos nem possuidores de qualquer virtude distintiva)? Pois não é seguro, para eles, participar dos mais altos cargos (pois a injustiça e a tolice inevitavelmente os levariam a agir injustamente em algumas coisas e cometer erros em outras), mas ainda assim não os admitir e não deixar com que participem é uma situação alarmante, pois quando há um número de pessoas sem honras políticas e na pobreza, [30] a cidade então está fadada a estar cheia de inimigos.

Resta, portanto, a eles compartilhar as funções deliberativas e judiciais. Por isso, Sólon e alguns outros legisladores nomeiam os cidadãos comuns para a eleição dos magistrados e a função de convocá-los para a fiscalização, embora não lhes permitam exercer isoladamente os cargos. Todos, quando [35] reunidos, têm discernimento suficiente e, misturando-se com a classe dos melhores cidadãos, são benéficos para a *pólis*, assim como o alimento impuro misturado com o que é puro torna o todo mais nutritivo do que a pequena quantidade de alimento puro sozinha. Separadamente, o indivíduo julga de maneira imperfeita.

Esta disposição do regime político, entretanto, levanta uma primeira dificuldade: [40] poderia-se afirmar que o melhor homem para julgar qual médico deu o tratamento correto é aquele capaz, ele mesmo, de tratar e curar o paciente de sua doença atual, ou seja, um médico; **[1282a]** [1] o mesmo acontece com as outras artes e ofícios. Portanto, assim como médico deve julgar o trabalho de outro médico, também todos os outros profissionais devem ser chamados a prestar contas perante seus companheiros.

O termo "médico" apresenta três significados: o que exerce o ofício, o que orienta o tratamento e, em terceiro lugar, o amador, ou seja, o homem que estudou medicina como parte de sua educação geral (pois em quase [5] todas as artes existem alguns desses alunos, e atribuímos o direito de julgamento tanto para amadores cultos quanto para especialistas).

Além disso, pode-se pensar que o mesmo vale também para a eleição, pois eleger corretamente é uma tarefa para especialistas – por exemplo, compete aos especialistas na ciência da medição eleger um agrimensor e [10] aos especialistas em navegação escolher um piloto; pois embora em algumas profissões e artes alguns leigos também tenham voz nas nomeações, eles certamente não têm mais voz do que os especialistas.

Portanto, de acordo com esse argumento, as massas não devem controlar nem a eleição de magistrados nem sua prestação de contas. Mas talvez essa afirmação não seja inteiramente correta, [15] tanto pelo motivo acima exposto, caso a população não seja de caráter muito servil (pois, embora cada indivíduo separadamente seja um juiz pior do que os especialistas, todos reunidos são melhores ou pelo menos não são piores), e também, em certas atividades, o praticante não seria o único nem o melhor juiz, é o caso de profissionais cujos produtos também são do conhecimento de quem não possui a arte: [20] julgar uma casa, por exemplo, não pertence apenas ao homem que a construiu, mas, sobretudo, ao homem que usa a casa (ou seja, o chefe de família) que será um juiz ainda melhor dela; da mesma maneira, um timoneiro julga melhor um leme do que um carpinteiro, e o conviva julga melhor um banquete do que o cozinheiro.

Essa dificuldade talvez possa ser considerada satisfatoriamente resolvida dessa maneira. Mas há outra relacionada a isso: [25] é considerado absurdo que a classe mais baixa deva estar no controle de assuntos mais importantes do que a classe mais digna; as auditorias e as eleições de magistrados são assuntos muito importantes, mas em algumas constituições, como foi dito, eles são atribuídos ao povo comum, pois todos esses assuntos estão sob o controle da assembleia. Os cidadãos de pequena propriedade, independentemente da idade, participam da assembleia e do conselho e [30] sentam-se em júris, enquanto os tesoureiros, generais e os titulares das mais altas magistraturas são escolhidos entre pessoas de grande propriedade.

Agora, essa dificuldade também pode ser resolvida de maneira semelhante à primeira; pois talvez esses regulamentos também sejam sólidos, uma vez que não é o júri individual ou conselheiro ou membro da assembleia em quem a [35] autoridade repousa, mas o tribunal, o conselho e o povo, enquanto cada um dos indivíduos nomeados (quero dizer o conselheiro, os membros da assembleia e o júri) faz parte desses órgãos. Assim, é justo que a multidão seja soberana em assuntos maiores, pois a assembleia popular, o conselho e o tribunal do júri são formados por muitos cidadãos, e também a propriedade avaliada [40] de todos esses membros coletivamente é maior do que a dos magistrados que ocupam grandes cargos, individualmente ou em pequenos grupos.

Que estes pontos, portanto, sejam esclarecidos desta maneira.

[1282b] [1] A primeira dificuldade mencionada prova claramente quanto que as leis, quando corretamente formuladas, devem ser soberanas, enquanto o governante – ou os governantes –, em exercício, deve ter poderes supremos em questões sobre as quais as leis [5] são completamente incapazes de resolver com precisão, devido à dificuldade de fazer uma lei geral para cobrir todos os casos. No entanto, ainda não verificamos que característica particular deve possuir um código de leis corretamente estabelecido, fazendo com que a dificuldade levantada no início ainda permaneça; pois leis são, necessariamente, boas ou más, justas ou injustas, [10] simultaneamente e de modo semelhante às constituições (embora seja óbvio que as leis devem ser adaptadas à constituição); se assim for, é claro que as leis em conformidade com as constituições corretas devem necessariamente ser justas e aquelas em conformidade com as formas divergentes de constituição injustas.

Visto que em todas as ciências e as artes [15] o fim é um bem, o maior bem e o bem no mais alto grau é o fim visado na arte mais autoritária de todas, que é a política, e o bem no campo político, isto é, na opinião geral, é a justiça; por isso todos os homens pensam que a justiça é uma espécie de igualdade, e até certo ponto, em todo caso, eles concordam com os discursos filosóficos em que [20] chegaram a conclusões sobre questões de ética (pois a justiça é relativa às pessoas, e eles sustentam que para pessoas que são iguais a justiça deve ser igual). Mas uma questão que não deve ser ignorada é saber quais as características dessa igualdade, assim como da desigualdade. Isso deve ficar claro, pois isso também levanta uma dificuldade e exige uma filosofia política.

Talvez alguém possa dizer que os cargos da *pólis* devem ser distribuídos desigualmente de acordo com a superioridade [25] em todas as boas qualidades, mesmo que os candidatos em todos os outros aspectos não difiram em nada, mas sejam exatamente iguais, porque homens diferentes têm direitos e méritos diferentes. No entanto, se isso for verdade, aqueles que são superiores em cor, estatura ou qualquer boa qualidade, terão uma vantagem em relação aos direitos políticos. [30] Mas o erro aqui não é óbvio? Fica claro se considerarmos as outras ciências e faculdades. Entre os flautistas igualmente bons em sua arte, não é apropriado dar as melhores flautas aos de melhor nascimento, pois eles não tocarão melhor, mas são os que desempenham melhor que devem receber os instrumentos superiores.

[35] Se nosso significado ainda não é claro, ficará ainda mais claro quando levarmos o assunto adiante. Suponha que alguém seja superior em tocar flauta, mas muito inferior em nascimento ou em boa aparência, então, mesmo admitindo que cada uma dessas coisas (falo do nascimento e da beleza) seja um bem maior [40] do que a habilidade de tocar flauta, e mesmo que tais qualidades superem a arte de tocar flauta proporcionalmente mais do que o melhor tocador de flauta supera os outros em tocar flauta, mesmo assim o melhor flautista deve receber as melhores flautas; **[1283a]** [1] pois, de outra forma, a superiori-

dade tanto em riqueza quanto em nascimento deveria contribuir para a excelência do desempenho, mas eles não o fazem de forma alguma.

Além disso, nesta teoria, cada coisa boa seria comparável com todas as outras. Pois se ser de alguma altura em particular dá mais direitos, então [5] a altura em geral estaria em competição com a riqueza e com o nascimento livre; portanto, se alguém se destaca em altura mais do que outro em virtude, então, falando de modo geral, o tamanho dá mais superioridade do que a virtude, e assim todas as coisas seriam comparáveis; se determinada grandeza é melhor do que outra, é claro que a quantidade de uma é igual à quantidade de outra.

Mas como isso é impossível, [10] fica claro que, na política, é razoável que os homens não reivindiquem o direito ao cargo com base na desigualdade de qualquer tipo (se uns são lentos e outros rápidos, isso não é um bom motivo para um ter mais e o outro menos poder político; a superioridade deste último recebe sua honra nas competições atléticas); mas a pretensão ao cargo deve necessariamente se [15] basear na superioridade de elementos que compõem a *pólis*. Portanto, é razoável que os bem-nascidos, livres e ricos reivindiquem a honra; pois deve haver homens livres e pagadores de impostos, uma vez que uma *pólis* composta inteiramente de homens pobres não seria uma *pólis*, seria apenas um composto de escravos. Mas, então, admitindo que há necessidade de riqueza e de um nascimento nobre, é claro que [20] também há necessidade de justiça e virtude cívica, pois estas também são indispensáveis na administração de uma *pólis*. A riqueza e a liberdade são indispensáveis para a existência de uma *pólis*, enquanto a justiça e a virtude cívica são indispensáveis para sua boa administração.

Como meios, portanto, para a existência de uma *pólis*, todos, ou alguns desses fatores, parecem fazer uma boa justificativa, embora a educação e a virtude fariam a justificativa mais justa [25] como meios para uma boa vida, como também já foi dito antes. Por outro lado, como os que são iguais em apenas uma coisa não devem ter igualdade em todas as coisas, nem os desiguais em uma coisa devem ter desigualdade em tudo, segue-se que todas essas formas de constituição devem ser desvios.

Agora, foi dito antes que todos esses meios [30] são, de certa maneira, justos, mas não absolutamente justos; os ricos reivindicam porque têm uma parte maior da terra – e a terra é propriedade comum – e também por serem, na maioria das vezes, mais fiéis aos seus contratos; os livres e os bem-nascidos como estando intimamente ligados uns aos outros (pois os mais bem-nascidos [35] são cidadãos em maior grau do que os de nascimento inferior, e o bom nascimento é honrado em toda pátria) e também porque é provável que os filhos de pais melhores sejam melhores, pois bom nascimento significa virtude da ascendência; e devemos admitir que a virtude também faz uma reivindicação igualmente justa, pois sustentamos que a justiça é a virtude social, que necessariamente traz todas as outras [40] virtudes; mas, além disso, a maioria tem um direito justo em comparação com a minoria, pois é mais forte, mais rica e melhor se seus números superiores forem tomados em comparação com os números inferiores dos outros.

Supondo, então, que todos estivessem em uma *pólis*, **[1283b]** [1] quero dizer, os bons, os ricos, os bem-nascidos e também um grupo adicional de cidadãos, haverá ou não uma disputa sobre quem deve governar? É verdade que em cada uma das formas de regime mencionadas [5] a decisão sobre quem deve governar é indiscutível (pois a diferença entre elas está em suas classes soberanas – uma se distingue por ser governada pelos homens ricos, outra por ser governada pelos homens de bem, e igualmente com cada uma das outras); mas, no entanto, estamos considerando a questão de como devemos decidir entre essas classes supondo que todas elas existam simultaneamente em uma *pólis*. Se, então, [10] os possuidores de virtude devem ser muito poucos em número, como a decisão deve ser tomada? Devemos considerar sua escassez em relação à função e se eles são capazes de administrar a *pólis*, ou são suficientemente numerosos para constituir uma?

Há, ainda, uma dificuldade em relação a todos os que disputam as honras políticas. Poderia parecer que aqueles que [15] afirmam governar por causa de sua riqueza não são justos em sua proposta, e da mesma forma também aqueles que reivindicam a razão de nascimento; pois é claro que se um único indivíduo é, por si só, mais rico do que todos os outros juntos, de acordo com o mesmo princípio de justiça, obviamente será certo que este homem governe todos; da mesma forma que o homem de nobreza destacada deve governar entre os que disputam [20] o poder tendo por fundamento o nascimento livre. O mesmo sucederá, talvez, no caso do governo aristocrático baseado na virtude; pois se há um homem que é melhor do que os outros homens virtuosos no estado, pelo mesmo princípio de justiça esse homem deve ser o soberano. Portanto, se é realmente próprio que a multidão seja soberana porque é melhor do que poucos, [25] então, também, se uma pessoa ou se mais de uma, porém menos do que muitos, são melhores do que os outros, seria apropriado que estes, em vez de a multidão, sejam soberanos.

Todas essas considerações, portanto, parecem provar a incorreção de todos os critérios sobre os quais os homens afirmam que eles mesmos devem governar e todos os outros serão governados por eles. [30] Pois, certamente, mesmo contra aqueles que alegam ser soberanos sobre o governo por causa da virtude, e similarmente contra aqueles que reivindicam por causa da riqueza, as multidões podem apresentar um argumento justo; pois é bem possível que em algum momento a multidão possa ser coletivamente melhor e mais rica do que os em menor número, embora não individualmente.

[35] Portanto, também é possível responder assim à questão que alguns investigam e colocam; pois alguns levantam a questão de saber se o legislador que deseja estabelecer as leis mais justas deve legislar em benefício dos melhores ou do maior número, nos casos em que a situação mencionada ocorre. O que é "correto" deve ser entendido [40] no sentido de "equitativo"; e isso significa correto em relação ao interesse de toda a *pólis* e em relação ao bem-estar comum dos cidadãos; e cidadão é, em geral, aquele que escolhe governar e ser governado, **[1284a]** [1] embora ele seja diferente de acordo com cada forma de regime, mas em relação ao melhor regime, um cidadão é aquele que tem a capacidade e a vontade de ser governado e governar visando uma vida virtuosa.

Se houver um homem tão distinguido em virtude, ou mais de um (mas não [5] o suficiente para poder formar uma *pólis* completa), de modo que a virtude e a capacidade política de todos os outros não sejam comparáveis à desses homens mencionados (se forem vários), ou desse homem (se um só), não é apropriado contar esses homens excepcionais como parte da *pólis*; pois eles serão tratados injustamente se forem julgados dignos de direitos iguais, [10] sendo tão amplamente desiguais em virtude e em sua capacidade política: pois tal indivíduo será naturalmente como um deus entre os homens. Portanto, é claro que a legislação também deve necessariamente se preocupar com pessoas que são iguais em nascimento e capacidade, mas não pode haver lei que trate de homens como os descritos, pois eles próprios são a lei; na verdade, seria ridículo um homem tentar legislar para eles, [15] pois, provavelmente, eles diriam o que os leões disseram na história de Antístenes quando as lebres fizeram discursos na assembleia e exigiram que todos tivessem igualdade.

É por uma razão dessa natureza que as *pólis* democraticamente governadas instituem o sistema de ostracismo; pois estas são as *pólis* que parecem buscar a igualdade acima de tudo, [20] de modo que costumavam banir homens considerados extremamente poderosos por causa de riqueza, popularidade ou alguma outra forma de força política, e costumavam bani-los da *pólis* por períodos determinados. Há uma história mítica de que os *Argonautas* deixaram Héracles para trás por uma razão semelhante; pois a nau *Argo* recusou-se a carregá-lo [25] com os outros porque era muito mais pesado que os marinheiros. Portanto, também aqueles que culpam a tirania e o conselho de Periandro a Trasíbulo não devem ser considerados absolutamente certos em sua censura (é dito que Periandro não respondeu ao mensageiro enviado para pedir seu conselho, mas nivelou o campo [30] de milho arrancando as espigas que se destacaram acima das outras; e consequentemente, embora o mensageiro não soubesse o motivo do que estava acontecendo, quando trouxe de volta a notícia do ocorrido, Trasíbulo entendeu que ele deveria destruir os cidadãos proeminentes); esta política é vantajosa não só para os tiranos, nem são apenas os tiranos que a utilizam, [35] mas o mesmo acontece com as oligarquias e as democracias; pois o ostracismo tem, de certo modo, o mesmo efeito que o exílio dos homens notáveis. O mesmo recurso é adotado em relação às *pólis* e povos pelos detentores do poder soberano. Por exemplo: os atenienses assim trataram os habitantes de Samos, [40] Quios e Lesbos (pois assim que eles conquistaram seus impérios pela força, os atenienses os humilharam, violando os seus tratados anteriores). **[1284b]** [1] Da mesma maneira, o rei dos persas costumava reduzir o número de medos e babilônios e outros povos que se tornaram orgulhosos por terem sido chefes de um império.

O problema é geral a todas as formas de regime, mesmo às formas corretas; pois enquanto as formas divergentes de governo [5] fazem isso porque sua atenção está fixada em sua vantagem privada, o mesmo acontece, com os regimes voltados para o bem comum. Isso fica claro, também, no campo das outras artes e ciências; um pintor não deixaria um animal, em uma pintura, ter sua pata de tamanho desproporcionalmente grande, mesmo que fosse uma pata excepcionalmente bonita; nem um construtor de navios faria a popa ou alguma outra parte de um navio desproporcionalmente grande; nem [10] um treinador de coros permitiria um homem que canta mais alto e mais lindamente do que todo o restante do coro para ser um membro dele. Portanto, no que diz respeito a esta prática do ostracismo, nada impede que os monarcas estejam em harmonia com as cidades que governam, se a ela recorrerem quando seu próprio governo pessoal for benéfico para as *pólis*. [15] Em relação às superioridades reconhecidas, então, o argumento do ostracismo tem um certo elemento de justiça política. É verdade que é melhor que o legislador constitua a *pólis* desde o início, de modo que não precise desse remédio; mas o melhor caminho a seguir, se surgir a ocasião, é tentar corrigir [20] a constituição por algum desses métodos de retificação. Mas não foi isso que aconteceu com as *pólis*, pois elas não estavam olhando para o que era vantajoso para sua própria constituição, mas seus atos de ostracismo foram feitos com espírito revolucionário.

Nas formas divergentes de regime, portanto, é evidente que o ostracismo é vantajoso e justo sob a constituição especial, embora talvez também seja evidente que não é justa em absoluto. [25]

No caso do melhor regime, contudo, há muita dúvida sobre o que deve ser feito, não no que diz respeito à superioridade em outras coisas de valor, como força, riqueza e popularidade, mas no caso de uma pessoa se tornar excepcionalmente distinguida por virtude. Como proceder nesse caso? Certamente não seria dito que tal homem deve ser banido e exilado; [30] no entanto, sem dúvida, os homens não pensariam que deveriam governar tal homem, pois isso seria o mesmo que se pretendessem governar Zeus, partilhando o governo com ele. Resta, portanto, e este parece ser o curso natural, que todos obedeçam de bom grado a tal homem, para que homens desse tipo possam ser reis nas *pólis* para sempre.

[35] Talvez seja bom, depois dos assuntos que foram discutidos, deixar de considerar o governo real; pois declaramos que este é um dos regimes corretos. E deve ser considerado se é vantajoso para uma *pólis,* ou uma nação, que deve ser bem administrada, ser governada por um rei, ou se, pelo contrário, algum outro regime seria mais conveniente, ou se o governo real é conveniente para algumas *pólis* [40] e não para outras.

É necessário, porém, decidir primeiro se existe apenas um tipo de realeza ou vários. **[1285a]** [1] É fácil discernir que a realeza inclui vários tipos e que o modo de governo não é o mesmo em todos. Pois a realeza na constituição espartana, que é considerada uma realeza típica do tipo guiado pela lei, não carrega soberania em todos os assuntos, [5] embora o rei seja o líder em todos os assuntos relacionados à guerra quando parte para uma expedição estrangeira; e também assuntos relativos à religião foram atribuídos aos reis. Esta realeza é, portanto, uma espécie de comando militar investido em generais com poderes absolutos e mantidos por toda a vida; pois o rei não tem autoridade sobre vida ou morte, exceto em tempos antigos quando os reis, [10] em suas expedições militares, podiam matar um ofensor imediatamente, como Homero prova, pois Agamenon suportou ser insultado nas assembleias, mas quando estava em uma expedição tinha autoridade para matar um homem; em todos os eventos ele diz: "*Mas quem eu encontrar longe da batalha, dificilmente escapará; não terá esperança de fugir de cães e abutres, pois a morte está em minhas mãos!*" Este, [15] portanto, é um tipo de realeza, um comando militar vitalício, e alguns dos reinados desse tipo são hereditários, outros eletivos.

Ao seu lado há outro tipo de monarquia, cujos exemplos são as realezas existentes entre alguns dos povos bárbaros. O poder de todos eles se assemelha ao das tiranias, mas governam de acordo com a lei e são hereditários; [20] porque os bárbaros são mais servis, em sua natureza, do que os gregos, e os asiáticos mais servis do que os europeus, eles suportam o domínio despótico sem qualquer ressentimento. Essas realezas são, portanto, por essas razões, de natureza tirânica, mas são seguras porque são hereditárias e governadas por lei. Também a guarda serve um rei [25] e não um tirano, pelo mesmo motivo. Os reis são guardados pelos cidadãos armados, enquanto os tiranos têm guardas estrangeiros, pois os reis governam de acordo com a lei e o consentimento dos súditos, mas os tiranos governam súditos relutantes; além disso, os reis tomam seus guardas entre os próprios cidadãos, mas os tiranos os têm para se proteger dos cidadãos.

Estes são, então, dois tipos de monarquia; [30] enquanto um outro é o que existia entre os antigos gregos, o tipo de governantes chamados *aisimnetas*. Para simplificar, é uma tirania eletiva, e difere da monarquia que existe entre os bárbaros não por governar sem a orientação da lei, mas apenas por não ser hereditária. Alguns detentores deste tipo de monarquia governaram por toda a vida, outros até certo tempo ou até que certas [35] tarefas terminassem, como o povo de Mitilene que certa vez elegeu Pítaco para resistir aos exilados sob a liderança de Antimênides e do poeta Alceu. Que eles elegeram Pítaco como tirano é provado por Alceu em uma de suas canções, em que repreende o povo porque *"eles estabeleceram o vil e nascido de destino soturno Pítaco como tirano da* pólis, *e todos o elogiaram muito."* **[1285b]** [1] Estas monarquias eram, e ainda são, de natureza tirânica porque são de caráter despótico, mas de natureza régia porque são eletivas e governam com o consentimento dos súditos.

Um quarto tipo de monarquia régia consiste nos reinados fundados nas leis, [5] no consentimento de súditos e hereditários do período heroico. Os primeiros dessas dinastias reais foram benfeitores da multidão nas artes ou na guerra, ou por ter reunido súditos ou fornecido a eles terras; esses reis costumavam subir ao trono com o consentimento dos súditos e entregá-lo aos seus sucessores por descendência linear. E eles tinham o comando supremo na guerra [10] e controle sobre todos os sacrifícios que não estavam nas mãos da classe sacerdotal, e, além dessas funções, eram juízes em processos judiciais; alguns julgavam sob juramento e outros não – o juramento era feito segurando o cetro. Esses reis dos tempos antigos costumavam governar continuamente em assuntos dentro da *pólis*, no campo e além das fronteiras; mais tarde, [15] quando gradualmente os reis abriram mão de alguns de seus poderes e tiveram outros tirados deles pelas multidões, na maioria das *pólis,* apenas os sacrifícios foram deixados para os reis; enquanto onde se pode dizer que a realeza sobreviveu, os reis só tinham o comando em expedições militares no estrangeiro.[20] Há, então, esses quatro tipos de realeza: a primeira pertencente aos tempos heroicos, que foi exercida baseada no consentimento de súditos, mas em certos campos limitados, pois o rei era general, juiz e mestre de cerimônias religiosas; a segunda, a monarquia bárbara, que é um despotismo hereditário [25] que governa em conformidade com a lei; a terceira, o governo dos chamados *aisimnetas*, que é uma tirania eletiva; e a quarta delas é o reinado espartano, que pode ser descrito, simplesmente, como um comando militar hereditário e vitalício.

Essas realezas diferem umas das outras nos aspectos acima mencionados. Existe, porém, um quinto [30] tipo de realeza: quando um único governante é soberano sobre todos os assuntos da mesma forma que cada povo e cada *pólis* é soberana sobre seus assuntos comuns; essa monarquia se estende ao domínio de um senhor sobre uma casa, pois assim como o governo do senhor é uma espécie de monarquia doméstica, a monarquia absoluta é o domínio doméstico sobre uma *pólis*, ou sobre um povo ou vários povos.

Existem, portanto, por assim dizer, dois tipos de realeza que foram examinados: [35] este último e o espartano. A maioria das outras realezas está entre estes tipos, pois com eles o rei é soberano sobre menos coisas do que sob a monarquia absoluta, mas sobre mais coisas do que sob a realeza espartana. Portanto, nossa investigação é praticamente sobre duas questões: uma consiste em saber se é conveniente ou inconveniente que as *pólis* tenham um comandante militar em funções vitalícias, seja por descendência ou por classe, **[1286a]** [1] e outra se é conveniente ou inconveniente que um homem seja soberano sobre tudo. O estudo de um comando militar do tipo mencionado tem mais o aspecto de uma investigação legal do que constitucional (pois é possível que essa forma de ofício exista em todos os regimes), [5] portanto, que seja deixada de lado essa questão. O outro tipo de realeza é uma espécie de constituição, de modo que é necessário considerá-la e examinar as dificuldades que ela envolve.

O ponto de partida da investigação é a questão de saber se é mais vantajoso ser governado pelos melhores homens ou pelas melhores leis. Aqueles de opinião que é vantajoso [10] ser governado por um rei pensam que as leis enunciam apenas princípios gerais, mas não dão instruções para lidar com as circunstâncias à medida que surgem; de modo que em uma arte de qualquer tipo é tolice governar o procedimento por regras escritas (e, de fato, no Egito é permitido aos médicos alterar sua prescrição somente após quatro dias, embora se um deles a altere antes, faz por sua conta e risco); fica claro, portanto, [15] que o regime baseado em regras escritas, ou seja, as leis, não é o melhor, pelo mesmo motivo.

Ao mesmo tempo, no entanto, os governantes devem estar cientes do princípio geral mencionado anteriormente. De modo geral, uma coisa que não contém o elemento emocional é frequentemente superior a uma coisa na qual ele é inato; a lei não possui esse fator, mas toda alma humana [20] necessariamente o possui. Mas talvez alguém possa dizer que, em compensação por isso, um único governante decidirá melhor sobre casos particulares.

Portanto, é claro que, por um lado, o governante deve necessariamente ser um legislador, e que deve existir leis estabelecidas, embora estas não devam ser soberanas quando se desviam de sua finalidade – é certo que em todos os outros casos devem ser soberanas; mas, por outro lado, em assuntos que é impossível para a lei decidir ou [25] decidir bem, deve o melhor homem governar ou todos os cidadãos?

Assim, os cidadãos reunidos em assembleias ouvem as ações judiciais, deliberam e dão julgamentos, mas esses julgamentos são todos sobre casos particulares. Agora, sem dúvida, qualquer um deles individualmente é inferior em comparação ao melhor.

Mas uma *pólis* consiste em vários indivíduos e, assim como um banquete [30] para o qual muitos contribuem com pratos é melhor do que um único jantar simples, por isso, em muitos casos, uma multidão julga melhor do que qualquer indivíduo.

Também a multidão é mais incorruptível – assim como um grande volume de água, a massa de cidadãos não é tão sujeita à contaminação quanto os poucos. O julgamento do indivíduo está fadado a ser corrompido quando ele é dominado pela raiva ou alguma outra emoção semelhante, [35] enquanto no outro caso é difícil para todas as pessoas serem despertadas para a raiva e errarem juntas.

A multidão, todavia, deve consistir nos homens livres, não fazendo nada além da lei, exceto sobre questões em que a lei deve necessariamente ser deficiente. E se isso não é de fato fácil de garantir no caso de muitos homens, suponhamos que houvesse uma maioria de homens bons e bons cidadãos. Quem seria mais livre de corrupção? Um governante individual, [40] ou aqueles homens que, embora em maioria em número, são todos bons? **[1286b]** [1] A maioria, não é óbvio? Mas será dito que eles se dividirão em facções, enquanto com um único governante isso não pode acontecer. Contra isso, talvez, deva ser colocado o fato de que eles são tão virtuosos de alma quanto o único governante. Se, então, o governo da maioria, quando todos são homens de bem, deve ser considerado uma aristocracia, [5] e o de um só homem, uma realeza, a aristocracia seria preferível para as *pólis* à realeza (quer a autoridade seja acompanhada de força militar ou não), caso seja possível obter um número maior de homens bons do que um de qualidade semelhante.

Talvez só por isso tenha existido realezas em épocas anteriores, porque era raro encontrar homens que se sobressaíssem muito em virtude, especialmente porque naqueles dias [10] moravam em pequenas cidades. Além disso, eles costumavam nomear seus reis ao fato de serem benfeitores, e isso é uma tarefa para os homens de bem. Mas como aconteceu que muitos homens semelhantes em virtude surgissem, eles não mais se submeteram à realeza, mas buscaram alguma forma de poder compartilhado e estabeleceram uma constituição. E à medida que os homens se tornavam menos virtuosos começaram a [15] ganhar dinheiro com a comunidade. É razoável supor que alguma causa como essa tenha ocasionado o surgimento de oligarquias; pois eles transformaram a riqueza em honra. De oligarquias passaram, primeiramente, para tiranias, e de tiranias para democracia; pois, ao colocar constantemente o governo em menos mãos, devido a um vil amor ao ganho, fortaleceram a multidão e as democracias passaram a existir. [20] Mas agora que as *pólis* se tornaram ainda maiores do que eram, talvez não seja fácil que surja outra forma de constituição além da democracia.

Mesmo se alguém sustentasse que o governo real é melhor para as *pólis*, qual deve ser a posição em relação aos filhos do rei? Seus descendentes deveriam também reinar? Mas isso será desastroso se os filhos do rei [25] se tornarem como alguns foram. Pode-se dizer que o rei, sendo soberano, não legará, nesse caso, o trono a seus filhos. Mas isso não é fácil de acreditar, pois seria difícil para um rei deserdar seus filhos, e um ato de virtude acima do nível da natureza humana.

Há uma dificuldade também sobre o poder real: o homem que reinará como rei deve ter uma força armada juntamente a si, [30] por meio da qual ele terá poder para obrigar aqueles que não estão dispostos a obedecer? Ou, se não, como é possível para ele exercer seu ofício? Pois mesmo que ele fosse um soberano cumpridor da lei e nunca agisse de acordo com sua própria vontade ou contra a lei, no entanto, seria essencial que ele tivesse poder por trás dele para salvaguardar as leis. Provavelmente, portanto, não é difícil [35] definir as regras para um rei desse tipo: ele deve ter uma força própria, mas a força deve ser tão grande que seja mais forte do que um único indivíduo ou mesmo vários indivíduos agrupados, mas mais fraco do que a multidão, segundo o princípio no qual os homens de outrora costumavam designar guarda-costas sempre que nomeavam alguém como o que chamavam de *aisimneta* ou tirano da *pólis*. Essa foi a dimensão da força aconselhada quando Dionísio pediu seus guardas: a dar o mesmo número de guardas aos cidadãos de Siracusa.

[1287a] [1] Nossa discussão chega, agora, ao caso do rei que age em todos os assuntos de acordo com sua própria vontade, e devemos examinar esse tipo de realeza. Pois a chamada monarquia que age conforme as leis, como dissemos, não é um tipo especial de regime (uma vez que é possível [5] existir um comando militar vitalício em qualquer forma de regime, como em uma democracia ou em uma aristocracia; muitos fazem um só indivíduo soberano na administração, por exemplo, há um governo deste tipo em Epidamno, e também em Oponto, embora em menor grau).

Temos, agora, que discutir o que é chamado de monarquia absoluta, que é a monarquia sob a qual o rei governa todos os homens de acordo [10] com sua própria vontade. Algumas pessoas pensam que é totalmente contrário à natureza que uma pessoa seja soberana sobre todos os cidadãos quando a *pólis* consiste em homens semelhantes; pois, necessariamente, as pessoas iguais devem, de acordo com a natureza, ter o mesmo princípio de justiça e o mesmo valor; do mesmo modo que, para as pessoas que são desiguais, ter uma quantidade igual de alimentos [15] ou roupas é prejudicial para seus corpos; o mesmo acontece em relação às honras; portanto, é igualmente errado que aqueles que são iguais tenham desigualdade, pois é justo que ninguém governe ou seja governado mais do que outro e, portanto, todos governem e sejam governados igualmente. Isso constitui uma lei, pois regulação é lei.

Portanto, é preferível que a lei governe e não um dos cidadãos, [20] e segundo este mesmo princípio, mesmo que seja melhor para certos homens governarem, eles devem ser nomeados como guardiões das leis e subordinados a elas; devendo haver magistraturas, claramente não é justo, como dizem, que uma pessoa seja governante quando todos os cidadãos são iguais.

Pode-se objetar que qualquer caso que a lei pareça ser incapaz de definir, um indivíduo também [25] seria incapaz de decidir. A lei primeiro educa adequadamente os magistrados para o cargo e depois os encarrega de decidir e resolver os assuntos restantes "de acordo com o melhor de seu julgamento". Além de conceder-lhes o direito de corrigir o que lhes parece ser melhor em relação às leis escritas. Aquele, portanto, que recomenda que a lei tenha autoridade parece recomendar que somente os deuses e a razão [30] governem, mas aquele que deseja que o homem tenha autoridade acrescenta um animal selvagem também; pois o desejo cego é como um animal selvagem, e também a paixão distorce o que ocupam as magistraturas, mesmo se forem os melhores homens. Portanto, a lei é a razão livre de desejo.

Parece que a analogia com as artes é falsa, pois é uma coisa ruim se automedicar pelos escritos de um livro, mas preferível recorrer [35] aos especialistas. Pois eles nunca agem contrariamente aos princípios, mesmo por motivos de amizade, mas ganham seus honorários quando curam seus pacientes, enquanto os titulares de cargos políticos geralmente fazem muitas coisas por despeito e para ganhar favores. Se as pessoas suspeitassem que até mesmo os médicos confiam em seus inimigos e tentam se livrar deles [40] em proveito próprio, nesse caso eles preferem procurar o tratamento nos livros. **[1287b]** [1] No entanto, certamente os próprios médicos chamam outros médicos para tratá-los quando estão doentes, e os treinadores de ginástica submetem-se a outros treinadores quando estão fazendo exercícios, acreditando que não podem se julgar verdadeiramente porque estão julgando sobre seus próprios casos e que estão sob a influência do sentimento. Portanto, é claro que, quando os homens procuram o que é justo, procuram o que é imparcial; pois a lei é, [5] sem dúvida, imparcial. Mais uma vez, as leis fundadas nos costumes são mais soberanas e lidam com questões mais importantes do que as leis escritas, de modo que, se um governante humano é menos suscetível a erros do que as leis escritas. Assim, se o governo de um só é mais seguro do que o exercido pela lei escrita, não é menos suscetível a erros do que as leis do costume.

Certamente, não é fácil para um único governante supervisionar uma infinidade de coisas ao mesmo tempo; será necessário, portanto, que os magistrados [10] por ele nomeados sejam numerosos. Sendo assim, que diferença faz se esse foi o arranjo imediatamente desde o início ou se o único governante os nomeia dessa maneira? Novamente, uma coisa que também foi dita antes, se o homem virtuoso merece justamente governar porque ele é melhor, então, dois homens bons são melhores do que um; pois esse é o significado do verso homérico *"dois homens caminhando juntos..."*; e da súplica de Agamenon: [15] *"Que dez de tais conselheiros sejam meus!"* E, atualmente, os magistrados, como os dicastas ateniense, têm o poder de julgar certos casos sobre os quais a lei não pode dar uma declaração clara; pois ninguém contesta que a lei seria o melhor governante e juiz em assuntos sobre os quais os magistrados são competentes.

Uma vez que algumas coisas possam ser abrangidas pelas leis e [20] outras não, são estas últimas que suscitam dúvidas e levantam a questão de saber se é preferível que a melhor lei governe ou o melhor homem. Pois estabelecer uma lei sobre coisas que são objetos de deliberação é impossível. Portanto, os homens não negam que um homem deve julgar tais questões, mas eles dizem que não deve ser um único homem, mas muitos. [25] Pois o magistrado individual julga bem quando instruído pela lei, e sem dúvida parece curioso que uma pessoa visse melhor ao julgar com dois olhos e dois ouvidos e agir com dois pés e mãos do que muitas pessoas com muitos órgãos, pois é assim que os monarcas fazem seus muitos olhos, ouvidos, mãos e pés, [30] porque adotam pessoas que são amigas de seu governo e de sua pessoa como seus companheiros governantes. Claramente, se esses companheiros não forem seus amigos, não agirão de acordo com a política do monarca; mas se forem seus amigos e de seu governo – um amigo é como se fosse um igual e semelhante – e se o monarca pensa que seus amigos devem governar, pensa que as pessoas que são iguais a ele [35] e como ele devem governar.

Este, então, é, em suma, o caso apresentado pelas questões acerca da realeza.

Mas talvez, embora este seja um relato verdadeiro do assunto em alguns casos, não se aplique em outros. Pois existe algo como ser naturalmente apto a ser governado por um déspota, e em outro caso, ser governado por um rei, e em outro, por um regime constitucional, e isso é justo e conveniente; mas não existe aptidão natural para a tirania, [40] nem para qualquer outra das formas de governo que sejam defeituosas, pois estas ocorrem contra a natureza. [1288a]

[1] Mas, pelo que foi dito, é claro que entre os iguais e semelhantes não é conveniente nem justo que um seja soberano sobre todos; nem quando não há leis, pois então é ele mesmo que ocupa o lugar da lei; nem quando há leis; nem quando o soberano e os súditos são bons nem quando ambos são maus; nem ainda quando o soberano é superior em virtude, [5] salvo em uma certa exceção. Essa exceção deve ser declarada; e de certa forma já foi referida antes.

Primeiramente, devemos definir o que constitui aptidão para a realeza, o que é adequado para a aristocracia e o que constitui um regime constitucional. Uma comunidade adequada para o governo régio é uma população tal que seja naturalmente capaz de produzir uma família de excelência para liderança política; uma comunidade apta para a aristocracia [10] é aquela que naturalmente produz uma população capaz de ser governada sob a forma de governo própria para homens livres e aqueles que são aptos, pela virtude, para assumir o papel de líderes no governo constitucional; uma comunidade destinada ao regime constitucional é aquela na qual naturalmente cresce uma população militar capaz de ser governada, e governada por uma lei que distribui os cargos entre os abastados [15] de acordo com o mérito.

Quando, portanto, há uma família inteira ou mesmo um indivíduo que difere tanto dos outros cidadãos em virtude, sendo que sua virtude excede a de todos os outros, então é justo que essa família seja a família real ou este o rei individual e soberano sobre todos os assuntos. Pois, como já foi dito, [20] isso vale não apenas de acordo com o princípio da justiça que geralmente é invocado por aqueles que estão fundando constituições aristocráticas e oligárquicas, e por outro lado, por aqueles que estão fundando constituições democráticas (todos eles reivindicam sua superioridade, porém não a mesma), mas também vale de acordo com o direito mencionado antes. Não é decente [25] executar tal homem desta qualidade, ou exilá-lo, ou condená-lo ao ostracismo e convidá-lo a tomar sua vez como súdito quando regressasse; pois não está na ordem da natureza que a parte supere o todo; mas é o que sucede com o homem que é tão excepcionalmente notável que chega a superar toda a comunidade. Portanto, só resta à comunidade obedecer a tal homem, e que ele seja soberano não de forma parcial, mas absolutamente.

[30] Que esta seja a nossa resposta às perguntas sobre a realeza, quais são suas diversas formas, e se é ou não vantajosa para as *pólis*; e se é vantajosa, para quais *pólis* e em que condições.

Uma vez que pronunciamos três constituições justas, e destas, a governada pelos melhores homens deve necessariamente ser a melhor. Referimos ao tipo de governo em que um [35] só homem, ou uma família, ou um conjunto de homens, é superior em virtude a todos os cidadãos juntos, podendo estes últimos serem governados e os primeiros governarem segundo os princípios de vida mais desejável. Provou-se, também, na primeira parte do discurso, que a virtude de um homem e a de um cidadão, na melhor *pólis,* devem, necessariamente, ser a mesma. É evidente que um homem se torna virtuoso [40] da mesma maneira e pelos mesmos meios que se pode estabelecer uma *pólis* governada pela aristocracia ou monarquia, **[1288b]** [1] e, assim, a mesma educação e hábitos que tornam um homem virtuoso serão, geralmente, os mesmos que o tornam capaz como cidadão ou rei.

Feitas essas considerações, devemos agora nos esforçar para discutir o melhor regime político e dizer de que maneira é natural que ele exista e como é natural que ele seja organizado.

Livro IV

[1288b] [10] Em todas as artes e as ciências que não se formam com seções, mas que, em relação a alguma classe de assunto, são completas, é função de uma única arte ou ciência estudar o que convém a cada classe.

Por exemplo, que tipo de exercício de ginástica é benéfico para que tipo de estrutura corporal, e qual é o melhor tipo (pois o melhor exercício deve naturalmente se adequar à pessoa mais favorecida [15] em beleza e mais bem dotada de atributos físicos), e também qual exercício é o melhor para a maioria como se fosse um só (pois esta é, também, uma questão para a ciência da ginástica). Além disso, caso alguém não deseje um hábito de fazer exercícios corporais nem um conhecimento sobre competições físicas que não sejam os que lhe são adaptados, é evidente que também é tarefa do treinador e mestre de ginástica produzir essa aptidão.

[20] Notamos que isso acontece, inclusive, em relação à medicina, construção naval, confecção de roupas e todas as outras artes. Portanto, é claro que também no caso do regime político cabe à mesma ciência estudar qual é a melhor forma de regime e qual o caráter que deve ter para ser o mais ideal se nenhuma circunstância externa se interpuser, e qual o regime é o mais adequado a certo tipo de cidadãos (já que para muitos [25] é, sem dúvida, impossível alcançar o melhor regime, de modo que o bom legislador e o verdadeiro governante devem estar familiarizados tanto com a forma de regime que é a mais absolutamente

perfeita quanto com a que é melhor presumida levando em conta as circunstâncias), e também, em terceiro lugar, a forma de regime baseada em uma certa suposição (pois se deve, também, ser capaz de considerar tanto como um determinado regime poderia ser originariamente criado e também de que maneira, tendo sido criado, [30] ele poderia ser preservado por mais tempo; quero dizer, por exemplo, se aconteceu a alguma *pólis* não só não possuir o melhor regime e estar desprovido até mesmo das coisas necessárias para isso, mas também não ter um regime praticável nas circunstâncias, mas inferior); e, além de todas essas questões, caberá a essa ciência verificar a forma de regime mais adequada a todos as *pólis*, pois a maioria [35] daquelas que fazem pronunciamentos sobre o regime, mesmo que o que dizem seja bom, fracassam inteiramente em termos de utilidade prática. É, pois, apropriado considerar não apenas qual é o melhor regime, mas também qual é o de possível realização, e também qual é o mais fácil e mais geralmente compartilhado por todas as *pólis*. Grande parte dos estudiosos atualmente questiona qual é a forma mais elevada de todos os regimes, [40] e que exige muitos recursos; enquanto outros, que preferem propor alguma forma geral, descartam os regimes realmente existentes e elogiam o de Esparta ou outra qualquer.

[1289a] [1] É necessário introduzir uma organização política de tal ordem que os homens sejam facilmente persuadidos e possam, nas circunstâncias existentes, participar dela, pois reformar um regime não é menor tarefa do que o instituir desde o início, assim como reaprender [5] uma ciência é tão difícil quanto aprendê-la desde o começo. Além das coisas mencionadas, portanto, o político deve ser capaz de prestar auxílio aos regimes que já existem, como também foi dito antes.

Isso é impossível se ele não sabe quantos tipos de regime existem. Atualmente, alguns pensam que existe apenas um tipo de democracia e um tipo de oligarquia, mas isso não é [10] verdade. Portanto, o político deve levar em conta as diferentes variedades dos regimes e saber quantos são e quantas são suas combinações. Depois disso, ele precisa dessa mesma discriminação também para discernir as leis que são melhores e as que são adequadas a cada uma das formas de regime. Pois as leis devem ser estabelecidas, e todas se estabelecem de acordo com o regime – os regimes não devem [15] ser feitos para se adequar às leis.

Um regime político é a regulamentação das magistraturas da *pólis* no que diz respeito ao modo de sua distribuição e à questão de qual é o poder soberano na *pólis* e qual é o objetivo de cada comunidade. Por outro lado, as leis são distintas dos princípios constitucionais e regulam como os magistrados devem governar e proteger contra aqueles [20] que as infringem.

De modo que, claramente, é necessário estar de posse das diferentes variedades de cada forma de regime e do número delas, mesmo para fins de legislação; pois é impossível que as mesmas leis sejam úteis para todas as oligarquias ou democracias se houver realmente vários tipos delas, e não apenas um tipo de democracia ou oligarquia.

[25] Na medida em que em nossa primeira investigação sobre as formas de regime classificamos três como certas, a saber: realeza, aristocracia e governo constitucional; e os desvios destas como três, a saber: tirania como desvio da realeza, a oligarquia sendo o desvio da aristocracia e a democracia como desvio do governo constitucional.

[30] Sobre a aristocracia e a realeza já falamos (pois teorizar o melhor regime é a mesma coisa que falar das formas que levam esses nomes, pois

cada um deles significa um sistema baseado na qualificação da virtude dotada de recursos), assim como a questão do que constitui a diferença entre aristocracia e realeza. Quando um [35] governo régio deve ser adotado já foi decidido antes, resta, portanto, discutir a forma de regime designada pelo nome comum a todas elas, e aos demais desvios que são a oligarquia, a democracia e a tirania.

É manifesto também qual desses desvios é o pior e qual o segundo pior. O pior será necessariamente [40] aquele que resulta da perversão do primeiro e mais divino. A realeza deve necessariamente ser régia, seja por possuir tal nome, seja por **[1289b]** [1] basear-se na notável superioridade do homem que é o rei; de modo que a tirania, sendo a pior forma, deve ser a mais afastada do governo constitucional, e a oligarquia deve ser a segunda mais distante (pois a aristocracia é amplamente separada desse regime constitucional), enquanto a democracia [5] deve ser a mais moderada.

De fato, um relato de seus méritos relativos já foi feito também por um dos escritores anteriores, embora não no mesmo princípio que o nosso; pois ele se inclinava a julgar que havia boas variedades de todas as formas, por exemplo, um bom tipo de oligarquia e assim por diante, e que a democracia era a pior entre elas, mas a melhor entre as variedades ruins, enquanto dizemos que os desvios são totalmente errados, [10] e que não é correto falar de uma forma de oligarquia como melhor do que outra, mas apenas como menos ruim. Mas descartemos, por ora, a questão de uma classificação dessa natureza.

Nosso propósito é primeiro distinguir quantas formas diferentes de regimes existem, supondo que existem vários tipos de democracia e de oligarquia; em seguida, qual é a forma mais comum, [15] e qual é a mais desejável junto da melhor constituição, indagando se existe alguma outra forma de natureza aristocrática bem construída e, ao mesmo tempo, adequada ao maior número de *pólis*; depois, qual das outras formas também é desejável e para que tipo de cidadãos ela se destina (já que provavelmente para alguns a democracia é mais necessária do que a oligarquia, e para outros a oligarquia mais do que a democracia); [20] ainda, depois disso, interessa determinar como deve proceder aquele que deseja estabelecer esses regimes – refiro-me às várias formas de democracia e de oligarquia; e, finalmente, quando, tanto quanto possível, tivermos abordado concisamente todas essas questões, devemos nos esforçar para revisar quais são as corrupções que destroem os regimes em geral, e cada variedade em particular, quais são os meios que os preservam, [25] e quais são as causas mais naturais para que esses eventos ocorram.

A razão de haver várias formas de regime é que cada *pólis* tem um número considerável de partes. Pois, em primeiro lugar, vemos que todas as *pólis* são compostas de famílias; então, dessa multidão, alguns devem necessariamente ser ricos e alguns pobres e alguns ficam entre os dois; [30] os ricos possuem armas e pobres não. E vemos, também, que uma parcela do povo é agrícola, outra engajada no comércio e outra em trabalhos braçais. Entre as classes altas, há distinções também correspondentes à sua riqueza e à quantidade de suas propriedades, [35] como uma criação de cavalos (pois não é fácil criar cavalos sem ser rico; é por isso que nos tempos antigos havia oligarquias em todos as *pólis* cuja força estava em sua cavalaria, e costumavam usar cavalos para suas guerras contra seus vizinhos, como os povos de Erétria, de Calcídia e de Magnésia, nas margens [40] do Meandro, e muitos outros povos asiáticos).

Ademais, além das diferenças de riqueza, há a diferença de nascimento, quanto à virtude,

[1290a] [1] e qualquer outra distinção semelhante que na discussão da aristocracia tenha sido declarada como uma parte da *pólis*. Distinguimos, ali, quantas são as partes necessárias a todas as pólis; pois às vezes todas essas partes participam do governo e, às [5] vezes, em um número menor ou maior.

É claro, portanto, que deve haver necessariamente várias formas de regimes que diferem entre si em espécie, na medida em que cada uma dessas partes difere em espécie entre si. Um regime político significa o arranjo das magistraturas, e isso todos os povos planejam de acordo com o poder daqueles que compartilham os direitos políticos, ou de acordo com alguma igualdade comum entre eles, [10] quero dizer, por exemplo, entre os pobres ou entre os ricos, ou alguma igualdade comum a ambos.

Segue-se, portanto, que há tantas formas de regimes quantos os modos de disposição segundo as superioridades e as diferenças entre as partes. A maioria das formas de ordem política parecem ser, principalmente, duas – assim como no caso dos ventos, falamos que existem dois tipos: o vento norte (Bóreas) e o vento sul (Noto), e consideramos [15] o resto como desvios destes –; sendo os regimes também considerados em duas formas: democracia e oligarquia.

Considera-se, então, a aristocracia como uma forma de oligarquia, isto é, como se fosse uma espécie de oligarquia, e o que se chama regime constitucional como democracia, assim como, partindo do exemplo dos ventos, consideram o vento oeste (Zéfiro) como uma espécie de vento norte e o vento leste como uma espécie de vento sul (Euro). [20] O caso é semelhante com as harmonias musicais, como alguns dizem: pois também dois tipos são postulados, o modo dórico e o frígio, e chamam as outras combinações resultantes de dóricas e outras de frígias.

Em grande parte, portanto, apesar do costume em pensar dessa maneira sobre os regimes, é mais verdadeiro, e melhor, classificá-los como fizemos: existem uma [25] ou duas formas bem construídas de regime, enquanto as outras são resultados de desvios, uns de uma harmonia bem entoada e outros do melhor regime, em que os regimes mais tensos e despóticos são oligárquicos e as mais relaxadas e brandas são democráticas.

[30] Não é correto definir a democracia, como algumas pessoas costumam fazer agora, apenas como o regime no qual a multidão é soberana (pois mesmo nas oligarquias, onde quer que ocorra, a maioria é soberana) nem a oligarquia como o regime no qual poucos são soberanos sobre o governo. Se o número total de cidadãos fosse mil e trezentos, e mil deles fossem ricos [35] e não dessem aos trezentos pobres uma parte no governo, embora fossem nascidos livres e iguais a eles em todos os outros aspectos, ninguém diria que esse povo é governado democraticamente. Da mesma forma, se houvesse poucos pobres, mas estes mais poderosos do que os ricos que eram mais numerosos, ninguém chamaria tal governo de democracia, se os outros cidadãos sendo [40] ricos não tivessem participação nas honrarias.

Mais vale dizer, então, que existe uma democracia **[1290b]** [1] quando os homens livres são soberanos e uma oligarquia quando os ricos são, mas acontece que a classe soberana em uma democracia é numerosa e em uma oligarquia pequena, porque há muitos homens de nascimento livre e poucos ricos. Assim, se as pessoas atribuídas aos cargos políticos por altura, [5] como algumas pessoas dizem que é feito na Etiópia, ou por beleza, isso configuraria uma oligarquia, porque tanto os belos quanto os altos são poucos em número. No entanto, não é suficiente definir esses regimes apenas pela riqueza e nascimento livre.

Visto que há mais elementos tanto na democracia quanto na oligarquia, devemos acrescentar a distinção de que também não é uma democracia se [10] os poucos homens livres governam a maioria que não é de nascimento livre, como por exemplo em Apolônia, no Mar Jônico, e em Tera (pois em cada uma dessas *pólis* os cargos de honra foram ocupados pelos bem nascidos e aos descendentes dos que foram os primeiros colonos, e estes eram poucos entre muitos), nem é uma democracia se os ricos [15] governam porque são maioria, como acontecia antigamente em Cólofon (onde a maioria da população possuía grandes propriedades antes da guerra contra os lídios). Entretanto, é uma democracia quando aqueles que são livres são a maioria e têm soberania sobre o governo, e uma oligarquia quando os ricos e mais bem nascidos [20] são poucos e soberanos.

Foi então afirmado que existem várias formas de regime, e qual é a causa disso; mas tomemos o ponto de partida que foi estabelecido antes e esclareçamos por que existem mais formas do que as mencionadas, quais são essas formas e por que motivo elas variam; pois concordamos que toda *pólis* possui não uma parte, mas várias.

[25] Portanto, tomemos como exemplo o seguinte: caso pretendamos obter uma classificação dos animais, devemos primeiro definir as propriedades necessariamente pertencentes a cada animal (por exemplo, alguns dos órgãos dos sentidos, órgãos para mastigar e receber alimentos, como boca e estômago e, além destes, os órgãos locomotores dos vários tipos), e mesmo se houvesse apenas essas partes necessárias, [30] mas houvesse diferentes variedades delas (quero dizer, por exemplo, certos tipos de boca e estômago e órgãos sensoriais, e também dos membros de locomoção), o número de combinações possíveis dessas variações produzirá, necessariamente, uma varieda-

de de tipos de animais (pois não é possível que um mesmo animal tenha vários tipos de boca ou orelhas diferentes), de modo que, quando todas as combinações possíveis [35] forem tomadas, produzirão várias espécies de animais, e haverá tantas espécies do animal quantas forem as combinações das partes necessárias. Assim, também, classificaremos as variedades dos regimes mencionados. Pois as *pólis* também são compostas não de uma, mas de várias partes, como já foi dito muitas vezes. Uma dessas partes, [40] portanto, é o conjunto de cidadãos preocupados com a alimentação que são chamados de agricultores; **[1291a]** [1] a segunda parte é a dos trabalhadores manuais (e esta é a parte dos que se dedicam às artes sem as quais é impossível habitar uma *pólis*, e algumas dessas artes são indispensavelmente necessárias, enquanto outras contribuem para o luxo ou o bem-estar); a terceira é a classe comercial (quero dizer a classe [5] que está envolvida na venda e compra e no comércio atacadista e varejista); a quarta é a classe dos trabalhadores braçais; e a quinta classe é aquela que defende a *pólis* na guerra, que não é menos indispensável do que as outras, para que o povo não se torne escravo daqueles que o atacam; pois certamente está fora de questão que seja apropriado dar o nome de *pólis* a uma comunidade que é por natureza escrava, [10] pois uma *pólis* é autossuficiente, mas a que é escrava não é autossuficiente.

Portanto, a declaração feita na *República*[24] é conveniente, mas não adequada. Na verdade, Sócrates diz que os elementos mais necessários dos quais uma *pólis* é composta são quatro, e os especifica como tecelão, agricultor, sapateiro e construtor; e, em seguida, acrescenta, alegando que estes não são autossuficientes, [15] um ferreiro e um homem para cuidar do gado necessário, além de um comerciante atacadista e um comerciante de varejo. Esses elementos juntos constituem a plenitude de sua "*pólis* primeira"[25], implicando que toda *pólis* é formada para as necessidades básicas da vida e não para o que é nobre, e que ela tem igual necessidade tanto de sapateiros como de agricultores; mas a classe guerreira [20] só é incluída nessa *pólis* até que o território seja aumentado e entre em contato com o dos vizinhos, trazendo, assim, a guerra.

Mesmo entre as quatro partes da comunidade, ou qualquer que seja o seu número, deve necessariamente haver alguém para atribuir justiça e julgar suas reivindicações; assim como se consideraria a alma de um ser vivo mais parte dele [25] do que o corpo, também os fatores nas *pólis* correspondentes à alma devem ser considerados como partes delas mais do que os fatores que contribuem para suas necessidades indispensáveis — sendo, a primeira, a classe militar e a classe que desempenha um papel na justiça, e, além destas, a classe deliberativa, sendo a deliberação função da inteligência política. Não faz [30] diferença para nosso estudo se essas funções são mantidas por classes especiais separadamente ou pelas mesmas pessoas; pois muitas vezes os mesmos homens são soldados e agricultores. Portanto, na medida em que ambos os grupos de classes devem ser considerados como partes da *pólis*, é claro que, de qualquer forma, os soldados armados devem também fazer parte dela.

Uma sétima classe é aquela que serve a comunidade por meio de sua propriedade, a classe que chamamos de ricos. Um oitavo grupo é a classe dos servidores públicos, [35] isto é, aqueles que servem nas magistraturas, pois sem governantes é impossível existir uma pólis; é, portanto, necessário que haja alguns homens que sejam capazes de governar e que prestem esse serviço à *pólis* contínua ou sucessivamente. Restam, por conseguinte, as classes que por acaso definimos há pouco, a classe deliberativa e a que julga [40] as reivindicações dos litigantes. Se, portanto, é apropriado que as *pólis* tenham essas funções desempenhadas, bem e com justiça, **[1291b]** [1] é necessário que haja, também, alguns homens que possuam virtude sob a forma de excelência política.

Agora, quanto às outras capacidades, muitos consideram ser possível possuí-las em combinação, por exemplo, que o mesmo homem seja o soldado que defende a *pólis* na guerra e o agricultor que lavra a terra, o artesão, e também o conselheiro [5] e juiz; de fato, todos os homens afirmam possuir virtude e se julgam capazes de preencher a maioria dos cargos de uma *pólis*. Porém, não é possível que o mesmo homem seja pobre e rico ao mesmo tempo. Portanto, estas parecem ser, no sentido mais amplo, as partes mais relevantes da *pólis*: os ricos e os pobres. Também o fato de os ricos serem geralmente poucos e os pobres muitos faz [10] com que essas duas partes da *pólis* apareçam como opostas; de modo que a predominância de uma dessas classes determina até mesmo os princípios norteadores sobre os quais os regimes são construídos que parecem ser dois: a democracia e a oligarquia.

Que existem, então, várias formas de regimes, e quais são as razões para isso, [15] já foi dito antes; digamos agora que existem muitas variedades tanto de democracia como de oligarquia. Isso fica claro até pelo que já foi dito; pois existem várias classes tanto do povo quanto daqueles chamados de notáveis; por exemplo, as classes do povo são: a dos agricultores, outra dos que lidam com as artes e ofícios, outra dos comerciantes [20] dedicados na compra e venda, e outra dos que se ocupam do mar – e essa é dividida nas classes dos que se preocupam com a guerra naval, com o comércio, com o transporte de passageiros e com a pesca (cada uma dessas classes é extremamente numerosa em vários lugares, por exemplo, os pescadores em Tarento e Bizâncio, os homens da marinha em Atenas, a classe mercantil em Egina e Quios, e os barqueiros [25] de Tênedos). Além destas, a classe popular integra outros tipos de cidadãos, como a classe operária e a classe de pessoas que possuem pouco patrimônio de modo que não possam viver uma vida de lazer, também a classe daqueles que não são homens livres de ascendência cidadã de ambos os lados, e quaisquer outras pessoas semelhante; enquanto que, entre os notáveis, os cidadãos se distinguem pela riqueza, pelo nascimento, pela virtude, pela educação e pelas distinções determinadas na mesma categoria que estes critérios.

[30] O primeiro tipo de democracia, portanto, é aquele que recebe o nome, principalmente, em relação à igualdade. A lei desse tipo de democracia atribui igualdade ao estado de coisas em que os pobres não têm mais proeminência do que os ricos, e nenhuma classe é soberana, mas ambas são semelhantes; pois supondo que a liberdade seja encontrada principalmente em uma democracia, [35] como algumas pessoas supõem, e também a igualdade, isso seria mais poderoso quando, em toda a extensão, todos os iguais compartilhem igualmente no governo. Como o povo é maioria, e uma resolução aprovada por maioria é primordial, isso deve necessariamente ser uma democracia. Essa, portanto, é apenas um tipo de democracia.

Há outro tipo de democracia no qual os cargos são exercidos com base nas qualificações de propriedade, [40] que de resto é bastante baixo; é essencial que ocupe os cargos de magistraturas o homem que adquire os recursos, e o homem que os perde não deve ocupar o cargo. [1292a] [1] Uma outra forma de democracia é a que todos os cidadãos que não estão sujeitos a repreensão tenham uma participação nos cargos políticos, mas sob o poder da lei; ainda uma outra forma de democracia é a da participação de todos nos cargos sobre a mera qualificação de ser cidadão, mas sob o poder supremo da lei.

Outra forma de democracia é aquela na qual [5] todos esses regulamentos são os mesmos, mas a multidão é soberana e não a lei; e isso acontece quando os decretos da assembleia anulam a lei. Este estado de coisas é provocado pelos demagogos; pois nas *pólis* sob governo democrático guiado pela lei não surge um demagogo, porque as melhores classes de cidadãos estão na posição mais proeminente. [10] Contudo, onde as leis não são soberanas, surgem os demagogos; pois as pessoas comuns tornam-se um único monarca composto, uma vez que os muitos são soberanos não como indivíduos, mas coletivamente. No entanto, Homero diz: "*Não é bom o governo de muitos*"[26]; se ele quer dizer esse tipo ou quando aqueles que governam como indivíduos são mais numerosos, não está claro. [15] No entanto, um povo desse tipo, como monarca, procura exercer o governo monárquico por não ser governado pela lei, e torna-se despótico, de modo que os aduladores são honrados. E uma democracia dessa natureza é comparável à forma tirânica da monarquia, porque seu espírito é o mesmo, e ambas exercem controle despótico sobre as melhores classes, os decretos votados pela assembleia [20] são como as ordens emitidas em uma tirania, os demagogos e aduladores são o mesmo que o povo ou uma classe correspondente, e ambos os grupos têm a influência mais forte com o respectivo poder dominante; os aduladores com os tiranos e os demagogos com democracias desse tipo. Esses homens fazem com que as resoluções da assembleia sejam supremas e não as leis, [25] submetendo todas as questões ao povo; pois eles devem sua importância ao fato de que o povo é soberano sobre todas as coisas enquanto eles são soberanos sobre a opinião do povo, pois a multidão acredita neles. Além disso, aqueles que acusam os magistrados dizem que o povo deve julgar os processos, e o povo recebe o convite de bom grado, para que todos os magistrados [30] sejam derrubados. E parece ser uma crítica razoável dizer que tal democracia não é um regime constitucional; pois onde as leis não governam não há constituição.

A lei deve governar todas as coisas enquanto os magistrados controlam os casos particulares, e devemos julgar que isso é um governo constitucional; se então a democracia é realmente uma [35] das formas de regime, é manifesto que uma organização deste tipo, na qual todas as coisas são administradas por resoluções da assembleia, nem mesmo é uma democracia no sentido próprio, pois é impossível que algum decreto seja universal.

Que esta seja nossa discussão sobre os diferentes tipos de democracia.

Quanto às formas de oligarquia, uma é aquela na qual as magistraturas são nomeadas [40] a partir de avaliações de propriedade tão altas que os pobres, que são a maioria, não tenham participação no governo, mas que o homem que adquire a quantidade necessária de propriedade seja autorizado a tomar posse nele; [1292b] [1] outra forma é quando as magistraturas são preenchidas a partir de altos rendimentos e os próprios magistrados elegem para preencher as vagas (de modo que, se elegem entre si, isso parece ser da natureza aristocrática, mas se de uma seção particular deles, é oligárquico); outra variedade de oligarquia [5] é quando o filho sucede o pai no cargo; e um quarto tipo é quando existe o sistema hereditário mencionado e também os magistrados governam e não a lei. Esta última, entre as oligarquias, é a forma correspondente à tirania entre as monarquias e à forma de democracia da qual falamos por último entre as democracias; de fato, uma oligarquia desse tipo [10] tem o nome especial de dinastia[27].

Assim, muitas são as formas de oligarquia e de democracia; mas não deve passar despercebido que em muitos lugares acontece que um regime não democrático segundo as leis, devido ao costume e ao sistema social, ainda assim é administrado democraticamente; similarmente [15] isso acontece, mas por um processo inverso, em outras *pólis*: embora a constituição legal seja mais democrática, por meio do sistema social e dos costumes, é exercida mais como uma oligarquia. Isso ocorre, principalmente, após as alterações dos regimes políticos; pois o povo não muda imediatamente para o novo sistema, mas se contenta, nos primeiros estágios, em obter pequenas vantagens da outra parte, [20] para que as leis anteriormente existentes continuem, embora o poder esteja nas mãos dos que estão mudando o regime.

Que esses vários tipos de democracia e oligarquia existem é manifesto pelas coisas reais que foram ditas. Necessariamente, ou todas as partes da população que foram mencionadas devem ter uma participação no governo, ou apenas algumas e não outras. [25] Quando, portanto, a classe de agricultores e a classe possuidora de propriedade moderada são soberanas sobre o governo, governam de acordo com as leis (porque eles têm o seu sustento se trabalham, mas não podem gozar de tempos livres, para que ponham a lei no controle e realizem o mínimo de assembleias necessárias); e as outras pessoas têm o direito de participar quando [30] tiverem adquirido a cota de bens fixada pelas leis, de modo que a participação no governo é aberta a todos os que tenham essa quantidade de bens. Não permitir, de modo algum, que todos possam participar do governo é uma característica da oligarquia, mas, por outro lado, é impossível lhes permitir tempos livres quando não houver proventos para o fazer.

Esta é, portanto, por essas razões, uma forma de democracia. Outra forma [35] deve-se à distinção que vem a seguir: é possível que todos os cidadãos não passíveis de objeção, por motivo de nascimento, tenham o direito de participar da assembleia, mas só possam participar efetivamente quando tiverem tempo livre para o lazer; portanto, em uma democracia dessa natureza, as leis governam porque não há proventos. Uma terceira forma é quando todos aqueles que são homens livres têm o direito de tomar parte no governo, mas não o fazem [40] por causa da referida razão, de modo que se segue que nesta forma de democracia também rege a lei.

[1293a] [1] Há, ainda, uma quarta forma de democracia, a última a existir nas *pólis*. Porque as *pólis* se tornaram muito maiores do que as originais e possuem grandes fontes de recursos, todos os cidadãos têm participação no governo por causa da superioridade numérica da multidão; [5] todos efetivamente participam do governo e exercem sua cidadania, até mesmo os pobres estão habilitados a dispor de tempo livre recebendo pagamento. De fato, a multidão neste tipo de *pólis* tem muito tempo livre, pois não é prejudicada pelo cuidado de seus negócios particulares, mas os ricos se envergonham disso, de tal modo que muitas vezes não participam da assembleia nem do julgamento de ações judiciais. Eis porque nesta forma de democracia, a multidão de pobres [10] torna-se soberana sobre o governo, em vez das leis.

Tais são, em número e natureza, as formas de democracia que essas causas necessariamente trazem à existência. Voltando às variedades de oligarquia. Quando mais homens possuem propriedade, embora reduzido e não em grande quantidade, esta é a primeira forma de oligarquia; pois eles permitem ao homem que adquire a [15] propriedade o direito de participar do governo, e porque há um grande número de pessoas participando dele, necessariamente segue que não os homens, mas a lei é soberana (porque estão mais distantes da monarquia, e como eles não têm tanta propriedade a ponto de ficar ociosos e negligenciá-la, tampouco a ponto de serem mantidos às custas da *pólis*, [20] são obrigados a exigir que a lei governe em vez de governar a si mesmos).

Quando, então, os que têm posse das propriedades são em menor número do que aqueles que as possuíam anteriormente, e possuem um valor muito superior, surge a segunda forma de oligarquia; pois, à medida que se tornam mais fortes, alegam ter uma virtude maior e, portanto, eles mesmos selecionam aqueles dentre os demais cidadãos que vão para o governo. [25] Contudo, como ainda não são fortes o suficiente para governar sem lei, fazem com que a lei esteja em conformidade com as circunstâncias.

Quando aqueles que são em menor número levam as coisas adiante e torna seu número ainda menor, mas possuindo propriedades maiores, ocorre a terceira forma de oligarquia, que consiste em manter os cargos em suas próprias mãos, mas sob uma lei que estabelece que seus próprios filhos, em caso de falecimento, [30] sejam os sucessores.

Por fim, quando esses pouquíssimos alcançam grande preeminência por sua riqueza e sua multidão de amigos, uma dinastia dessa natureza está próxima da monarquia, e os homens se tornam supremos em vez da lei; e esta é a quarta forma de oligarquia, equivalente à última forma de democracia que referimos.

[35] Além da democracia e da oligarquia, existem dois regimes políticos ao lado delas. Uma delas é considerada por todos e tem sido referida como uma das quatro formas básicas de regime (as quatro significam monarquia, oligarquia, democracia e, a quarta forma, a que chamam de aristocracia). Entretanto, há uma quinta forma, intitulada pelo [40] nome comum de todas elas (porque se chama regime constitucional[28]); mas como não ocorre muitas vezes é esquecida por aqueles que tentam enumerar as formas de

regime político, e usam apenas os quatro primeiros nomes (tal como Platão) na lista de regimes. **[1293b]** [1] O nome "aristocracia" é, de fato, dado propriamente ao regime que discutimos em nossos primeiros discursos (pois é correto aplicar o nome "aristocracia" – "governo dos melhores" – apenas ao regime no qual os cidadãos são melhores em virtude, falando em termos absolutos, e não meramente bons homens [5] em relação a algum padrão arbitrário, pois somente sob tal regime a mesma pessoa é absolutamente um homem bom e um bom cidadão, enquanto aqueles que são bons sob os outros regimes são bons em relação a sua própria forma de regime).

Há, no entanto, também alguns regimes que apresentam diferenças tanto em relação às *pólis* governadas por oligarquias quanto às governadas pelo que se denomina regime constitucional. [10] Nesses regimes, elegem os funcionários não apenas pela riqueza, mas também de acordo com a virtude; esta forma de regime difere de ambas e é chamada aristocrática. Pois mesmo nas *pólis* que não se preocupam com a virtude, há, no entanto, alguns homens que são tidos em alta estima e considerados dignos de respeito.

Onde, então, o regime político considera [15] a riqueza e a virtude, bem como as pessoas comuns, estamos na presença de uma aristocracia, como acontece, por exemplo em Cartago; e assim também são as *pólis* em que a constituição, como a de Esparta, considera apenas duas dessas coisas, a virtude e o caráter do povo, apresentando-se como uma mistura desses dois fatores: democracia e virtude. Estas são, então, duas formas de aristocracia além da primeira – o melhor regime. [20] Existe, também, em terceiro lugar, as outras formas de aristocracia que são aquelas instâncias do que é chamado de regime constitucional que se inclinam mais na direção da oligarquia.

Resta-nos falar do chamado regime constitucional e também da tirania. Embora nem os primeiros nem as aristocracias, de que falamos agora, sejam realmente desvios, nós os classificamos assim porque, na verdade, todos se afastaram do regime mais correto e, consequentemente, [25] são contados com as formas de desvio (esses dois últimos regimes são, na verdade, formas desviadas dos primeiros regimes, como dissemos em nossas observações no início). A tirania é razoavelmente mencionada por último porque é o regime menos constitucional de todos os governos, enquanto nossa [30] investigação orienta-se para o regime constitucional.

Tendo então declarado a razão para este modo de classificação, temos agora que expor nossa visão sobre o regime constitucional. Seu significado fica mais claro agora que as características da oligarquia e da democracia foram definidas; uma vez que o regime constitucional é, para simplificar, uma mistura de oligarquia e democracia. Todavia, costuma-se [35] dar o nome de regime constitucional apenas para aqueles entre esses regimes mistos que se inclinam para a democracia, e intitulam de oligarquias aqueles que se inclinam mais para aristocracias, porque educação e nascimento nobre combinam mais com as classes mais ricas. Além disso, acredita-se que os ricos já possuem as coisas que os malfeitores desprezam; por isso mesmo, as pessoas aplicam os termos "excelentes" [40] e "notáveis" aos ricos[29]. Uma vez que a aristocracia tende a atribuir o lugar mais alto na sociedade ao melhor dos cidadãos, também se diz que as oligarquias são extraídas da pequena nobreza.

[1294a] [1] Parece impossível uma *pólis* governada não pela aristocracia, mas por homens de má índole, que tenha uma legislação bem ordenada; do mesmo modo, parece impossível o contrário, que uma *pólis* tenha uma legislação bem ordenada

e seja governada aristocraticamente. Mas ter boas leis promulgadas e não as obedecer não constitui um governo bem ordenado. Portanto, por um lado, [5] um bom governo deve ser entendido como consistindo em que as leis decretadas sejam obedecidas, por outro, que as leis que os cidadãos obedecem sejam bem decretadas (pois é possível obedecer a leis mal decretadas). Há duas possibilidades para que as leis sejam bem promulgadas: elas devem ser as melhores leis possíveis para um determinado povo ou devem ser as melhores, em absoluto.

A aristocracia no sentido mais amplo parece consistir [10] na distribuição das honras de acordo com a virtude; pois a virtude é o fator definidor da aristocracia, assim como a riqueza é da oligarquia, e a liberdade da democracia (embora o princípio de que uma decisão da maioria seja fundamental e encontrado em todas elas, tanto na oligarquia quanto na aristocracia, e nas democracias, qualquer que seja a maior parte e que tenha participação no governo decide o que é supremo). [15] Na maioria das *pólis*, então, o nome de aristocracia é dado a essa forma de regime constitucional, pois a combinação visa apenas os ricos e os pobres, riqueza e liberdade (já que, quase na maioria das *pólis*, os ricos parecem ocupar o lugar da nobreza). Há três elementos que reivindicam igual participação [20] na constituição: liberdade, riqueza e virtude (pois o quarto, que se chama nascimento nobre, acompanha os dois últimos – nobreza significa riqueza e virtude ancestrais); é manifesto que a mistura dos dois fatores, os ricos e os pobres, deve ser chamada de regime constitucional, enquanto a mistura dos três elementos referidos merece mais o nome de aristocracia acima de todas as outras formas de aristocracia; com exceção da forma [25] verdadeira, que é a primeira.

Com isso, afirmou-se, então, que também existem outras formas de regime além da monarquia, democracia e oligarquia, quais são suas características, e como os vários tipos de aristocracia e de regime constitucional diferem uns dos outros; é evidente que a aristocracia e o regime constitucional não estão muito separados um do outro.

[30] A seguir ao que foi dito, enunciemos a maneira pela qual o que se chama regime constitucional passa a existir ao lado da democracia e da oligarquia, e como é apropriado estabelecê-lo. Ao mesmo tempo, as características definidoras da democracia e da oligarquia também ficarão claras; pois devemos apreender a distinção entre estes sistemas e então fazer uma combinação deles, tomando, por assim dizer, [35] uma contribuição de cada um.

Há três princípios que determinam essa combinação ou mistura. Sob um plano, devemos adotar as duas características dos esquemas legislativos dos dois regimes diferentes: por exemplo, no que diz respeito à administração da justiça, nas oligarquias os homens instituem uma multa para os ricos se não servirem nos júris, mas não pagam pelos pobres por servir, enquanto que nas democracias eles pagam [40] aos pobres, mas não multam os ricos. Um princípio comum e intermediário é ter pagamento e multa e, portanto, isso é uma marca de um regime constitucional, pois é uma mistura de elementos da oligarquia e da democracia.

[1294b] [1] Este é, então, um modo de combinar os dois regimes. Outro é tomar o caminho do meio entre os regulamentos de cada um: por exemplo, as democracias permitem a participação na assembleia sem qualquer qualificação de propriedade ou com uma muito pequena, já a participação nas oligarquias depende de uma grande qualificação de propriedade. A combinação [5] é claramente ter nenhum princípio, mas um que fica no meio entre qualquer uma dessas duas qualificações. Em terceiro lugar está uma

combinação dos dois sistemas, tomando algumas características do direito oligárquico e outras do democrático. Quero dizer, por exemplo, que se considera democrático que os cargos sejam atribuídos por sorteio, e oligárquico que sejam eleitos, enquanto é democrático que não [10] tenham qualificação de propriedade, é oligárquico que tenham; portanto, é aristocrático e constitucional tomar uma característica de uma forma e outra de outra: da oligarquia que cargos sejam eleitos, e da democracia que não seja por uma qualificação de propriedade. Estes são, então, os modos de mistura dos dois regimes.

A marca de uma boa mistura de democracia e [15] oligarquia é quando se pode chamar o mesmo regime de democracia e como oligarquia; pois, manifestamente, são assim chamadas porque foram bem misturadas, e este é o caso da forma que está no meio, pois cada uma das duas formas extremas pode ser vista nela. É o caso da constituição de Esparta. Muitos [20] procuram descrevê-la como sendo uma democracia, porque seu sistema tem muitas características democráticas, por exemplo, em primeiro lugar, sua regulamentação quanto à criação das crianças, já que os filhos dos ricos são criados da mesma maneira que os dos pobres, e são educados de maneira que os filhos dos pobres também possam ser educados; também são tratados da mesma maneira no próximo período [25] de vida e da mesma maneira quando crescem, pois não há nada que distingue o rico do pobre – assim, os arranjos para a alimentação são os mesmos para todos nos refeitórios comunitários, e os ricos usam roupas que até mesmo qualquer pobre poderia adquirir. Também é considerado democrático por causa dos dois maiores cargos que [30] o povo comum elege a um e compartilham do outro (elegem os anciãos e compartilham o eforato). Contudo, outros a chamam de oligarquia, porque tem muitas características oligárquicas, por exemplo, que todos os cargos são eletivos e nenhum nomeado por sorteio e poucas pessoas têm o poder de sentenciar à morte e ao exílio, e várias outras questões semelhantes. [35] Um regime constitucional misto bem construído deve, por sua vez, assemelhar-se a ambos os dois sistemas, e a nenhum deles, e deve ser mantido seguro por seus próprios meios e não por ajuda externa; por seus próprios meios não porque aqueles que desejam sua segurança são mais numerosos fora dela (pois mesmo um regime mal construído pode possuir essa qualidade), mas porque nenhuma das partes da *pólis* desejaria sequer outro regime.

[40] A maneira adequada, portanto, de estabelecer um regime constitucional, e similarmente também os governos chamados aristocracias, fica agora, portanto, declarada.

[1295a] [1] Resta-nos falar de tirania, não porque há muito que se possa dizer sobre ela, mas para que ela possa receber sua parte em nossa investigação, já que a classificamos também como uma das espécies de regime.

A natureza da realeza que definimos em nossos primeiros discursos, [5] nos quais examinamos a questão em relação ao regime mais comumente denotado pelo termo "realeza", se é desvantajoso ou vantajoso para as *pólis*, que pessoa deve ser estabelecida como rei, com que elementos, e por qual procedimento. Na passagem em que estávamos considerando a realeza, distinguimos dois tipos de tirania, porque seu poder, de certa forma, beira a [10] realeza já que ambas as formas de governo estão de acordo com a lei (pois entre alguns dos povos bárbaros governantes monárquicos são eleitos com poderes autocráticos, e também entre os antigos gregos alguns homens costumavam se tornar monarcas desse tipo, governantes que eram chamados de *aisimnetas*). Mas, apesar dessas duas formas de tirania terem certas [15] diferenças uma da outra, são de natureza régia porque estão de acordo com a lei e porque o monarca exerce o domínio com a consciência de seus súditos, e, ao mesmo tempo, são de natureza tirânica porque seus monarcas governavam despoticamente e de acordo com seu próprio julgamento.

Há um terceiro tipo de tirania que se pensa ser tirania em grau máximo, sendo a contrapartida da realeza absoluta; a este tipo de tirania deve necessariamente pertencer uma monarquia [20] que exerça um domínio irresponsável e absoluto sobre súditos que são todos semelhantes, ou de uma classe superior ao governante, em vista de seu próprio interesse privado e não do interesse dos governados. Por isso, tal tirania é mantida contra a vontade dos súditos, visto que nenhum homem livre suporta voluntariamente tal regime.

Pelas razões expostas, estes são, então, os tipos de tirania e tal é o seu número.

[25] Qual é, então, o melhor regime e qual é o melhor modo de vida para a maioria das cidades e a maioria da humanidade, se não julgarmos como critério uma virtude que está acima do nível dos cidadãos particulares ou de uma educação que precisa de dons naturais e meios fornecidos pela fortuna, nem pelo padrão do regime ideal, mas de um modo de vida capaz de ser compartilhado pela maioria dos [30] homens e um regime possível para a maioria das *pólis* alcançar?

Pois os regimes chamados de aristocracias, das quais falamos há pouco, em alguns casos fogem um pouco do escopo da maioria das *pólis*, e em outros se aproximam do que é chamado de regime constitucional, de modo que é apropriado falar dessas duas formas como se fossem uma. E, de fato, a decisão em relação a todas [35] essas questões é baseada nos mesmos princípios elementares. Pois se foi dito com razão na *Ética*[30] que a vida feliz é a vida que é vivida sem impedimentos de acordo com a virtude, e que a virtude é um meio-termo, segue-se necessariamente que o meio-termo da vida é o melhor – um meio-termo que é possível para cada classe de homens alcançar. E esses mesmos critérios também devem necessariamente se aplicar [40] à bondade e à maldade de uma *pólis* e de um regime – pois um regime é, por assim dizer, o modo de vida de uma *pólis*.

[1295b] [1] Em todas as *pólis*, portanto, existem três partes: os muito ricos, os muito pobres e, em terceiro lugar, os que estão entre os dois – a classe média. Admitindo, por conseguinte, que o que é moderado ou intermediário é o melhor, é manifesto que, [5] em relação à posse de bens, a quantidade média é a melhor quantidade a possuir. Pois este grau de riqueza é o mais fácil de obedecer à razão, ao passo que, para uma pessoa que é extremamente bela ou forte ou nobre ou rica, ou o contrário – excessivamente pobre ou fraca ou de condição muito inferior –, é difícil seguir a voz de razão; pois os primeiros voltam-se mais para insolência e grande perversidade, [10] e os últimos para malícia e maldade mesquinha; o motivo de todo mal é a insolência ou a malícia. Além disso, a classe média é a menos inclinada a evitar e cobiçar cargos públicos, e ambas as tendências são prejudiciais às *pólis*.

Além desses pontos, aqueles que têm excesso de bens da fortuna, força, riqueza, amigos e afins, [15] não estão dispostos a ser governados e não sabem como sê-lo (e adquiriram essa qualidade ainda na infância de sua casa, que era tão luxuosa que eles não se acostumaram a se submeter à autoridade nem na escola), enquanto aqueles que precisam excessivamente dessas coisas são muito humildes. Portanto, a última classe não sabe governar, mas sabe se submeter [20] a um governo de tipo servil, enquanto a primeira não sabe se submeter a nenhum governo, e só sabe governar à maneira de um déspota. O resultado é uma *pólis* composta de escravos e senhores, não de homens livres, e de uma classe invejosa e outra desdenhosa de seus semelhantes. Essa condição está muito distante da amizade e da parceria política – pois a amizade é um elemento da parceria, uma vez que os homens não estão dispostos [25] a ser parceiros de seus inimigos mesmo estando em um mesmo caminho. Mas certamente o ideal da *pólis* é consistir tanto quanto possível de pessoas iguais e semelhantes, e essa semelhança é mais encontrada nas classes médias; portanto, a *pólis* de classe média será necessariamente melhor constituída em relação àqueles elementos dos quais dizemos que a *pólis* é composta por natureza. Essa classe de cidadãos, também, possuem uma maior segurança nas *pólis*; [30] pois eles mesmos não cobiçam os bens de outros homens como os pobres, nem as outras classes cobiçam seus bens como os pobres cobiçam os dos ricos. É, pois, em razão de não cobiçarem e nem de serem cobiçados, vivem livres do perigo. Por isso Focílides sentenciou com razão: *"Muitas coisas são melhores para os que estão no meio; desejo, na pólis, ser do meio"*.

Fica claro, [35] portanto, que a comunidade política administrada pela classe média é a melhor, e que é possível que as *pólis* bem governadas sejam do tipo em que a classe média é numerosa e, de preferência, mais forte do que as outras duas classes, ou pelo menos uma delas, dado que a sua mistura, serve como uma balança e impede a existência dos extremos opostos.

Portanto, é de grande vantagem [40] que os homens que obtêm o poder político possuam uma riqueza moderada e suficiente, **[1296a]** [1] uma vez que nas *pólis* onde alguns possuem uma grande quantidade de propriedade e outros nenhuma, surge uma democracia extrema ou uma oligarquia pura, ou uma tirania pode resultar de ambos os dois extremos; pois a tirania surge tanto da democracia quanto da oligarquia do tipo mais radical, [5] mas com muito menos frequência das formas intermediárias de regimes e daqueles próximos a eles.

A causa disso falaremos a seguir quando abordarmos as revoluções políticas. Que a forma intermediária de regime é a melhor é evidente; pois somente ela está livre de facções, pois onde a classe média é numerosa, facções e divisões partidárias entre os cidadãos são menos prováveis de ocorrer. As grandes *pólis* estão mais livres [10] de facções pela mesma razão, porque a classe média é numerosa, enquanto nas pequenas *pólis* é fácil dividir todo o povo em dois partidos, sem que alguém permaneça no meio, e também quase todos são pobres ou ricos.

Além disso, as democracias são mais seguras e mais duradouras do que as oligarquias devido aos cidadãos da classe média (pois são mais numerosos [15] e têm uma parcela maior das honras nas democracias do que nas oligarquias), pois quando os pobres são maioria, sem a existência da classe média, a adversidade se instala e logo são arruinados.

Deve ser considerado um fato significativo que os melhores legisladores estão dentre os cidadãos das classes médias. Sólon era dessa classe [20] (como aparece em sua poesia), assim como Licurgo (pois ele não era propriamente um rei) e Carondas, e quase a maior parte dos outros legisladores.

Essas considerações mostram, também, a razão pela qual os regimes da maioria das *pólis* são democráticos ou oligárquicos; como a classe média nessas *pólis* é, muitas vezes, pequena, as classes que predominam nesses extremos – seja os proprietários de bens, seja [25] o povo – conduzem o governo a seu favor para que se torne uma democracia ou uma oligarquia. E, além disso, como ocorrem facções e lutas entre o povo e os ricos, a facção que prevalecer sobre seus oponentes não estabelece [30] um regime comum ou igual, mas toma a parte superior do governo como prêmio de vitória, e faz dela uma democracia em um caso e uma oligarquia no outro. Além disso, cada uma das duas *pólis* que no passado detinham a liderança da Grécia tomou como padrão a forma de regime que já existia nelas mesmas e estabeleceu, nos povos dominados, democracias, em um caso, e oligarquias, em um outro, desconsiderando o interesse das *pólis*, atendendo apenas a seus próprios interesses. Portanto, devido a essas causas, a forma intermediária de regime ou nunca chega a existir ou existe raramente em poucos lugares.

Apenas um homem[31], entre as *pólis* que anteriormente detinham a liderança, foi induzido a conceder essa [40] forma de organização. Nos dias atuais, contudo, tornou-se um hábito entre as pessoas das *pólis* separadas nem mesmo desejarem a igualdade, **[1296b]** [1] mas para procurar governar ou para suportar estar sob um mestre.

Essas considerações, portanto, deixam claro qual é o melhor regime e por que é o melhor; agora que o melhor foi definido, não é difícil ver, entre as outras formas de regime (já que pronunciamos que existem várias formas de democracia e várias de oligarquia), [5] que tipo deve ser colocado em primeiro lugar, qual segundo, e o que vem a seguir sucessivamente, em razão de um ser melhor e outro pior. Pois a forma mais próxima da melhor deve ser, necessariamente, superior, e a forma mais distante do mediano deve ser inferior – a menos que se julgue em relação a condições dadas: digo [10] isso porque é bem possível que, embora uma forma de regime seja preferível, muitas vezes pode ser mais vantajoso para certos cidadãos ter outra forma.

A próxima coisa depois do que foi dito é discutir qual regime é vantajoso para qual povo e que tipo de regime se aplica para qual tipo de povo. Devemos, agora, em primeiro lugar, estabelecer [15] um princípio geral que se aplica igualmente a todos os tipos de regime: é essencial que a parte da *pólis* que deseja que o regime permaneça seja mais forte do que a parte que não a deseja. Toda *pólis* consiste em qualidade e quantidade: por qualidade quero dizer liberdade, riqueza, educação e nascimento nobre e por quantidade os números superiores de indivíduos. É possível que, [20] enquanto a qualidade da *pólis* pertence a uma das partes da qual é constituída e sua quantidade pertence a outra parte – por exemplo, os de origem humilde podem ser mais numerosos do que os de nascimento nobre ou os pobres mais numerosos que os ricos, mas a classe mais numerosa não pode exceder superioridade em quantidade tanto quanto inferioridade em qualidade. Portanto, esses dois fatores devem ser julgados em comparação um com o outro.

[25] Onde, portanto, a multidão dos pobres excede na proporção indicada, nesse caso, é natural que haja democracia; sendo estabelecido cada tipo de democracia de acordo com a predominância de cada uma das facções populares. Por exemplo, se os números da classe de agricultores for a superior, surge a primeira forma de democracia, mas se a dos trabalhadores comuns e assalariados for a superior, [30] surge a última forma, e do mesmo modo também com as outras massas que se situam entre estas duas. Porém, onde a classe dos abastados e notáveis excede em qualidade mais do que em quantidade, nesse caso, é natural que haja uma oligarquia, assim como os vários tipos de oligarquia de acordo com o grau de superioridade da multidão oligárquica. Mas [35] o legislador, em sua constituição, deve sempre incluir a classe média; se ele faz as leis de caráter oligárquico, deve manter a classe média em vista, e se for de caráter democrático, deve legislar de modo a integrá-la no regime através dessas leis.

Onde quer que a massa da classe média seja superior em número, aos seus dois extremos ou a apenas um deles, então, é possível que um [40] regime constitucional seja duradouro, **[1297a]** [1] pois não há medo de que os ricos cheguem a um acordo com os pobres contra essa numerosa classe média; nenhuma classe jamais desejará submeter-se à outra, e se procurarem outro regime mais justo para ambas do que o atual, não o encontrarão, pois não suportariam revezar-se para governar porque desconfiam [5] uma da outra.

Em toda parte, é o árbitro que é mais confiável, e a classe média, aqui, é um árbitro. Quanto mais bem misturadas estiverem as partes de um regime, mais permanente ele será; e muitos, mesmo aqueles que querem estabelecer formas aristocráticas de constituição, cometem um grande erro não apenas ao dar uma participação muito grande aos abastados, mas também ao [10] enganar o povo; pois os falsos benefícios inevitavelmente resultam em verdadeiro mal, pois os excessos cometidos pelos ricos arruínam o regime mais do que os do povo.

Os artifícios empregados nos regimes como pretexto para enganar o povo [15] são em número de cinco, e dizem respeito à assembleia, às magistraturas, aos tribunais, ao porte de armas e ao ginásio.

O artifício em relação à assembleia baseia-se na concessão a todos do direito de comparecer, mas a imposição de multa por não comparecimento apenas aos ricos, ou multa muito maior a eles do que aos demais.

O artifício em relação às magistraturas baseia-se [20] na negação aos proprietários de imóveis do direito de demissão, enquanto os pobres têm esse direito.

O artifício em relação aos tribunais baseia-se na imposição de multa aos ricos se não servirem em júri, mas nenhuma penalidade para os pobres, ou então uma multa alta para uma classe e uma pequena para as demais, como nas leis de Carondas. Em alguns lugares, todos têm o direito [25] de servir na assembleia e nos júris depois de terem seus nomes inscritos em um registro, mas são impostas grandes multas àqueles que, após o registro, não comparecerem a nenhum deles, a fim de que a multa possa causar-lhes receio e evitar a inscrição e, desse modo, quando não se inscrevem, não podem servir nos júris ou na assembleia.

Também, legislam da mesma maneira sobre a posse de armas [30] e a prática de exercícios de ginástica: os pobres não podem possuir armas, mas os ricos estão sujeitos a multa se não as tiverem. Por outro lado, não há multa para os pobres que se abstêm da ginástica, mas os ricos são passíveis de multa, para que uma classe, por causa da multa, possa participar nelas e a outra, porque não tem multa a temer, não possa. Esses artifícios [35] da legislação são, portanto, de natureza oligárquica.

Nas democracias, artifícios contrários em relação a esses são introduzidos: pagam aos pobres para servir na assembleia e nos júris e não impõem multa aos ricos por se absterem. Assim, é manifesto que, se alguém quiser fazer uma justa mistura, deverá reunir os regulamentos existentes em cada uma das duas formas de regime, [40] e pagar multa por comparecimento e por não comparecimento; pois assim todos participariam, enquanto, do outro modo, o governo fica nas mãos de apenas uma das duas classes.

[1297b] [1] Embora seja conveniente que o governo seja constituído por apenas aqueles que possuem armas, ainda não é possível definir o valor da qualificação de propriedade de modo absoluto e dizer quanto que eles devem possuir, mas apenas considerar que tipo de quantia máxima [5] que é compatível para tornar os que têm uma participação no governo

mais numerosos do que os que não têm, e fixar esse limite. Pois aqueles que são pobres e não têm parte nas honrarias desejarão ficar calados se ninguém os insultar ou tirar qualquer parte de seus bens. Contudo, isso não é fácil de garantir, pois nem sempre acontece que aqueles que estão na classe governante [10] sejam perspicazes. Além disso, o povo costuma relutar em servir quando há uma guerra se não recebe o essencial para viver e é constituído de homens pobres; mas se alguém fornece comida, estão dispostos a guerrear. Em algumas *pólis*, o corpo de cidadãos consiste não apenas daqueles que estão servindo como soldados armados, mas também daqueles que já foram militares. Em Malea, o corpo de cidadãos [15] consistia destes, enquanto os magistrados eram eleitos entre aqueles que estavam realmente em serviço.

De fato, a forma mais antiga de regime entre os gregos, depois dos reinados, surgiu da classe guerreira, mais originalmente ainda na classe dos cavaleiros (a guerra tinha sua força e sua supremacia na cavalaria, pois sem formação ordenada a infantaria pesadamente armada [20] é inútil, e como as ciências e os sistemas que tratam da tática não existiam entre os homens dos tempos antigos, sua força estava em sua cavalaria).

Todavia, à medida que as *pólis* cresciam e os usuários de armas se tornavam mais fortes, mais pessoas passaram a fazer parte do governo. Daí, o que hoje chamamos de regimes constitucionais, os homens de outrora chamavam [25] de democracias; mas os regimes constitucionais dos tempos primários eram naturalmente oligárquicos e régios, pois, devido ao número reduzido das populações, a classe média não era numerosa, de modo que, por causa desse pequeno número, bem como em conformidade com a estrutura da *pólis*, a classe média mais prontamente suportou estar em uma posição de governado.

[30] Foi dito, então, qual é a razão de haver várias formas de regime, porque existem outras além daquelas designadas pelo nome (pois não há uma só democracia, e, similarmente, há mais de uma das outras formas), também quais são as diferenças entre essas formas e qual é a razão pela qual essas diferenças ocorrem; e além desses pontos, qual é a melhor dos regimes, falando de modo geral, e, dentre os outros regimes, que tipo é adequado para que tipo de pessoas.

[35] Novamente, vamos falar sobre os pontos que vêm a seguir, tanto em geral quanto em relação a cada regime separadamente, tomando seu ponto de partida apropriado. Todas as formas de regime possuem, então, três fatores, em relação aos quais o bom legislador deve considerar o que é conveniente para cada constituição; se esses fatores são bem ordenados, a constituição deve necessariamente ser bem ordenada, [40] e a superioridade de uma constituição sobre outra consiste necessariamente na superioridade de cada um desses fatores.

O primeiro destes três fatores é saber qual deve ser o órgão que delibera sobre os interesses da comunidade, [1298a] [1] o segundo fator é relacionado com as magistraturas, isto é, o que devem ser, quais as questões que devem controlar e qual deve ser o método de sua eleição, e o terceiro fator é o que diz respeito ao exercício da justiça.

O fator deliberativo é decidir de modo soberano sobre a guerra e a paz, a formação [5] e a dissolução de alianças, as leis, as sentenças de morte e exílio, o confisco de bens e sobre as auditorias dos magistrados. E, necessariamente, todas essas decisões devem ser atribuídas a todos os cidadãos, ou a alguns deles (por exemplo, a uma ou a várias magistraturas); ou, ainda, diferentes decisões devem ser atribuídas a diferentes magistraturas, ou algumas decisões a todos os cidadãos e outras a certos cidadãos.

[10] Que todos os cidadãos sejam membros do órgão deliberativo e decidam todas essas questões é uma marca de um governo democrático, pois o povo busca uma igualdade dessa natureza. Mas existem vários modos de a alcançar.

Um modo é que os cidadãos desempenhem a função deliberativa de modo alternando e não todos em conjunto (como está decretado na constituição da Telecles de Mileto; e em outras constituições também os conselhos de magistrados deliberam em assembleias conjuntas, [15] mas todos os cidadãos entram nas magistraturas desde as tribos até às menores classes de cidadãos, para incluir toda a *pólis*) e que haja assembleias conjuntas apenas para considerar a legislação, as reformas da constituição e ouvir os relatórios apresentados pelos magistrados.

Outro modo é [20] que todos se reúnam em conjunto, mas apenas para eleger magistrados, promulgar leis, considerar a declaração de guerra e a conclusão da paz e realizar a auditoria dos magistrados, mas que todos os outros assuntos sejam considerados pelos magistrados nomeados para tratar de cada um deles, ou seja, os magistrados eleitos por sufrágio ou por sorteio entre todos os cidadãos.

Outro modo é [25] que os cidadãos se reúnam para a eleição das magistraturas, para as auditorias, para deliberar sobre a declaração de guerra e para a celebração de uma aliança, mas que todos os demais assuntos sejam tratados pelos magistrados, eleitos por sufrágio nos casos em que as circunstâncias permitirem, e que tais magistraturas sejam todas aquelas que necessariamente devem ser preenchidas por homens de conhecimentos específicos.

Um quarto modo é que todos se reúnam em conselho sobre todos os assuntos, [30] e que as magistraturas não decidam sobre nada, mas apenas tomem decisões preliminares; este é o modo pelo qual a democracia, em sua última forma, é administrada nos dias atuais – a forma de democracia que declaramos corresponder à oligarquia dinástica e à monarquia tirânica. [35] Esses modos, então, são todos democráticos.

Por outro lado, o fato de algumas pessoas deliberarem sobre todos os assuntos é de natureza oligárquica. Mas isso também apresenta muitas variações.

Quando os membros do corpo deliberativo são eleitos com base em qualificações de riqueza moderadas e por isso as pessoas elegíveis são comparativamente numerosas – por causa da moderação da qualificação –, quando não fazem mudanças nas coisas que a lei proíbe, mas seguem as leis, e quando alguém que adquire a qualificação de riqueza pode se tornar membro do governo, estamos perante um regime do tipo oligárquico, mas uma oligarquia que se aproxima da natureza do regime constitucional, [40] por causa de sua moderação.

Quando, por outro lado, nem todos assim qualificados participam da deliberação, mas apenas algumas pessoas previamente escolhidas por eleição, [1298b] [1] e estes regem de acordo com a lei como no caso anterior, este é oligárquico; e também quando os funcionários deliberativos são eleitos por cooptação, e quando o cargo é hereditário e tem o controle supremo sobre as leis, esse sistema é obrigado a ser oligárquico.

Quando certas pessoas controlam certos assuntos, por exemplo, quando todos os cidadãos controlam as decisões sobre guerra e paz e a auditoria dos funcionários enquanto tudo o mais é controlado por magistrados e estes são eleitos por voto, não por sorteio, a constituição é uma aristocracia; enquanto, se alguns assuntos são controlados por magistrados eleitos por voto e outros por magistrados escolhidos por sorteio, isto diretamente ou de lista previamente escolhida por voto, ou se [10] os magistrados eleitos por voto e por sorteio administram em conjunto, alguns destes regulamentos são características de um regime aristocrático e outros são próprios de um regime constitucional.

Distinguimos, assim, os diferentes tipos de órgãos deliberativos em relação às formas de regime, e cada forma de regime exerce a administração de acordo com a distinção indicada. Mas para uma democracia da forma que hoje é considerada democracia em seu grau máximo (refiro-me [15] àquela em que o povo é soberano sobre as leis) é vantajoso para o aprimoramento de sua função deliberativa que se faça o mesmo que se faz nas oligarquias em matéria de tribunais (pois decretam multa para obrigar o comparecimento daqueles a quem queremos que exerçam a justiça, enquanto as *pólis* democráticas instituem uma remuneração por comparecimento aos mais pobres para o fazerem), e também fazer o mesmo em relação às assembleias [20] (pois deliberarão melhor quando todos estiverem deliberando em conjunto, as pessoas comuns quando estiverem com os notáveis e estas com as massas populares), e também é vantajoso que os encarregados de deliberar sejam eleitos por voto ou por sorteio igualmente das diferentes partes da *pólis*.

Se a classe popular excede em muito a classe política em número, convém não [25] pagar a todos, mas apenas ao número suficiente para restabelecer o equilíbrio com o número dos notáveis, ou então descartar por sorteio aqueles que excederem esse número. Nas oligarquias, por outro lado, é vantajoso escolher algumas pessoas da multidão, ou instituir um cargo como o que existe em certos regimes constitucionais sob o nome de "conselheiros preliminares" ou "guardiões da lei", para tratar dos assuntos sobre os quais [30] esses funcionários deliberaram previamente (pois, assim, o povo comum participará da deliberação e não terá o poder de abolir qualquer parte da constituição) e, então, o povo, por seu turno, confirmará ou, em todo o caso, não aprovará nada contrário às resoluções apresentadas; isso permitirá que todos participem do debate, mas apenas os magistrados formulem resoluções. De fato, é apropriado [35] fazer exatamente o oposto do que ocorre nas *pólis* constitucionalmente governadas; pois o povo deve ter o poder de votar a rejeição de uma medida, mas não de votar sua ratificação, pois isso deve ser remetido aos magistrados. Nos governos constitucionais, o procedimento é o inverso: os poucos têm competência para votar a rejeição de uma resolução, mas não têm competência para votar a sua ratificação, sendo esta sempre remetida à parte mais numerosa.

[1299a] [1] Que fique, então, assim decidido sobre o órgão deliberativo, que de fato é o poder soberano em um regime.

Relacionado com este assunto está a determinação em relação às magistraturas, pois esta parte do regime também apresenta muitas variedades: [5] quantas magistraturas devem existir; quais devem ser seus poderes; e, relativo ao tempo, quais são seus vários períodos de vigência, pois alguns defendem que as suas magistraturas devem ser perduráveis por seis meses, outros por menos tempo, outros por um ano e outros por um período mais longo; outros defendem que as magistraturas devem ser vitalícias ou estar em vigência por um longo período, ou, se por um período mais curto, as mesmas pessoas serão permitidas de exercê-las [10] várias vezes, ou não o mesmo homem duas vezes, mas apenas uma vez. Acerca de todos esses aspectos, é necessário determinar quantos modos de procedimento são possíveis de ser admitidos, e então estabelecer quais modos são convenientes para quais tipos de regime.

Também quanto à nomeação de magistrados, [15] tampouco é fácil decidir a que tipos de ofício o nome de magistratura deve ser aplicado; pois a comunidade política requer um grande número de membros, pelo que não é apropriado presumir que todos os eleitos por voto ou por sorteio sejam magistrados, como os sacerdotes (este ofício deve ser considerado como algo diferente das magistraturas políticas), os líderes de coros e arautos, e também os que são eleitos como embaixadores.

[20] Dos titulares dos cargos políticos, alguns são eleitos pelo conjunto dos cidadãos para desempenhar alguma operação – como um general para supervisionar os soldados –, ou são eleitos por uma parte dos cidadãos – exemplificando o inspetor de mulheres ou de crianças.

Outras funções são administrativas (pois as *pólis* muitas vezes elegem oficiais para inspecionar as medidas de grãos e distribuí-las); e outras funções são meramente subalternas, e são o tipo de serviço para os quais as pessoas, quando se dispõem de bens, nomeiam escravos.

[25] O título de magistratura, para simplificar, deve ser aplicado, principalmente, a todos os cargos aos quais foram atribuídos os deveres de deliberar sobre certos assuntos, de atuar como juízes, de emitir ordens, em especial esse último, porque dar ordens é mais característica da autoridade.

Esta questão, porém, não tem praticamente nenhuma importância prática (pois nenhuma decisão foi dada ainda, nossa discussão é meramente sobre [30] o nome), embora admita alguma investigação adicional de tipo especulativo. Por outro lado, as questões sobre quais e quantas magistraturas são necessárias para constituir uma *pólis*, e quais delas, apesar de não serem necessárias, são vantajosas para um bom regime político; são questões que devem preferencialmente ser discutidas, tanto em relação a todas as formas de regime como no que diz respeito às pequenas *pólis*.

Pois é verdade que [35] nas grandes *pólis* é possível, e adequado, que uma magistratura seja atribuída para cada função (pois o grande número de cidadãos permite que muitos entrem na magistratura, mesmo que alguns cargos apresentem um tempo de vigência muito longo e outros só são ocupados apenas uma vez; e também cada função é melhor atendida se a atenção estiver voltada para apenas uma coisa do que se estiver ocupada com muitas ao mesmo tempo).

[1299b] [1] Já nas pequenas *pólis,* é inevitável que muitos cargos sejam reunidos em poucas mãos (porque devido ao número reduzido de cidadãos não é fácil que um grande número ocupem os cargos, pois, nesse caso, quem assumiria os cargos como seus sucessores?). Todavia, às vezes, as pequenas *pólis* exigem [5] as mesmas magistraturas e leis que as grandes *pólis*, exceto que as grandes exigem as mesmas magistraturas com frequência, enquanto nas pequenas isso só ocorre após um longo intervalo.

Portanto, é possível atribuir várias funções a um homem ao mesmo tempo (desde que elas não se interfiram umas nas outras) e, para suprir a escassez de habitantes, é necessário tornar as magistraturas [10] semelhantes a cuspideiras.

Se, portanto, podemos dizer quantas magistraturas cada *pólis* deve necessariamente possuir e quais, embora não absolutamente necessárias, deve possuir, conhecendo esses pontos, pode-se mais facilmente fazer uma combinação daquelas magistraturas que são de natureza adequada para serem combinadas em uma só. E é conveniente que a questão adicional não seja esquecida: que tipos de assuntos [15] devem ser atendidos por um número de membros distribuídos localmente e o que deve estar sob a autoridade de um magistrado para todas as localidades? Por exemplo, se o inspetor de mercados deve se ocupar da boa ordem no mercado, outro inspetor se ocupar do mesmo em outro lugar, ou se um mesmo inspetor deve se ocupar de todas as localidades. Além disso, os cargos devem ser divididos de acordo com a função ou de acordo com as pessoas envolvidas – quero dizer, por exemplo, se deve haver um único vigilante no controle da boa ordem pública em geral, ou um [20] para crianças e outro para mulheres?

Igualmente, sob os vários regimes, a natureza das magistraturas varia de acordo com cada um, ou não varia nada – por exemplo, na democracia, oligarquia, aristocracia e monarquia, as magistraturas são iguais em seus poderes, porém tais cargos não são preenchidos por cidadãos de posições iguais nem de classes semelhantes, mas são de origem diferente nos diferentes regimes (por exemplo, [25] em aristocracias, as magistraturas são formadas pelos instruídos, nas oligarquias pelos ricos e nas democracias pelos homens livres), ou ainda que, em alguns regimes, as magistraturas são diferentes em alguns casos, mas em outros casos as mesmas magistraturas são vantajosas mesmo onde os regimes diferem (em alguns lugares, é conveniente que as mesmas magistraturas tenham grandes funções [30] e, em outros lugares, pequenas funções). Também existem alguns cargos peculiares a formas especiais de regime, como o cargo de conselheiro preliminar. Tal cargo não é democrático, embora seja um órgão popular, pois é obrigatório que algum órgão dessa natureza tenha o dever de preparar medidas para a assembleia popular, para que o povo seja mantido ocupado com tais afazeres. Um conselho desse, se exercido por poucos, é oligárquico; quando um reduzido número toma parte nos conselhos, encontramos uma magistratura efetivamente oligárquica.

[35] Mas onde essas duas magistraturas existem – o conselho e a assembleia –, os conselheiros preliminares têm autoridade sobre os membros da assembleia; pois este é um funcionário democrático, enquanto aquele é um funcionário oligárquico.

Além disso, o poder da assembleia é enfraquecido em democracias do tipo em que o povo se reúne para tratar de todos os assuntos; [1300a] [1] isso geralmente acontece quando há farta oferta de pagamento para aqueles que participam da assembleia, pois, no tempo livre, se reúnem com frequência e decidem tudo sozinhos.

Os vigilantes das crianças, os vigilantes das mulheres [5] e quaisquer outros magistrados que exerçam um tipo semelhante de supervisão são uma característica aristocrática, e não democrática (pois como é possível impedir que as esposas dos pobres saiam de casa?) nem sequer oligárquica (pois as esposas dos governantes oligárquicos vivem em completo luxo).

Que a discussão destas questões não vá mais adiante no momento. Tentemos, agora, passar desde o início a questão das formas de nomear os magistrados. [10] As variedades aqui dependem de três determinantes, cujas combinações devem abranger todos os modos possíveis. Um desses três pontos determinantes a saber é quem são as pessoas que nomeiam os magistrados; o segundo é saber qual sua proveniência; e, por último, de que maneira é feita a eleição. E de cada um desses três determinantes há três variações: [15] ou todos os cidadãos nomeiam os magistrados, ou alguns; se são designados entre todos os cidadãos ou de uma certa classe (definida, por exemplo, por avaliação de propriedade ou nascimento ou virtude ou alguma outra qualificação semelhante, como em Mégara, onde só eram elegíveis aqueles que retornavam do exílio e lutavam juntos contra o povo); e o modo de nomeação se faz por voto ou por sorteio.

Novamente, esses procedimentos podem ser combinados – [20] com isso quero dizer que alguns cargos podem ser nomeados por alguns cidadãos e alguns cargos por todos; dentre todos os cidadãos, para alguns cargos, todos podem ser elegíveis, mas para outros apenas uma certa classe; e, alguns cargos podem ser escolhidos por voto, mas outros por sorteio. Ademais, de cada variação desses determinantes haverá quatro modos: ou todos os cidadãos podem nomear, dentre todos os cidadãos, todos os cargos por voto; ou por sorteio – "dentre todos" pode ser referido às partes da *pólis*, [25] como tribos ou demos ou fratrias, uma por uma, até que o procedimento tenha sido estabelecido, ou a todos os cidadãos juntos –; ou então parcialmente de uma maneira e parcialmente de outra.

Mais uma vez, se os eleitores são alguns dos cidadãos, eles devem nomear dentre todos os cidadãos, por voto ou por sorteio, ou dentre alguns cidadãos, por voto ou por sorteio, [30] ou parcialmente de uma maneira e parcialmente de outra, em parte por voto e em parte por sorteio. Portanto, os modos provam ser doze, além das duas combinações acima referidas.

Entre estes, três modos de nomeação são democráticos – o que todos nomeiam, dentre todos, por voto, ou por sorteio, ou por ambos, ou seja, alguns cargos por sorteio e outros por voto. Contudo, quando nem todos são eleitores e nomeiam magistrados [35] dentre todos ou de alguns, por sorteio ou por voto, ou por ambos, ou quando nomeiam alguns cargos dentre todos e outros cargos dentre alguns por ambas as formas (quero dizer alguns por voto e outros por sorteio), trata-se de um regime constitucional.

Também, quando alguns nomeiam, dentre todos os cidadãos, alguns cargos por voto e outros por sorteio, ou por ambas as formas (digo a alguns por sorteio e a outros por voto), [40] trata-se de um regime oligárquico; e é ainda mais oligárquico nomear os magistrados somente entre cidadãos de algumas classes. Por sua vez, nomear alguns cargos dentre todos e outros cargos de uma certa classe é característica de um regime aristocrático; [1300b] [1] ou nomear alguns por voto e outros por sorteio.

É oligárquico sempre que somente alguns nomeiam, por voto, magistrados dentro de uma certa classe, o mesmo ocorre quando se for por sorteio (embora não funcione da mesma maneira) e por ambos os métodos, isto é, votação e sorteio.

Quando, porém, uma certa classe faz uma seleção preliminar de todo o corpo de cidadãos e, em seguida, todos nomeiam [5] entre as pessoas selecionadas, trata--se, então, de um elemento aristocrático.

Muitos são, pois, os modos de nomeação para as magistraturas, e assim se classificam os modos segundo os diversos regimes. Quais regulamentos são vantajosos para quais pessoas e como as nomeações devem ser conduzidas serão esclarecidos ao mesmo tempo em que consideramos quais são os poderes dos cargos. Por "poder de um cargo" quero dizer, por exemplo, o controle dos recursos e o controle da defesa, [10] já que um tipo diferente de poder pertence, por exemplo, a um chefe militar e à magistratura que controla os contratos de mercado.

Dos três fatores que indicamos, resta falar do judiciário e dos órgãos judiciários, além disso, devemos considerar os vários modos, de acordo com o mesmo princípio em relação aos outros.

A diferença entre os tribunais judiciais [15] repousa sobre três determinantes: seus constituintes, qual sua esfera de ação e o modo de nomeação. Quanto aos seus constituintes, quero dizer se os tribunais são formados por todos os cidadãos ou por uma determinada classe? Quanto à esfera de ação, quantos tipos de tribunais existem? E quanto ao modo de nomeação, são nomeados por sorteio ou por voto? Primeiro, vamos distinguir quantos tipos de tribunais existem.

São oito os tipos de tribunais: um tribunal de contas, [20] outro para tratar de infratores contra qualquer interesse público; outro para assuntos que dizem respeito à constituição; um quarto para magistrados e particulares em questões sobre multas; quinto, o tribunal que trata de contratos privados de grande escala; e além destes há o tribunal que julga homicídios, e aquele que julga ações de estrangeiros (o tribunal de homicídios apresenta quatro tipos, [25] sendo os juízes os mesmos ou diferentes, a saber: um tribunal para os casos de homicídio premeditado, um para homicídios involuntários, outro para homicídios admitidos, mas alegadamente justificáveis, e um quarto para tratar de acusações de homicídio apresentadas contra homens que fugiram do país por homicídio, mas estão no seu regresso, tais como aconteceram em Atenas, por exemplo, no tribunal de Freato. Embora tais casos [30] sejam de ocorrência rara em todo o curso da história, até mesmo nas grandes *pólis*. No tribunal de estrangeiros, um ramo ouve processos de estrangeiros contra estrangeiros e outro de estrangeiros contra cidadãos). Além de tudo isso há, por fim, os tribunais para julgar casos de pequenos contratos, envolvendo quantias de um dracma, cinco dracmas ou um pouco mais – pois mesmo esses casos devem ser julgados, embora não sejam [35] adequados para um júri numeroso.

Deixemos de lado esses tribunais, incluindo os tribunais de homicídios e os de estrangeiros, e falemos dos tribunais políticos que, quando malconduzidos, causam divisões partidárias e distúrbios revolucionários. Assim, necessariamente, ou todos os juízes de todos os casos classificados serão nomeados por voto, ou por sorteio; ou todos, em todos os casos, [40] serão nomeados em parte por sorteio e em parte por voto; ou, em alguns casos, alguns juízes serão nomeados por sorteio e outros por votação para o mesmo caso. **[1301a]** [1] Esses modos de nomeação são, portanto, quatro em número.

A nomeação entre uma classe restrita de cidadãos também faz tantos outros modos; pois, nesse caso, os juízes para todos os casos podem ser escolhidos por voto de uma certa classe, ou por sorteio, ou ainda alguns tribunais podem ser nomeados por sorteio e outros por voto, ou alguns tribunais podem ser compostos de juízes [5] escolhidos por sorteio e por votação para os mesmos casos. Estes são, então, os modos, como foi dito, correspondentes aos mencionados anteriormente.

Há, também, os mesmos tribunais combinados – quero dizer, por exemplo, alguns extraídos de todo o corpo de cidadãos, alguns de uma única classe, e alguns de ambas proveniências, como se o mesmo tribunal contivesse, ao mesmo tempo, alguns membros de todo o corpo de cidadãos e outros de uma classe, nomeados por sorteio ou por voto ou ambos os casos.

[10] Expusemos, portanto, todos os modos pelos quais é possível a composição dos tribunais. Destes, o primeiro conjunto, tirado de todos os cidadãos e tratando de todos os casos, é democrático, o segundo, tirado de uma certa classe para tratar de todos os casos, é oligárquico, e o terceiro, tirado em parte de todos e em parte de uma certa classe, é adequado a uma aristocracia e a um regime constitucional.

Livro V

[1301a] Quase todos os outros assuntos que pretendíamos tratar [20] já foram discutidos. Deve seguir-se a consideração sobre qual é o número e a natureza das causas que dão origem às revoluções nos regimes; quais são as causas que destroem cada forma de regime; de que formas e em que espécie de regime, geralmente, transformam-se; novamente quais são as salvaguardas dos regimes, em geral e de cada forma em particular; e, por fim, quais são os meios pelos quais a preservação de cada regime pode ser melhor efetivada.

[25] Devemos, primeiramente, assumir o princípio de que muitas formas de regime surgiram ao longo do tempo. Mesmo com todos concordando com o que é justo, ou seja, a igualdade proporcional, falharam em alcançá-la, como também foi dito antes.

Assim, a democracia surgiu do pensamento dos homens de que, se são iguais em determinado aspecto, [30] são iguais absolutamente em qualquer circunstância (pois supõem que, por serem todos igualmente livres, são absolutamente iguais). A oligarquia surgiu da suposição de que, se são desiguais em relação a alguma coisa, são totalmente desiguais (por serem desiguais em relação às posses, supõem que são absolutamente desiguais). Assim, os democratas reivindicam, como iguais, partilhar igualmente todas as coisas, enquanto os oligarcas, como desiguais, [35] procuram ter uma parcela maior, pois a desigualdade vem dessa parcela maior.

Todas essas formas de regime têm, portanto, algum elemento de justiça, mas, de um ponto de vista absoluto, elas são errôneas; e devido a esta causa, cada uma destas tendências entra em conflito quando sua participação no regime não está de acordo com a suposição fundamental que é defendida.

Além disso, entre todos os homens, aqueles que se destacam em virtude, mais justificadamente incitam o conflito, embora sejam menos propensos a fazê-lo; **[1301b]** [1] pois só eles podem, com toda a razão, ser considerados absolutamente desiguais. Há, ainda, alguns homens que, sendo superiores em relação ao nascimento, reivindicam direitos desiguais por causa dessa desigualdade; pois os cidadãos cujos ancestrais se distinguiram em virtude e riqueza são considerados nobres, ou seja, bem nascidos.

[5] Estes, então, *grosso modo*, são os pontos de partida e as fontes das facções, que dão origem às revoltas. As revoluções, devido a isso, ocorrem de duas maneiras: às vezes, são em relação ao regime, e visam mudar o vigente por outro, por exemplo: a democracia pela oligarquia; a oligarquia pela democracia; estes regimes pelo regime constitucional ou [10] pela aristocracia; ou estes últimos pelos primeiros. Ou, às vezes, a revolução não é em relação ao regime estabelecido, pois quem a promove deseja manter a mesma forma de governo, por exemplo, na oligarquia ou na monarquia, mas deseja que tal regime esteja sob seu próprio controle.

Novamente, a mudança de regime pode ser uma questão de grau de excesso ou efeito; por exemplo, quando há uma oligarquia o objetivo pode ser a mudança para um governo mais ou menos [15] oligárquico, ou quando há uma democracia para um governo mais ou menos democrático, e similarmente no caso dos demais regimes, o objetivo pode ser atenuar ou intensificar o poder sobre os cidadãos. Ou, ainda, o objetivo pode ser mudar uma certa parte da constituição, por exemplo, estabelecer ou abolir uma certa magistratura, como quando, segundo alguns relatos, Lisandro [20] tentou abolir a realeza em Esparta e o Rei Pausânias o eforato.

Em Epidamno, a constituição foi parcialmente alterada, pois estabeleceram um conselho deliberativo em vez dos governantes tribais, e ainda hoje é obrigatório somente para os magistrados que tem poder político ir à assembleia popular quando há eleição de nomeação para uma magistratura suprema; [25] a existência de um magistrado supremo indica uma característica oligárquica nesse regime.

As revoltas estão em toda parte devido à desigualdade, em que as classes desiguais não recebem uma parte do poder proporcionalmente (pois uma monarquia vitalícia, por exemplo, é uma característica desigual quando exercida em um contexto igualitário). Geralmente, o motivo da revolta é o desejo de igualdade. Contudo, há dois tipos de igualdade: igualdade numérica [30] e igualdade de acordo com o mérito – por numericamente igual quero dizer o que é o mesmo, e igual, em número ou grandeza; por igual de acordo com o mérito, refiro-me ao que é igual em proporção. Por exemplo, numericamente, o três excede o dois e o dois excede o um em igual quantidade; mas, por proporção, quatro excede o dois e o dois excede o um igualmente, pois o dois e o um são partes iguais de quatro [35] e dois, ou seja, ambos dizem respeito às respectivas metades.

Mas, embora os homens concordem que o absolutamente justo é o que é de acordo com o mérito, discordam (como já foi dito) no sentido de pensar que, se são iguais em algo, são totalmente iguais, e outros afirmam que, se são desiguais em algo, merecem uma parte desigual de todas as coisas.

Devido a isso, duas variedades principais de regime passaram a existir: [40] a democracia e a oligarquia; pois a nobre ascendência e a virtude são encontradas em poucos homens, mas as qualificações especificadas – números e riqueza – são vistas em uma parte considerável da população. [1302a] [1] Além disso, em nenhum lugar encontramos cem homens nobres e virtuosos, mas encontramos homens ricos em muitos lugares.

Não é bom que a constituição seja estruturada absoluta e inteiramente de acordo com qualquer tipo de igualdade. Isso é comprovado pela experiência, pois nenhuma das constituições formadas [5] nestas linhas foi permanente; e a causa disso é que é impossível, a partir do primeiro e inicial erro cometido, que algum mal não ocorra como resultado. Portanto, o caminho correto é empregar a igualdade numérica em algumas coisas e a igualdade de acordo com o mérito em outras.

No entanto, a democracia é mais segura e mais livre de conflitos civis do que a oligarquia; pois nas [10] oligarquias surgem dois tipos de luta: a facção entre diferentes membros da oligarquia e também a facção entre os oligarcas e o povo; enquanto nas democracias só ocorre a luta entre o povo e o governo oligárquico, mas a luta civil entre diferentes classes do povo não ocorre em nenhum grau digno de menção. E novamente, o regime formado pelas classes médias está mais próximo do povo do que dos oligarcas [15] e é também o mais seguro dos tipos de regime mencionados.

Já que estamos considerando quais circunstâncias dão origem a facções civis e revoluções nas constituições, devemos primeiro verificar suas origens e causas em geral. São, *grosso modo*, três em número que devemos, em primeiro lugar, definir em linhas gerais e separadamente; [20] em segundo lugar, devemos averiguar que estado de coisas dá origem à revolta e por quais objetivos ela é travada; e, em terceiro lugar, quais são as origens das desordens políticas e das lutas de cidadãos entre si.

A principal causa, falando de modo geral, de os próprios cidadãos estarem, de certa maneira, dispostos à revolução é aquela da qual já falamos há pouco. Aqueles [25] que desejam a igualdade entram na luta ao pensarem que possuem muito pouco em relação aos que possuem mais, embora sejam iguais, enquanto aqueles que desejam a desigualdade, ou a superioridade, a fazem quando supõem que, embora sejam desiguais, não possuem mais, mas uma quantidade igual ou menor (e esses desejos podem ser sentidos com justa razão, e também podem ser sentidos de modo injusto); pois, quando inferiores, os homens [30] entram em conflito para serem iguais; e quando iguais, entram em conflito para serem superiores. Dissemos, portanto, quais são os estados de espírito em que os homens se envolvem em revoltas sociais.

Os objetivos pelos quais se trava uma revolução são o lucro e a honra, mas também seus opostos, pois os homens realizam revoltas nas *pólis* para evitar desonra e perda, seja em seu próprio nome ou em nome de seus amigos.

As causas e princípios [35] de que derivam tais distúrbios e que ocasionam os sentimentos descritos e sua direção para os objetivos mencionados são, segundo alguns relatos, em número de sete, embora de acordo com outro relato sejam mais. Duas dessas causas são as mesmas de que falamos antes, embora não funcionem da mesma maneira: os motivos do lucro e da honra também incitam os homens uns contra os outros, não para que possam obtê-los [40] para si mesmos, como já foi dito antes, [1302b] [1] mas porque eles veem outros homens, de modo justo ou injusto, recebendo uma parte maior do que a dele. Outras causas são a insolência, o medo, a prepotência, o desprezo e o crescimento desproporcional do poder. Além desses, há, também, outros modos de causa [acrescentados por alguns] que são a intriga, o descuido, a mesquinhez [5] e a disparidade.

É quase óbvio que, entre essas causas, o poder possuído pela insolência e pelo lucro juntamente a seu modo de operação causam revoltas; pois quando os homens nos cargos políticos mostram insolência e ganância, as pessoas se revoltam umas contra as outras e contra as constituições que oferecem a oportunidade para tal conduta; a ganância, às vezes, ataca a [10] propriedade privada e, às vezes, os recursos públicos.

Fica claro, também, o que é o poder da honra e como ele pode causar uma revolta; pois os homens se revoltam tanto quando são desonrados como quando notam os outros sendo honrados; e a distribuição de honras é feita de forma injusta quando as pessoas são honradas ou desonradas por seus méritos, e de forma justa quando é de acordo com o merecimento. [15] A prepotência causa revolta quando algum indivíduo, ou um conjunto de homens, é maior e mais poderoso do que as competências que lhe foram atribuídas pela *pólis* ou pela autoridade do governo; tais são as condições que, geralmente, resultam na ascensão de uma monarquia ou dinastia. Devido a isso, em alguns lugares, há o costume do ostracismo, como em Argos e Atenas. No entanto, seria melhor prever desde o início que não haja pessoas na *pólis* [20] tão predominantemente poderosas, do que primeiro permitir que elas surjam e depois aplicar uma solução.

O medo é motivo de revolta para aqueles que infligiram o mal e temem ser punidos, e também com aqueles que correm o risco de sofrer um mal e desejam agir a tempo, antes que o mal seja infligido, como os notáveis de Rodes se uniram contra o povo por causa das ações judiciais que estavam sendo movidas contra eles.

[25] O desprezo é causa de revoltas e de ataques concretos ao governo, por exemplo, nas oligarquias, quando os que não têm participação no governo são mais numerosos (porque se consideram mais fortes); e nas democracias, quando os ricos começam, menosprezam a desordem; e a anarquia que prevalece, como em Tebas, onde a democracia foi destruída devido ao mau governo após a Batalha de Enófita. [30] Isso se repetiu em Mégara, que foi destruída quando foram derrotados devido à desordem e anarquia; e em Siracusa, antes da tirania de Gélon; e em Rodes, antes da rebelião.

As revoluções nos regimes também ocorrem devido ao crescimento desproporcional; pois assim como [35] o corpo é composto de partes e precisa crescer proporcionalmente para que sua simetria possa permanecer (senão ele se torna disforme, se, por exemplo, o pé tem quatro braços de comprimento e o resto do corpo dois palmos; e, às vezes, pode até mudar para a forma de outro animal, se aumentar desproporcionalmente não apenas em tamanho, mas também [40] em qualidade), assim também uma *pólis* é composta de partes, **[1303a]** [1] das quais algumas, muitas vezes, crescem sem ser notadas, como o número de pobres nas democracias e regimes constitucionais. E, às vezes, isso também surge de modo imprevisto, como em Tarento, quando o regime constitucional foi mudado para uma democracia pouco tempo depois de muitos notáveis terem sido derrotados e mortos pelos [5] Iapígios após as Guerras Médicas. O mesmo aconteceu em Argos quando os cidadãos foram obrigados a receber alguns dos povos periecos, após terem sido destruídos por Cleômenes, o Espartano, no sétimo dia do mês de Apolo[32]. Também em Atenas, quando sofreram derrotas por terra, os notáveis diminuíram porque, na época da guerra contra Esparta, [10] o exército era recrutado a partir da lista de cidadãos.

Isso acontece, também, nas democracias, embora em menor grau; pois quando os ricos se tornam mais numerosos, ou suas propriedades aumentam, os governos se transformam em oligarquias e dinastias.

Mesmo sem revoluções sociais, as alterações nos regimes podem acontecer por meio de intrigas eleitorais, como ocorreu [15] em Hereia (pois fizeram seus magistrados eleitos por sorteio e não por voto, por esta razão, porque o povo costumava eleger aqueles que pleiteavam). Além disso, os regimes podem ser alterados por descuido, quando se permite que homens que são uma ameaça ao regime vigente entrem nos cargos de magistratura, como foi em Oreu, quando Heracleodoro se tornou um dos magistrados e, no lugar de uma oligarquia, [20] formou um regime constitucional, ou melhor, uma democracia.

Outra causa é a alteração por pequenos estágios; com isso quero dizer que muitas vezes uma grande mudança de regimes passa despercebida quando as pessoas ignoram uma pequena alteração, como ocorreu em Ambrácia, onde a qualificação de propriedade para ocupação das magistraturas era pequena e, no final, tornou-se nula, [25] pois um pouco é quase nada, ou praticamente o mesmo.

Também a diferença de raça é uma causa de desestabilização, até que a harmonia de espírito seja alcançada; pois assim como uma *pólis* não se forma com qualquer multidão casual de pessoas, também não é formada em um momento aleatório qualquer. Assim, a maioria das *pólis* que até agora admitiram estrangeiros como cofundadores ou colonizadores conjuntos se dividiram em facções; por exemplo, os aqueus se estabeleceram em Síbaris juntamente com os trizênios, e posteriormente [30] os aqueus, tendo se tornado mais numerosos, expulsaram os trizênios (o que foi a causa da maldição que caiu sobre os sibaritas); e em

Túria, os sibaritas brigaram com aqueles que ali se estabeleceram com eles, pois alegavam ter a maior parte do país como sendo deles, e foram expulsos; e em Bizâncio, os colonizadores conjuntos foram descobertos conspirando contra os colonos e foram perseguidos e expulsos à força; e o povo de Antissos, [35] depois de admitir os exilados de Quios, os expulsou com armas; e o povo de Zanclo, depois de admitir colonos de Samos, foi expulso; e o povo de Apolônia, no Ponto Euxino, depois de trazer colonos em suas terras, acabou por se envolver em conflitos; e os habitantes de Siracusa, após o período de tirania, **[1303b]** [1] conferiram cidadania a suas tropas estrangeiras e a mercenários, sofreram sedições e envolveram-se em batalhas; e os habitantes de Anfípolis, que receberam colonos da Calcídia, foram expulsos, na maior parte por eles.

Nas oligarquias, a revolta civil é levantada por muitos, porque eles são tratados injustamente já que [5] não são admitidos a uma parte igual, embora sejam iguais, como já foi dito antes. Por outro lado, nas democracias, a revolta começa pelos notáveis, porque eles têm uma parte igual, embora não sejam iguais.

Por vezes, as *pólis* entram em conflito por razões geográficas, ou seja, quando a região não tem condições naturais adequadas para haver uma única *pólis*, como em Clazomênia, onde os habitantes perto de Citro estão em conflito [10] com os habitantes da ilha, assim como os habitantes de Colófon em relação aos de Nócio. Mesmo em Atenas a população não é uniformemente democrática em espírito, pois os habitantes do Pireu são mais democráticos do que os da Acrópole. Pois assim como nas guerras os de cursos d'água, mesmo pequenos, fazem com que as formações de batalha percam o contato, assim toda diferença parece causar divisão na *pólis*. [15] Dessa maneira, talvez a maior divisão seja aquela entre virtude e vício, seguida daquela entre riqueza e pobreza, e assim sucessivamente com outras diferenças em graus variados, entre as quais se insere as mencionadas anteriormente.

As revoltas surgem, portanto, não sobre, mas de pequenas questões, que são levadas a grandes assuntos. Mesmo as questões pequenas tornam-se extremamente violentas quando surgem entre os homens da classe dominante, [20] como aconteceu, por exemplo, em Siracusa nos tempos antigos. Siracusa sofreu uma mudança de regime como resultado de uma intriga amorosa que surgiu entre dois jovens que pertenciam à classe dominante e eram magistrados. Enquanto um deles estava no exterior, seu companheiro político conquistou o jovem por quem o outro estava apaixonado, e o primeiro, enraivecido, revidou seduzindo sua esposa; [25] devido a isso, eles incitaram uma luta civil entre todos da *pólis*, cada um atraindo os cidadãos à sua causa. Por causa disso, é necessário precaver-se contra tais assuntos em seu início e desmembrar as facções dos líderes e homens poderosos; pois o erro ocorre no início, e o começo, como diz o provérbio, "*é metade do todo*", [30] de modo que um erro no início, por mais pequeno que seja, está na mesma proporção dos erros das outras etapas.

Em geral, as revoltas entre os notáveis envolvem toda a *pólis* nas consequências, como aconteceu em Hestíaia, durante as Guerras Médicas, quando dois irmãos brigaram sobre a divisão de seu patrimônio; pois o mais pobre dos dois, alegando que o outro não [35] devolveria a propriedade e o tesouro que seu pai havia encontrado, colocou o povo do seu lado, e o outro, possuidor de muitas propriedades, foi apoiado pelos ricos.

Em Delfos uma briga surgiu de um casamento e isso foi o início de todas as revoltas que ocorreram posteriormente; **[1304a]** [1] o noivo, a caminho da casa da noiva, testemunhou um acidente e o interpretou como mau presságio e foi embora sem levá-la, e os seus parentes, julgando-se insultados, colocaram alguns objetos sagrados em sua bagagem enquanto ele oferecia um sacrifício aos deuses e depois o condenaram à morte como culpado de sacrilégio.

Também em Mitilene, uma facção que surgiu [5] de algumas herdeiras foi o início de muitos infortúnios e da guerra com os atenienses em que Paques capturou a *pólis*: um cidadão rico chamado Timófanes deixou duas filhas, e um homem, Dexandro, que era um governador estrangeiro de Atenas, foi rejeitado em seu processo para obtê-las como esposas para seus próprios filhos, este, então, começou uma facção e incitou os atenienses [10] a tomar a *pólis*. Entre os habitantes da Fócia, houve, também, uma facção originada de uma herança que suscitou a luta entre Mnaseias, pai de Mnasão, e Eutícrates, pai de Onomarco; essa facção provou ser o começo da Guerra Sagrada para os fócios. Em Epidamo, também as circunstâncias relativas a um casamento deram origem a uma mudança de regime: um certo [15] cidadão tinha prometido sua filha, e o pai do homem com quem ele a tinha prometido tornou-se um magistrado, e teve que sentenciá-lo a uma multa; o outro, pensando que tinha sido tratado com insolência, formou uma facção das classes desprivilegiadas para ajudá-lo.

As mudanças de regime na oligarquia, na democracia e no regime constitucional surgem do crescimento da reputação ou do poder de alguma magistratura ou de algum setor da *pólis*; [20] como aconteceu no Areópago, quando a assembleia, que ganhou boa reputação durante as Guerras Médicas, tornou a constituição mais rígida e, além disso, a tripulação marítima, tendo sido a causa da vitória de Salamina e, portanto, da liderança de Atenas devido ao seu poder no mar, consolidou a democracia. [25] Em Argos, os notáveis, tendo se levantado em reputação devido à batalha contra os espartanos em Mantineia, tentaram derrubar a democracia. Em Siracusa, o povo, tendo sido a causa da vitória na guerra contra Atenas, transformou o regime constitucional em uma democracia. Na Calcídia, o povo, com a ajuda dos notáveis, derrubou [30] o tirano Foxos e logo tomou o governo. E, por fim, em Ambrácia, o povo juntou-se aos adversários do tirano Periandro para expulsá-lo e depois tomou o governo para si.

De fato, em geral, não deve passar despercebido que as pessoas que fizeram uma *pólis* ganhar o poder, [35] sejam cidadãos particulares, magistrados, tribos, uma facção ou grupo de qualquer tipo, podem provocar um cenário de revolta; pois ou aqueles que invejam esses homens, por serem honrados, tomam essa inciativa, ou esses homens, devido à sua superioridade, não estão dispostos a permanecer em posição de igualdade.

Os regimes também sofrem alterações quando o que se pensa como facções opostas da *pólis* tornam-se iguais umas às outras, **[1304b]** [1] – por exemplo, os ricos e a classe popular – e quando não há classe média, ou apenas uma classe média extremamente reduzida; pois se qualquer uma das duas facções se tornar muito superior, a outra não estará disposta a arriscar um confronto com seu oponente manifestamente mais forte. Por causa disso, os homens excepcionais em virtude, como já dito, não causam conflitos, [5] porque se consideram em desvantagem face aos muitos da população. Analisamos, então, de modo geral, os princípios e as causas das facções e das revoluções em conexão com todas as formas de regime político.

Os meios usados para causar as mudanças de regimes são, às vezes, a força e, às vezes, a fraude. A força é empregada quando os líderes revolucionários exercem a coação imediatamente desde o início ou mais tarde. [10] O modo de usar a fraude também é duplo: às vezes os revolucionários, depois de enganar completamente o povo no primeiro estágio, alteram o regime com o consentimento popular, mas depois, em um estágio posterior, retêm-no pela força contra a vontade do povo; por exemplo, na época dos Quatrocentos, o povo foi enganado e convencido de que o rei persa forneceria dinheiro para a guerra contra os espartanos, e depois tal falsidade [15] foi usada para manter o controle sobre o governo. Em outros casos, persuadem o povo no início e depois repetem a persuasão e governam com seu consentimento.

Falando de modo geral, portanto, em relação a todas as formas de regime, as causas que foram enunciadas são aquelas a partir das quais as revoluções ocorrem.

Todavia, à luz dessas regras gerais, devemos considerar o curso normal dos eventos [20] classificados de acordo com cada tipo diferente de regime. Nas democracias, a principal causa das revoluções é a insolência dos demagogos[33], pois fazem com que os donos de propriedade se unam, em parte por perseguições maliciosas de indivíduos entre eles (pois o medo comum une até os maiores inimigos) e em parte por colocar as pessoas comuns contra eles como uma classe. Pode-se ver isso [25] acontecendo em muitos casos: em Cós, a democracia foi derrubada quando demagogos perversos lá surgiram e os notáveis se uniram; também em Rodes, pois os demagogos costumavam conferir salários para si mesmos e também impediam o pagamento do tributo devido aos trierarcas, e estes, por causa dessas ações movidas contra eles, [30] foram obrigados a coligar e derrubar o regime democrático da *pólis;* em Heracleia, o regime democrático foi derrubado imediatamente após a fundação da colônia, por ação dos demagogos, pois os notáveis que eram injustamente tratados por eles costumavam ser expulsos, mas, mais tarde, aqueles que foram expulsos se reuniram, efetuaram seu retorno e dissolveram a democracia; também, [35] a democracia em Mégara foi reprimida de maneira semelhante, pois os chefes do povo, para confiscar os bens e distribui-los ao povo, foram expulsando muitos dos notáveis, até que fizeram dos exilados um grande corpo, estes, então, voltaram, derrotaram o povo em uma batalha e estabeleceram a oligarquia.; a mesma coisa aconteceu também na região de Cime **[1305a]** [1] com o regime democrático que Trasímaco derrubou.

No caso de outras *pólis*, as observações mostrariam que as revoluções ocorreram pela maneira que já indicamos: às vezes os demagogos tratam os notáveis injustamente, prejudicando-os para [5] obter favores, fazendo com que suas propriedades sejam divididas ou com que seus rendimentos sejam reduzidos com maiores impostos; e, às vezes, os demagogos lançam calúnias contra os notáveis para poderem confiscar seus bens.

Antigamente, sempre que o mesmo homem se tornava demagogo e general, costumavam mudar o regime para uma tirania. A grande maioria dos primeiros tiranos eram, inicialmente, líderes do povo. [10] A razão pela qual isso acontecia naquela época, mas não acontece agora, é porque os líderes do povo eram tirados daqueles que ocupavam o cargo de general (porque eles ainda não eram hábeis na oratória), mas agora que a retórica se desenvolveu, os oradores capazes são líderes do povo, porém, devido à sua inexperiência em assuntos militares, eles não são colocados no controle destes – exceto nas situações em que algo do tipo ocorreu [15] em alguns lugares, mas em pequena medida.

As tiranias também costumavam ocorrer mais em tempos antigos do que agora porque cargos importantes foram confiados a poucos homens, como em Mileto: uma tirania surgiu da forma pritância de governo (o pritaneu tinha o controle de muitos assuntos importantes). E, além disso, as *pólis*, naqueles tempos, não eram grandes e as pessoas comuns viviam nos campos [20] e se ocupavam da agricultura. Nessa altura, os patronos do povo, quando se tornavam guerreiros, costumavam visar a tirania e todos eles costumavam fazer isso quando tinham conquistado a confiança do povo que se sustentava na sua inimizade comum para com os ricos. Como aconteceu em Atenas, quando Pisístrato se fez tirano levantando um partido contra os homens da planície; e, em Mégara, quando Teágenes [25] abateu o gado dos abastados que capturou pastando à beira do rio. Dionísio estabeleceu a pretensão de se tornar tirano quando acusou Dafneu e os ricos, pois sua hostilidade a eles fez com que lhe confiassem como um verdadeiro homem do povo.

Também ocorrem alterações de regime desde a forma ancestral de democracia até a forma mais moderna; pois onde as magistraturas são eletivas, [30] não nas avaliações de propriedades, mas por eleição popular, homens ambiciosos de cargos, agindo como demagogos, levam as coisas ao ponto de o povo ser soberano até mesmo sobre as leis. Para remediar essa situação ou reduzir sua extensão, seria necessário atribuir a eleição dos magistrados às tribos, e não a todo o povo.

Essas são as causas pelas quais [35] quase todas as revoluções nas democracias ocorrem.

As oligarquias sofrem alterações, principalmente, por dois modos perfeitamente óbvios. Um modo é quando tratam a multidão injustamente; pois qualquer homem é um defensor adequado do povo, especialmente quando [40] vem da própria oligarquia, como Ligdamo, em Naxos, que depois acabou se tornando tirano dos habitantes da *pólis*.

[1305b] [1] A facção originária de outras pessoas também possui várias maneiras de surgir. Às vezes, quando as honrarias do cargo são compartilhadas por poucos, a dissolução vem dos próprios ricos, mas não daqueles que estão no cargo, como ocorreu em Massália, [5] em Istro, em Heracleia, e em outras *pólis*; pois aqueles que não participavam das magistraturas suscitavam distúrbios até que, em uma primeira fase, foram admitidos os irmãos mais velhos, e depois os mais novos novamente (pois, em alguns lugares, um pai e um filho não podem ocupar cargos juntos, e, em outros, um irmão mais velho e o mais novo [10] não podem). Em Massália, a oligarquia tornou-se um regime constitucional, enquanto em Istro acabou por se tornar uma democracia, e em Heracleia o governo passou de um número restrito para seiscentos membros.

Em Cnido, também houve uma alteração da oligarquia causada por uma facção formada pelos notáveis uns contra os outros, porque poucos participavam do governo, e a regra ditava que se um pai [15] era membro, seu filho não poderia ser; nos casos que houvesse vários irmãos, somente o mais velho ascendia ao governo. O povo, então, aproveitou a oportunidade causada por essa briga e, tomando um protetor entre os notáveis, caiu sobre eles e os conquistou, pois a desunião é fonte de fraqueza.

Outro caso foi em Eritreia, onde, na época da oligarquia dos basílidas em tempos antigos, embora [20] as pessoas no governo dirigissem bem os negócios, o povo estava ressentido por ser governado por poucos, e causaram uma revolução no regime.

Por outro lado, as oligarquias podem ser derrubadas internamente quando, por motivos de rivalidade, oligarcas se tornam demagogos (essa demagogia é de dois tipos, uma entre os próprios oligarcas, pois um demagogo pode [25] surgir entre eles, mesmo sendo poucos – como no tempo dos Trinta, em Atenas, a facção de Cáricles subiu ao poder bajulando popularidade com os Trinta, e no tempo dos Quatrocentos, a facção de Frínico subiu da mesma maneira –, a outra ocorre quando os membros da oligarquia conquistam popularidade com a multidão, como os guardiões da *pólis* de Larissa, que cortejavam a popularidade com a multidão [30] porque ela os elegeu.

Isso acontece em todas as oligarquias em que as magistraturas não são eleitas pela classe de onde os magistrados vêm, mas são preenchidas por altos graus de propriedade ou por clubes políticos, enquanto os eleitores são os soldados armados ou o povo, como costumava ser o caso em Abidos, e em lugares onde os tribunais do júri não são constituídos pelo governador — pois, nesse caso, os membros da oligarquia, [35] ao cortejar o favor popular com vista a seus julgamentos, provocam uma alteração do regime, como ocorreu em Heracleia, no Ponto Euxino. Um outro exemplo é quando alguns homens tentam reduzir a oligarquia a um número menor e aqueles que buscam a igualdade são forçados a recorrer ao apoio popular. As revoluções na oligarquia também ocorrem quando os oligarcas [40] desperdiçam suas fortunas em uma vida desregrada; pois homens desse tipo procuram trazer um novo estado de coisas, e tornam-se, eles próprios, tiranos ou fazem tiranos a outros. **[1306a]** [1] Como Hiparino em relação a Dionísio, em Siracusa, e também em Anfípolis, onde um homem chamado Cleótimo liderou os colonos que vieram de Calcídia e, em sua chegada, os incitou à revolta contra os ricos. O mesmo em Egina, quando o homem que realizou a negociação [5] com Cares tentou causar uma revolução no regime, por um motivo análogo.

Com efeito, enquanto algumas vezes tentam introduzir rapidamente alguma reforma, outras vezes desfalcam os fundos públicos. É por essa razão que quem se revolta nas oligarquias luta contra quem incita facções contra o governo ou desfalcam os cofres públicos, como aconteceu em Apolônia, no Ponto Euxino. Por outro lado, a oligarquia harmoniosa [10] não causa facilmente sua própria destruição; uma indicação disso é o regime oligárquico em Farsália, pois ali a classe dominante, embora feita de poucos, exerce seu poder sobre toda a *pólis,* porque estão em boas relações uns com os outros.

Além disso, os governos oligárquicos se desfazem quando criam uma segunda oligarquia dentro da oligarquia. É quando, embora [15] toda a classe de cidadãos seja pequena, seus poucos membros não são todos admitidos nos cargos mais importantes. Foi o que ocorreu certa vez em Élis: o governo estava nas mãos de poucos e apenas noventa homens costumavam se tornar membros do Conselho de Anciãos, além disso, esses noventa cargos eram vitalícios e o modo de eleição era de tipo dinástico, à semelhança do Conselho dos Anciãos de Esparta.

As alterações dos regimes [20] oligárquicos ocorrem tanto durante a guerra como em tempos de paz.

Durante a guerra acontece quando os oligarcas são forçados, por sua desconfiança em relação ao povo, a empregar tropas mercenárias (pois o homem em cujas mãos o poder é colocado, muitas vezes se torna um tirano, como fez Timófanes, em Corinto; se são colocados vários homens no comando, estes ganham para si o poder dinástico; [25] e quando, por receio, dão uma parte do comando ao povo, a oligarquia cai, porque são compelidos a fazer uso do poder popular).

Durante a paz, por outro lado, por causa da desconfiança um do outro, eles colocam sua proteção nas mãos de tropas mercenárias ou de um magistrado mediador entre as duas partes, que às vezes se torna dirigente de ambas as facções. Foi o que aconteceu em Larissa, [30] no tempo do governo dos

Alêuadas, liderados por Símon, e, em Abidos, no tempo das associações cívicas, das quais Ifíades era membro.

As facções surgem, também, em consequência de um grupo dos próprios membros da oligarquia ser afastado por outro grupo e levado a conflitos em relação a casamentos ou ações judiciais. Exemplos de tais distúrbios decorrentes de uma causa relacionada ao casamento são os casos mencionados [35] anteriormente (além destes, a oligarquia dos cavaleiros de Erétria foi derrubada por Diágoras quando ele foi injustiçado em relação a um casamento). Já as revoltas de Heracleia e de Tebas surgiram de um julgamento de um tribunal, quando o povo, com justiça, mas facciosamente, impôs a punição contra Euricião, de Heracleia, e Árquio, [1306b] [1] de Tebas, sob a acusação de adultério (tal decisão incitou a indignação de seus inimigos pessoais de tal modo que foram presos na golilha em plena ágora). Muitas oligarquias foram derrubadas por alguns de seus membros que ficaram irritados porque eram muito despóticas; foi assim que as oligarquias [5] caíram em Cnidos e em Quios. Outras alterações de regime ocorreram a partir de um acidente, tanto no chamado regime constitucional quanto nas oligarquias, em que a adesão ao conselho, aos tribunais e a posse dos outros cargos se baseiam em uma qualificação de propriedade. Pois muitas vezes a qualificação foi fixada primeiro de acordo com as circunstâncias [10] da época, de modo que, em uma oligarquia, alguns poucos podem ser membros e, em um regime constitucional, somente as classes médias. Se, no entanto, a paz ou alguma outra boa fortuna leva a um tempo de prosperidade, ocorre que as mesmas propriedades passam a valer muitas vezes mais, de modo que todos os cidadãos compartilhem de todos os direitos de acesso às magistraturas. [15] Esse acesso mais geral faz com a mudança do regime oligárquico ocorra ora de forma gradual e não sendo percebida, ora mais rapidamente.

Tais então são as causas que levam a revoluções e facções nas oligarquias (geralmente, democracias e oligarquias são, às vezes, alteradas não em formas opostas de constituição, mas em formas da mesma classe, por exemplo [20] de democracias e oligarquias legítimas para autocracias e vice-versa).

Nas aristocracias, as revoluções surgem, em alguns casos, porque poucos homens compartilham as honrarias do governo, o que também foi dito ser a causa de distúrbios nas oligarquias, já que a aristocracia tem grandes afinidades com a oligarquia, [25] pois em ambas os governantes são poucos – embora a razão para isso não seja a mesma – e isso faz pensar que a aristocracia é uma forma de oligarquia.

Essas revoltas são mais prováveis de acontecer quando há um número considerável de pessoas orgulhosas de espírito por serem iguais em virtude, como os chamados Partênios[34], em Esparta [30] (descendentes dos Iguais[35]), que foram apanhados em flagrante pelos espartanos em uma conspiração e foram enviados para colonizar Tarento; ou quando indivíduos, embora grandes homens e inferiores a ninguém em virtude, são tratados com desonra por certos homens que possuem postos mais elevados, como Lisandro em relação aos reis[36]; ou quando uma pessoa de natureza viril não tem parte nas honrarias, como Cinadão[37], [35] que organizou o ataque aos espartanos no reinado de Agesilau. A revolta nas aristocracias também surge quando há uma parcela de cidadãos que são muito pobres e outros muito ricos (o que acontece especialmente durante as guerras, como ocorreu em Esparta, na época das Guerras Messênias, bem como aparece no poema *A Boa Ordem*, de Tirteu: **[1307a]** [1] no qual alguns homens, que se encontram em perigo por causa da guerra, reivindicam a redistribuição das terras do país). Além disso, se um homem é poderoso e capaz de ser ainda mais poderoso, ele cria facções para ser o único governante (como Pausânias, que comandou o exército durante as Guerras Médicas, [5] parece ter feito em Esparta e, Hanão, em Cartago).

O motivo principal da queda tanto dos regimes constitucionais quanto das aristocracias se deve principalmente a um desvio da justiça na estrutura da constituição. De início, isso se deve ao fato de, no caso de um regime constitucional, não haver uma boa mistura de democracia e oligarquia e, no caso de uma aristocracia, de faltar uma boa mistura desses dois elementos e faltar a virtude, [10] mas principalmente esses dois elementos – refiro-me à democracia e à oligarquia –; tanto os regimes constitucionais quanto a maioria dos regimes que são chamados aristocracias tentam misturá-los. Pois esta mistura é o ponto de distinção entre as aristocracias e os chamados regimes constitucionais, e é por isso que algumas aristocracias são menos estáveis e outras mais. [15] Os regimes que se inclinam mais para a oligarquia são chamados de aristocracias e aqueles que se inclinam mais para o lado da massa popular são chamados de regimes constitucionais. Devido a isso, os deste último tipo são mais seguros do que os outros, pois a maioria tem mais força e, além disso, os homens são mais contentes quando participam do governo em plano de igualdade, enquanto, se o regime dá a posição superior aos proprietários ricos, [20] estes procuram se comportar com insolência e ganhar mais riqueza.

Falando de um modo geral, para qualquer sentido que o regime se incline, esse é o sentido para o qual ele se desloca à medida que cada uma das duas partes aumenta sua própria força: um regime constitucional se desloca para a democracia e uma aristocracia para a oligarquia, ou para os extremos opostos, ou seja, da aristocracia à democracia (quando os mais pobres que se sentem injustiçados passam para [25] o regime oposto) e os regimes constitucionais à oligarquia (pois a única coisa duradoura em uma oligarquia é a igualdade de acordo com o mérito e a posse do que é seu).

A mudança que acabou de ser mencionada – da aristocracia à democracia – ocorreu em Túria: como a qualificação de propriedade para o acesso às magistraturas era muito alta, a constituição foi alterada para uma qualificação de propriedade mais baixa e para um número maior de cargos oficiais. É preciso ressaltar que [30] os notáveis apropriaram-se ilegalmente de toda a terra (pois a constituição era muito oligárquica e permitia com que se apoderassem da riqueza), porém as pessoas que foram treinadas na guerra dominaram os guardas, até que aqueles que estavam na posição de ter muita terra a abandonaram.

Além disso, como todas as constituições aristocráticas se inclinam para a oligarquia, [35] os notáveis se apegam muito à riqueza, como em Esparta, onde as propriedades pertencem a um grupo muito restrito, e os notáveis têm mais poder para fazer o que entendem e para formar laços matrimoniais com quem quiserem. Isso foi o que causou a queda da *pólis* dos lócrios, devido ao casamento de Dionísio, o que nunca teria ocorrido em uma democracia; nem [40] em uma aristocracia bem misturada.

[1307b] [1] As aristocracias são as mais propensas a sofrer uma revolução despercebida, através de um desdenho gradual, tal como foi dito anteriormente sobre todas as formas de regime em geral, que mesmo uma pequena mudança pode causar uma revolução. Pois quando se abre mão de um dos detalhes da constituição, em seguida ocorre [5] outra mudança um pouco maior e mais prontamente, até alterar todo o sistema. Isso ocorreu, por exemplo, com a constituição de Túria. Havia uma lei dizendo que o cargo de general podia ser exercido em intervalos de quatro

anos, mas alguns dos homens mais jovens, tornando-se guerreiros e ganhando grande reputação com a massa dos guardas, passaram a desprezar os magistrados [10] e pensaram que facilmente obteriam o controle; então, primeiro, eles tentaram revogar a referida lei, de modo a permitir que as mesmas pessoas servissem como generais continuamente, pois viam que o povo votaria neles com entusiasmo. E, embora os magistrados encarregados deste assunto, chamados de conselheiros, tenham feito um movimento de [15] oposição a eles, foram persuadidos, acreditando que depois de revogar esta lei permitiriam que o resto da constituição permanecesse; mais tarde, embora quisessem impedi-los quando outras leis estavam sendo revogadas, tais conselheiros não puderam mais fazer nada; e, assim, todo o sistema da constituição foi convertido em uma dinastia dos homens que iniciaram as mudanças.

Os regimes de todas as formas [20] são dissolvidos, algumas vezes, a partir de movimentos que se iniciam internamente e, outras vezes, externamente, quando confrontam uma forma oposta de regime próxima ou distante, mas possuidora de grande poder. Assim sucedeu em Atenas e Esparta: enquanto os atenienses costumavam derrubar as oligarquias por toda parte, os espartanos derrubavam as democracias.

Dissemos, então, [25] de forma genérica, as causas que dão origem às mudanças e às revoltas nos regimes políticos.

A próxima coisa a se falar é a segurança em geral para cada forma de regime separadamente. Em primeiro lugar, é claro que, se conhecemos as causas pelas quais os regimes são destruídos, também conhecemos as causas pelas quais elas são preservadas; pois os opostos criam opostos, e a destruição é o oposto [30] da segurança.

Em regimes bem combinados, portanto, deve-se tomar cuidado para evitar que os homens cometam qualquer violação da lei e, acima de tudo, deve-se evitar uma pequena violação, pois a transgressão da lei passa despercebida, assim como um pequeno gasto ocorrendo muitas vezes arruína as fortunas dos homens; pois a despesa [35] não é notada porque não vem toda de uma vez, já que a mente é induzida a erro pelos repetidos pequenos desembolsos, exatamente como a argumentação sofística "se cada parte é pequena, então o todo também o é". Isso é, em parte, verdade, mas em parte não é: de fato, o todo ou o total não é pequeno, mas feito de pequenas partes.

Devemos nos precaver, portanto, contra [40] esses pormenores desde o princípio. O próximo ponto é que não devemos depositar fé nos argumentos reunidos para enganar a multidão, **[1308a]**[1] pois eles são refutados pelos fatos (já foi dito antes sobre os tipos de artifícios políticos a que nos referimos).

Devemos observar que não apenas algumas aristocracias, mas também algumas oligarquias, perduram não porque os regimes são seguros, [5] mas porque aqueles que chegam aos cargos tratam bem tanto os que estão fora da constituição quanto os que participam do governo, por um lado, não tratando aqueles que não são membros do governo injustamente e trazendo seus líderes para o governo e não prejudicando os ambiciosos em questão de desonra ou a multidão [10] em questão de ganho e, por outro lado, em relação a si mesmos e aos que são membros, tratando-se mutuamente com espírito democrático.

Aquela igualdade que os homens de espírito democrático pretendem para a massa popular não é apenas justa, mas também vantajosa desde que vise seus semelhantes. Portanto, se há um grande número na classe governante, muitos dos atos legislativos de natureza democrática são vantajosos, como, [15] por exemplo, que os cargos sejam exercidos por seis meses, para permitir que todos os concorrentes participem deles. Essa disposição faz com que os indivíduos semelhantes funcionem como um povo (por isso, muitas vezes, surgem demagogos mesmo entre eles, como já foi dito) e também as oligarquias e aristocracias têm uma menor tendência de se tornarem dinastias (pois não é tão fácil cometer erros [20] no cargo estando nele por pouco tempo do que por muito tempo. É a longa permanência no cargo que faz surgir tiranias das oligarquias e das democracias; isso ocorre sempre que o poder se concentra nos maiores homens em qualquer forma de regime – os demagogos na democracia e os chefes de famílias na dinastia –, ou quando aqueles que ocupam os maiores cargos permanecem por muito tempo).

Os regimes são mantidos [25] seguros não apenas por estarem distantes dos que procuram sua destruição, mas às vezes também por estarem perto deles, pois quando estão com medo, mais facilmente ficam nas mãos do regime.

Por esse motivo que muitas vezes é necessário que o regime deva causar medo nos cidadãos, a fim de que eles possam manter a guarda e não relaxar sua vigilância do [30] regime tal qual uma vigília noturna, e que deva apresentar como iminente um perigo distante.

Além disso, o regime também deve se esforçar para se proteger contra os conflitos e revoltas entre os notáveis por meio de legislação, e vigiar aqueles que estão fora da disputa antes que venham assumir os cargos; já que discernir um mal crescente no início não é trabalho de qualquer pessoa comum, mas faz-se a necessidade de um [35] homem político.

Para lidar com as revoluções da oligarquia e do regime constitucional que surgem por conta das qualificações de propriedade, mantendo as taxas de qualificação as mesmas e aumentando a riqueza, é vantajoso comparar o total do valor nominal da comunidade em relação ao valor do ano anterior, isso nas [40] *pólis* onde a avaliação é feita anualmente, ou então **[1308b]** [1] a cada três ou cinco anos nas *pólis* maiores. Se o novo total for muitas vezes maior ou muitas vezes menor do que o anterior, no momento em que as taxas de qualificação para a cidadania foram fixadas, é vantajoso que haja uma lei para os magistrados apertar ou flexibilizar as taxas proporcionalmente; apertando-as na proporção da razão de aumento, [5] se o novo valor total exceder o antigo, e relaxando-as e tornando a qualificação mais baixa, se o novo total for abaixo do antigo. Pois nas oligarquias e nos regimes constitucionais, quando não fazem esse ajuste tributário, se ficar abaixo, o resultado é que no regime constitucional acaba surgindo uma oligarquia e na oligarquia surge uma dinastia, e no caso de ficar acima, um regime constitucional se transforma em democracia e uma oligarquia [10] em um regime constitucional ou uma democracia.

É uma política comum à democracia, à oligarquia, à monarquia, e a toda forma de regime, não elevar demais nenhum homem além da devida proporção, mas sim tentar atribuir cargos públicos modestos e de longo mandato em vez de cargos grandes de curto tempo de exercício (pois os homens se corrompem e nem todo homem sabe viver de [15] modo próspero), ou se não, em todo caso, não conceder cargos e tirá-los novamente todos de uma vez, mas por um processo gradual.

O melhor de tudo é tentar regular as pessoas pela lei de modo que não haja ninguém entre elas especialmente proeminente no poder por causa de amigos ou riqueza; ou, caso contrário, fazer com que seus períodos de ausência sejam gastos no exterior. [20] E como os homens também causam revoluções através de suas vidas privadas, alguma magistratura deve ser criada para inspecionar aqueles cujo modo de vida é inadequado para o regime – inadequado para a democracia em uma democracia, para a oligarquia em uma oligarquia, e similarmente para cada uma das outras formas de regime.

Ademais, a prosperidade de cada facção na *pólis* [25] deve ser precavida pelas mesmas razões. A maneira de evitar isso é sempre confiar assuntos públicos e cargos a facções opostas (quero dizer que os notáveis são opostos à multidão e os pobres aos ricos), e esforçar-se para misturar a multidão dos pobres e dos ricos [30] ou aumentar a classe média (pois isso dissolve as facções devido à desigualdade).

Em toda forma de regime é uma coisa de grande importância que ele seja estabelecido, tanto por suas leis quanto por suas outras instituições, de modo a ser impossível para as magistraturas obter lucro. E isso deve ser empregado, sobretudo, nas oligarquias; pois o povo não se incomoda [35] tanto em ser excluídos do cargo (na verdade, esses cidadãos ficam felizes se alguém lhes dá tempo para gastar em seus próprios assuntos) como quando pensa que os magistrados estão roubando os fundos públicos; nesse caso, então, as duas coisas incomodam: a exclusão das honrarias do cargo e a exclusão de seus lucros.

De fato, a única maneira pela qual uma combinação de democracia e aristocracia é possível é [40] se alguém conseguir esse arranjo; **[1309a]** [1] nesse caso, então, seria possível aos notáveis e também ao povo terem o que desejam; pois é o princípio democrático que todos tenham o direito de ocupar cargos no governo e o aristocrático que os cargos sejam preenchidos pelos notáveis, e este será o caso quando for impossível tirar proveitos dos cargos. Assim, os pobres [5] não vão querer ocupar cargos porque não ganham nada com isso, mas se ocuparão de seus próprios assuntos particulares, enquanto os ricos poderão ocupar os cargos porque não precisam viver às custas dos fundos públicos; de modo que o resultado será que os pobres se tornarão ricos gastando seu tempo em seu trabalho, e os notáveis não serão governados por quaisquer pessoas.

[10] Portanto, para evitar o desperdício do patrimônio público, a transferência dos fundos deve ocorrer na presença de todos os cidadãos, e que sejam depositadas cópias das listas para cada fratria, corporação e tribo da *pólis*. Além disso, para que os homens ocupem cargos sem ganhos, deve haver honrarias atribuídas por lei a funcionários de boa reputação.

Nos regimes democráticos, é [15] preciso poupar os ricos não só evitando que as propriedades sejam divididas, mas também os rendimentos (o que em alguns regimes passa despercebido), e é melhor evitar que os homens ricos empreendam em serviços públicos supérfluos, mesmo se eles quiserem, serviços como equipar coros, corridas de tochas e todos os outros serviços semelhantes.

[20] Nos regimes oligárquicos, por outro lado, é necessário cuidar muito dos pobres e atribuir-lhes os ofícios dos quais possam tirar algum rendimento. A pena, se um dos ricos cometer um ultraje contra eles, deve ser maior do que se for feito contra um rico. Ademais, a herança não deve ser transmitida por doação, mas por parentesco; e o mesmo homem não deve herdar mais de uma propriedade, [25] pois assim as propriedades seriam distribuídas de forma igualitária, e mais pobres estabeleceriam uma vida mais próspera.

É conveniente, tanto em uma democracia quanto em uma oligarquia, atribuir aos que têm uma participação menor no governo – em uma democracia aos ricos e em uma oligarquia aos pobres – igualdade de acesso ou preferência em relação a todas as outras coisas, exceto as magistraturas supremas; [30] estas devem ser confiadas exclusivamente aos prescritos pela constituição, ou à maioria deles.

Há três qualidades que aqueles que ocupam as magistraturas supremas devem possuir: primeiro, lealdade ao regime estabelecido; [35] depois, grande capacidade para cumprir os deveres do ofício; e terceiro, virtude e senso de justiça conforme cada regime e o tipo de justiça adequado à sua constituição (pois se as regras de justiça não são as mesmas em todas os regimes, segue-se que deve haver diferenças na natureza da justiça também).

É uma questão difícil de saber como a escolha deve ser feita quando acontece de [40] todas essas qualidades não serem encontradas no mesmo indivíduo; [1309b] [1] por exemplo, se um homem é um bom comandante militar, mas um homem perverso e hostil ao regime e um outro é justo e leal, como deve ser feita a escolha? Parece que duas coisas devem ser consideradas: qual é a qualidade mais comum a todos os homens e qual é a qualidade menos comum. Portanto, no caso do comando militar, [5] deve-se considerar mais a experiência do que a virtude (pois é menos comum nos homens a experiência militar e mais comum a conduta virtuosa); mas no caso de um cargo de guardião ou tesoureiro, deve-se considerar o contrário, pois estes cargos exigem mais virtude do que a maioria dos homens possui, já que o conhecimento exigido é comum a todos.

Pode-se, então, levantar a questão: por que a virtude é necessária se tanto a capacidade quanto a lealdade ao regime [10] estão presentes em um indivíduo, já que essas duas qualidades farão o que é adequado?

Talvez não seja a resposta certa que aqueles que possuem essas duas qualidades podem, possivelmente, carecer de autocontrole. Desse modo, como não se servem do poder em seu próprio proveito, embora conheçam e amem a si próprios, também podem em alguns casos se comportar desta maneira em relação à comunidade.

De modo geral, quaisquer que sejam as disposições das leis que descrevemos [15] como vantajosas para os regimes, elas são todas preservadoras das constituições, em particular o princípio mais importante que tem sido frequentemente afirmado: o de tomar precauções para que os favoráveis ao regime sejam maiores em números do que os que são adversos.

Além de todas essas questões, não se deve ignorar uma coisa que atualmente é ignorada pelas formas de desvio de um regime – a classe média; [20] pois muitas das medidas tomadas e consideradas democráticas destroem democracias, e muitas daquelas consideradas oligárquicas destroem oligarquias. Os que consideram a sua própria noção de virtude, pensando que esta forma é a única certa, caem em excessos, sem saber que, assim como pode haver um nariz que, embora se desvie da mais bela retidão e acaba sendo aquilino ou achatado, ainda assim é bonito e agradável de se ver; [25] da mesma maneira, se um escultor esculpir um nariz que vai ainda mais longe, na direção do excesso, ele primeiro perderá a simetria do traço e, por fim, fará com que nem pareça um nariz, por causa do seu excesso e dos defeitos próprios das duas qualidades opostas. Isso se verifica em relação às outras partes do corpo, [30] e da mesma forma acontece com os regimes políticos.

É possível que uma oligarquia e uma democracia sejam perfeitamente satisfatórias, embora longe da melhor estrutura, mas se alguém der uma maior importância a uma delas, de início tornará o regime pior que antes e, por fim, não será nem reconhecida como um regime.

[35] Portanto, o legislador e o político não devem desconhecer que medidas democráticas salvam e destroem uma democracia, assim como que tipo de medidas oligárquicas salvam e destroem uma oligarquia; pois nenhum regime político pode existir

e durar sem os abastados e o povo. Todavia, quando ocorre uma igualdade [40] de propriedade, o regime resultante deve necessariamente ser outro, **[1310a]** [1] de modo que, quando os homens destroem essas classes por leis exageradas, destroem também os regimes.

Ainda, um outro erro é cometido tanto nas democracias quanto nas oligarquias – nas democracias, em que o povo é supremo sobre as leis, tal erro é cometido pelos demagogos, pois eles sempre dividem a *pólis* em duas [5] facções para lutar contra os abastados, mas deveriam fazer o contrário e sempre fingir estar falando em nome dos abastados; enquanto que, nas oligarquias, os estadistas oligárquicos deveriam fingir estar falando em nome do povo, e os oligárquicos deveriam prestar juramento em termos exatamente opostos aos que usam agora e que é o seguinte: *"Serei hostil ao povo e planejarei [10] contra ele todo o mal que puder"*, mas deveriam manter a noção oposta, e agir como tal, declarando em seus juramentos: *"Não cometerei injustiças contra o povo"*.

O mais importante de todos os meios aqui mencionados para garantir a estabilidade dos regimes é aquele que, atualmente, todos desprezam: um sistema de educação adequado aos regimes.

De nada valem as leis mais valiosas [15] e aprovadas pelo julgamento unânime de todo o corpo de cidadãos, se estes não forem formados e educados segundo o regime estabelecido – democraticamente se as leis forem democráticas e oligarquicamente se forem oligárquicas. Pois, se existe, de fato, a indisciplina em um indivíduo, este se passa em uma *pólis*. Ter sido educado [20] para se adequar a um regime não significa fazer as coisas que dão prazer aos adeptos da oligarquia ou aos partidários da democracia, mas as coisas que permitirão aos oligarcas governar oligarquicamente e aos democráticos governar mesmo democraticamente.

Contudo, atualmente, nas oligarquias, os filhos dos governantes vivem de forma luxuosa, e os filhos dos pobres são treinados para as atividades árduas e para o trabalho, [25] de modo que são mais desejosos de reforma e mais capazes de realizá-la; enquanto nas democracias, até mesmo nas tidas como as mais democráticas, ocorre o contrário do que é mais adequado ao interesse comum. A causa disso é que definem a liberdade erroneamente e há duas coisas consideradas características definidoras da democracia: a soberania da maioria e [30] a liberdade.

Ainda nas democracias, a justiça deve consistir na igualdade – uma igualdade baseada no que foi decidido pela maioria, pois a opinião é considerada suprema – e na liberdade, em que cada cidadão faz exatamente o que quiser. Por isso, em democracias desse tipo, cada um vive como quer e "para onde o impulso conduz", como diz Eurípides[38]. Todavia, essa situação não é boa, [35] pois viver em conformidade com o regime não deveria ser considerado escravidão, mas segurança.

Portanto, falando amplamente, essa é uma lista das coisas que causam a alteração e a destruição dos regimes políticos, e daquelas que causam sua segurança e permanência.

Resta-nos falar da monarquia, das causas que a [40] destroem e dos meios naturais de sua preservação. **[1310b]** [1] As coisas que acontecem em governos régios e tiranias são quase semelhantes às que foram narradas nos regimes constitucionais. A realeza corresponde à aristocracia, enquanto a tirania é uma combinação da oligarquia e da democracia em suas formas extremas; [5] e por isso mesmo é muito prejudicial aos seus súditos, visto que é uma combinação de duas coisas ruins e acumula os desvios e os defeitos que incorrem em ambas as formas de regime.

Esses dois tipos diferentes de monarquia têm suas origens de fontes diretamente opostas. A realeza surgiu para ajudar os notáveis contra o [10] povo e o rei é nomeado entre aqueles que se distinguem pela superioridade em virtude ou pelas ações que advêm da virtude, ou ainda por outra superioridade de mesmo caráter. Por outro lado, um tirano é estabelecido entre o povo e a multidão para se opor aos notáveis, a fim de que o povo não sofra injustiça por parte deles. Isso é manifesto a partir dos fatos históricos, pois quase [15] a maioria dos tiranos surgiu, pode-se dizer, de demagogos, tendo conquistado a confiança do povo caluniando os notáveis.

Algumas tiranias foram constituídas dessa maneira quando as *pólis* já estavam grandes; outras, que vieram antes delas, surgiram de reis que se afastaram dos costumes ancestrais e visavam um governo mais despótico; [20] outras, dos homens eleitos para preencher as magistraturas supremas (pois antigamente os povos nomeavam as magistraturas especiais[39] e as sagradas[40] para longos mandatos); e outras, por fim, dos próprios oligarcas elegendo algum oficial supremo para as magistraturas mais importantes.

Em todos esses métodos, os homens tinham o poder de realizar seu propósito facilmente, [25] se apenas o desejassem, porque já possuíam o poder do governo régio, em alguns casos, e a dignidade dos cargos, em outros casos. Assim procedeu, por exemplo, Fídon, em Argos, e outros que se tornaram tiranos quando já possuíam o poder régio. Já os tiranos da Jônia e o tirano Fálaris surgiram de cargos de honra. Panécio, em Leontino, Cipselo, em Corinto, [30] Pisístrato, em Atenas, Dionísio, em Siracusa, e tantos outros, chegaram à tirania da mesma maneira: da posição de demagogo.

Portanto, como dissemos, a realeza se enquadra em correspondência com a aristocracia, pois passa por mérito, seja por virtude pessoal ou por linhagem ou por benfeitorias ou por uma combinação dessas coisas acrescida da habilidade de governar. Pois, em todos os casos, [35] essa honra coube aos homens depois de terem concedido benfeitorias ou porque tinham a capacidade de conceder benfeitorias a suas *pólis* ou nações. Alguns tendo impedido a escravização da população na guerra, como Codro, outros tendo os libertado, como Ciro, ou tendo estabelecido ou adquirido território, como os reis de Esparta, da Macedônia e dos [40] molossianos.

O rei, ao desejar ser guardião, **[1311a]** [1] pretende proteger os proprietários de terras de sofrer injustiças e evitar que o povo sofra insultos, mas a tirania, como tem sido repetidamente dito, não respeita nenhum interesse comum, a não ser em benefício próprio. Enquanto o objetivo da tirania é o prazer, [5] o da realeza é o nobre. Por essa razão que enquanto a riqueza é o objetivo da tirania, a honra é o objetivo dos reis, e enquanto a guarda de um rei é constituída de cidadãos, a de um tirano consiste em mercenários estrangeiros.

É evidente que a tirania tem os males da democracia e da oligarquia. Extrai da oligarquia [10] o objetivo de fazer da riqueza (pois, inevitavelmente, essa é a única maneira pela qual a guarda do tirano e sua ostentação podem ser mantidas) e de não confiar no povo (é por isso que eles recorrem à medida do desarmamento e, por isso, que os maus-tratos contra o povo, sua expulsão da *pólis* e o assentamento em lugares dispersos são comuns a ambas as formas de governo, [15] tanto à oligarquia quanto à tirania), enquanto da democracia extrai a hostilidade contra os notáveis: os destrói secreta e abertamente, os exila como conspiradores e obstruem seu domínio; pois é desses notáveis que realmente surgem os movimentos de reforma, alguns deles desejando governar, e outros desejando não [20] serem escravos. Daí vem o conselho de Periandro a Trasíbulo no corte dos pés de milho que cresciam mais do que os outros, significando que os cidadãos proeminentes devem sempre ser eliminados.

Portanto, como foi afirmado, as causas das revoluções nos regimes constitucionais e régios devem ser consideradas as mesmas. Os súditos, em muitos casos, atacam as monarquias [25] por causa de tratamento injusto, medo e desprezo; e entre as formas de tratamento injusto está, principalmente, a insolência, e, às vezes, a causa é a apreensão de propriedade privada.

Também os objetivos visados pelos revolucionários no caso tanto das tiranias quanto dos governos régios [30] são os mesmos que nas revoltas contra o regime constitucional; pois os monarcas possuem grande riqueza e grande honra, que são desejados por todos os homens. Em alguns casos, o ataque é direcionado à vida do governante, em outros casos, ao seu regime. As revoltas provocadas pela insolência são, normalmente, dirigidas contra a pessoa do governante. Embora a insolência tenha muitas variedades, todas elas dão origem à raiva, e quando [35] os homens estão com raiva, quase a maior parte ataca por vingança, não por ambição. Por exemplo, o ataque aos Pisistrátidas ocorreu porque eles ofenderam a irmã de Harmódio e trataram o próprio Harmódio com injúria (assim, Harmódio os atacou por causa de sua irmã e Aristógiton por causa de Harmódio). Também, um ataque foi lançado contra Periandro, o tirano de Ambrácia, porque, ao se banquetear [1311b] [1] na companhia de seu jovem favorito, perguntou-lhe se havia sido engravidado por ele). O ataque contra Filipe por Pausânias aconteceu porque Filipe permitiu que Pausânias fosse insultado por Átalo e seus amigos. Da mesma maneira, Amintas, o Pequeno, foi atacado por Derdas porque zombou de sua juventude. E o [5] ataque a Evágoras, do Chipre, foi por vingança: um eunuco o assassinou por ter sido insultado e porque o filho de Evágoras havia se deitado com sua esposa.

Muitos ataques também ocorreram devido a vergonhosas indignidades pessoais cometidas por certos monarcas. Um exemplo é o ataque de Crateu a Arquelau; pois ele sempre se ressentiu pela relação íntima entre ambos, de modo que uma [10] pequena desculpa foi o suficiente para se vingar, ou, talvez, o ataque tenha sido porque Arquelau não lhe deu a mão de uma de suas filhas depois de concordar em fazê-lo, mas deu a mais velha ao rei de Elimeia, quando pressionado em uma guerra contra Sirra e Arrabeu, e a mais jovem para seu próprio filho Amintas, pensando que assim Amintas provavelmente brigaria menos [15] com seu outro filho nascido de Cleópatra; mas, em todo caso, a inimizade de Crateu e Arquelau foi causada, principalmente, pelo ressentimento provocado pelo caso de amor entre eles. Helanócrates, de Larissa, também se juntou ao ataque a Arquelau pelo mesmo motivo; porque, enquanto abusava dos seus favores, Arquelau não o deixava retornar à sua pátria, embora tivesse prometido fazê-lo, e julgou que o motivo da relação existir [20] tinha sido a insolência e não o desejo apaixonado. Píton e Heráclides, de Enos, assassinaram Cótis para vingar seu pai, e, antes disso, Adamas se revoltou contra Cótis por ter sido mutilado por ele quando menino, em razão de um insulto.

Muitos homens, quando enfurecidos pela indignidade do castigo contra o seu corpo, vingaram o insulto matando [25] ou tentando matar seu autor, mesmo que este seja um magistrado ou membro de uma dinastia real. Por exemplo, quando os Pentílidas, em Mitilene, espancaram as pessoas com seus bastões e foram mortos por Mégacles e seus amigos. Mais tarde, Esmerdes, quando foi espancado e arrastado para fora da presença de sua esposa, [30] matou Pêntilo. Também Decâmnico teve um papel de liderança no ataque a Arquelau, sendo o primeiro a instigar os atacantes; a causa de sua raiva foi que Arquelau o entregou a Eurípides, o poeta, para ser açoitado – Eurípides estava zangado por Decâmnico ter feito uma alusão sobre seu mau hálito. E muitos outros também [35] morreram ou foram vítimas de tramas por razões semelhantes.

O mesmo pode ser dito em relação ao medo. Pois esta foi uma das causas de revoltas que mencionamos tanto no caso das monarquias, como também nos regimes constitucionais. Por exemplo, Artapanes matou Xerxes temendo sua acusação sobre a morte de Dario, porque o havia enforcado quando Xerxes lhe ordenara que não o fizesse, mas pensou [40] que Xerxes o perdoaria porque esqueceria ter dado essa ordem sob efeito da bebida.

Outros ataques aos monarcas foram suscitados por desprezo, [1312a] [1] tal como aconteceu com Sardanápalo que foi morto por alguém que o viu pentear o cabelo com suas mulheres (isso se esta história contada pelos narradores de lendas é verdadeira; mas mesmo que não tenha acontecido com Sardanápalo, pode muito bem ter acontecido de verdade com outra pessoa), e Díon atacou, por desprezo, Dionísio, o Moço, [5] e via que os cidadãos também desprezavam o próprio rei que sempre estava bêbado.

O desprezo levou até alguns amigos dos próprios monarcas a atacá-los, pois os monarcas os desprezam por confiarem neles e pensam que não serão descobertos por uma eventual conspiração da parte deles.

O desprezo é, de certa forma, o motivo daqueles que atacam os monarcas pensando que podem [10] tomar o governo; pois fazem a tentativa sentindo que o poder é facilmente atingível e, por conta de seu poder, acabam desprezando o perigo, como quando generais que comandam os exércitos atacam seus monarcas. Por exemplo, Ciro atacou Astíages quando este desprezava tanto seu modo de vida quanto seu poder, porque seu poder havia diminuído e porque estava vivendo uma vida luxuosa. Seutes, o Trácio, atacou o rei Amádoco de igual forma, de quem era general.

[15] Outros ainda atacam os monarcas por vários desses motivos, por exemplo, tanto por desprezá-los quanto por ambição de riquezas. Como Mitrídates, que atacou Ariobarzanes. São homens de índole ousada e que ocupam um cargo militar junto dos monarcas que mais frequentemente fazem a tentativa de ataque por esse motivo; pois a coragem aliada ao poder resulta em ousadia [20] e atacam pensando que com ambas as qualidades – coragem e poder – vencerão facilmente.

Entre aqueles cujo ataque é motivado pela ambição, o motivo opera de maneira diferente dos mencionados anteriormente; alguns homens atacam tiranos porque veem grandes riquezas e grandes honrarias pertencentes a eles, mas não [25] é este o motivo que incita os ataques por motivos de ambição. Enquanto os outros são guiados pelo motivo declarado – honrarias e riquezas –, estes atacam os monarcas por um desejo de ganhar não a monarquia, mas a glória, assim como eles gostariam de participar de qualquer outra ação incomum que torna os homens célebres e conhecidos por seus semelhantes.

[30] De qualquer forma, aqueles que agem por esse motivo são muito poucos em número, pois subjacente a isso deve haver um total desprezo à vida, caso a ação não atinja o êxito. Os interessados devem ter sempre presente em suas mentes o pensamento de Díon, embora não seja fácil para muitos tê-lo: [35] Díon marchou com uma pequena força contra Dionísio, dizendo que seu sentimento era tal que lhe permitiu chegar onde chegou; além disso, já seria suficiente para ele

ter tido tanta participação nessa tarefa, pois mesmo que isso lhe causasse a morte assim que colocasse os pés em terra, essa morte o satisfaria.

Uma maneira pela qual a tirania é destruída, como também [40] cada uma das outras formas de regime, é a de causa externa, **[1312b]** [1] bastando existir um regime oposto mais forte (pois, claramente, esse regime exterior deseja destruí-lo devido à oposição de princípios, e todos os homens fazem o que desejam, se tiverem o poder).

Os regimes opostos à tirania são, por um lado, a democracia, que se opõe a ela como *"oleiro contra oleiro"*, como na frase de Hesíodo, [5] (porque a forma extrema da democracia é a tirania) e, por outro lado, a realeza e a aristocracia se opõem à tirania por causa da natureza oposta de sua estrutura constitucional (devido à qual os espartanos derrubaram muitas tiranias, assim como os siracusanos no período em que eram bem governados).

Além disso, uma outra maneira é a revolta que surge de [10] dentro do próprio regime. Isso acontece quando os parceiros dele entram em discórdia. Foi o que aconteceu com a tirania da família de Gélon e, nos tempos atuais, a da família de Dionísio – a de Gélon foi destruída quando Trasíbulo, irmão de Hiéron, cortejou o filho de Gélon e o incitou aos prazeres para que ele mesmo conquistasse o poder; os familiares do filho se reuniram para que a tirania não fosse totalmente derrubada, mas apenas Trasíbulo; [15] seus confederados, no entanto, aproveitando a oportunidade, expulsaram todos da *pólis*. Dionísio foi derrubado por Díon, seu parente, que colocou o povo ao seu lado e o expulsou, mas depois foi morto.

Há, principalmente, duas causas que levam os homens a atacar a tirania: o ódio e o desprezo. O primeiro, o ódio, [20] sempre é ligado aos tiranos, mas é o desprezo por eles que causa sua queda em muitos casos. Prova disso é que a maioria dos que atingiram o poder conservaram seus cargos até o fim, mas quase todos os que herdaram a tirania a perderam; pois estes últimos vivem uma vida de prazeres e, assim, se tornam desprezíveis e também dão [25] muitas oportunidades a seus agressores.

A raiva também deve ser contada como um elemento do ódio sentido por eles, pois, de certa forma, ocasiona as mesmas ações e, muitas vezes, é ainda mais eficaz do que o ódio, já que os homens irados atacam com mais vigor porque a paixão não é calculada (e a insolência faz com que os [30] homens sejam mais frequentemente conduzidos por seus temperamentos raivosos, que foi a causa da queda da tirania dos Pisistrátidas e muitos outros), enquanto o ódio é mais calculado. A raiva traz consigo um elemento de dor, dificultando calculá-la, mas o ódio não é acompanhado de dor.

Falando de modo resumido, todas as coisas que mencionamos como causa da [35] queda da forma pura da oligarquia e da forma extrema de democracia devem ser contadas como destrutivas da tirania também, uma vez que a oligarquia extrema e a democracia são, na realidade, tiranias multiplicadas.

O regime régio, por outro lado, raramente é destruído por causas externas e, por essa razão, é o mais duradouro de todos. Na maioria dos casos, sua destruição surge no interior de si mesmo. É destruído, pois, de duas maneiras: [1313a] [1] uma quando os que dela participam brigam, e outra quando os reis tentam administrar o governo de forma demasiado tirânica, pretendendo exercer a soberania em mais coisas e contrariamente à lei.

Os regimes régios não ocorrem mais hoje em dia, mas se alguma vez as monarquias ocorrerem, elas serão tiranias, [5] porque a realeza é o governo sobre súditos dispostos a serem governados, com soberania sobre assuntos importantes. Atualmente, porém, os homens de igual qualidade são numerosos e ninguém é tão notável a ponto de estar à altura da grandeza e da dignidade do cargo; de modo que, por esta razão, os súditos não se submetem voluntariamente, e se um homem se fez governante por meio do engano ou da força, [10] já parece tratar-se justamente de uma tirania.

Nos casos de realeza hereditária, devemos também estabelecer como causa de sua destruição, além das mencionadas, o fato de que os reis hereditários muitas vezes se tornam desprezíveis e que, embora possuindo não o poder de um tirano, mas a dignidade de um rei, cometem atos insolentes; pois a deposição de reis assim costuma ser fácil, pois um rei deixará imediatamente de ser rei se seus [15] súditos não quiserem que ele seja, enquanto um tirano ainda será tirano mesmo que seus súditos não o desejem.

Portanto, essas causas, e outras da mesma natureza, são as que provocam a destruição das monarquias.

Por outro lado, é claro que as monarquias, falando de modo geral, são preservadas por causas opostas àquelas pelas quais são destruídas. Mas, tomando os diferentes tipos de monarquia separadamente, as realezas são preservadas [20] de um modo mais moderado; pois quanto menos poderes restritos os reis possuem, mais tempo deve durar o cargo em sua totalidade, pois eles mesmos se tornam menos despóticos e com hábitos mais iguais a seus súditos, e seus súditos os invejam menos. Esta foi a causa da longa persistência da realeza entre os molossianos, [25] e, da mesma forma, a de Esparta continuou porque o cargo foi, desde o início, partilhado por dois cidadãos e porque foi, mais tarde, limitado por Teopompo a um grupo de éforos para controlá-lo; pois, tirando parte do poder dos reis, ele aumentou a permanência do cargo régio, de modo que, de certa maneira, ele não tornou a realeza menor, mas [30] maior. De fato, como diz a história, é o que ele disse em resposta à esposa, quando ela perguntou se ele não sentia vergonha em legar um poder régio a seus filhos menor do que ele havia herdado de seu pai; é dito ter respondido: *"De certo modo não, porque eu lhes entrego uma realeza mais duradoura"*.

As tiranias, por outro lado, são preservadas de duas maneiras completamente opostas. [35] Uma delas é a forma tradicional e aquela em que a maioria dos tiranos administra seu ofício. Diz-se que a maioria dessas medidas de conservação comuns da tirania foi instituída por Periandro, de Corinto, e também muitos desses elementos podem ter sido emprestados do império persa. Essas são as duas medidas mencionadas há algum tempo para garantir a conservação [40] de uma tirania, na medida do possível: a eliminação de homens proeminentes e a destruição dos arrogantes. Além dessas, há: a proibição das refeições comuns, associações cívicas, educação e todas as outras coisas desta natureza; [1313b] [1] a vigilância atenta de todas as coisas que costumam gerar sentimentos de coragem e confiança; a prevenção da formação de escolas e conferências para debate; o emprego de todos os meios possíveis para tornar [5] os cidadãos desconhecidos uns dos outros (pois a familiaridade aumenta a confiança mútua); que as pessoas da cidade estejam sempre visíveis e que passem a maior parte do tempo nos portões do palácio (pois assim haveria menos dissimulação sobre o que estão fazendo, e eles se acostumariam a ser humildes por sempre agirem de maneira servil); também, fazer uso de todos os outros artifícios semelhantes da tirania persa [10] e bárbara (todos que provocam o mesmo efeito); tentar não ser desinformado sobre quaisquer declarações ou ações casuais de qualquer um dos cidadãos, mantendo espiões, como as mulheres chamadas "denunciadoras" em Siracusa e os "escutas" que costumavam ser enviados por Hiéron onde quer que houvesse qualquer reunião ou conferência [15] (pois quando os homens têm medo de espiões desse tipo, eles controlam suas línguas e, se falarem livremente, é mais provável que sejam descobertos); fazer os homens discordarem uns dos outros e causar brigas entre amigos, entre o povo e os notáveis, e entre os próprios ricos. É também um artifício da tirania tornar os súditos pobres, para que não haja guarda [20] e também para que as pessoas ocupadas com seus assuntos diários não tenham tempo para conspirar contra seu governante. Exemplos disso são as pirâmides no Egito, as oferendas votivas dos Cispsélidas, a construção do templo de Zeus Olímpico pelos Pisistrátidas e as obras de Polícrates em Samos (pois todos esses empreendimentos [25] produzem o mesmo efeito: privação do ócio e pobreza dos sujeitos). Outro artifício é a cobrança de impostos, como em Siracusa (pois no reinado de Dionísio, os cidadãos contribuíram com toda a sua fortuna durante cinco anos como resultado da tributação). Também o tirano é um instigador de guerra, com o propósito deliberado de manter o povo ocupado e também de fazê-lo constantemente necessitar de um líder. Além disso, [30] enquanto os amigos são um meio de segurança para a realeza, é uma marca de um tirano ser extremamente desconfiado de seus amigos, pois, embora todos tenham o desejo de derrubá-lo, os amigos têm o poder de fazê-lo.

Também as coisas que ocorrem em conexão com a forma extrema da democracia são todas favoráveis à tirania: domínio das mulheres nos lares, para que possam fazer denúncias contra [35] os homens e a falta de disciplina entre os escravos, pela mesma razão; escravos e mulheres não conspiram contra tiranos, pois no caso de levarem uma vida próspera sob tiranias, devem sentir-se bem-dispostos tanto em tiranias como em democracias (já que nestas, o povo também deseja ser o único governante). Por isso, também, o bajulador é honrado em ambos os regimes – [40] com as democracias é o demagogo (pois o demagogo é um bajulador do povo) e com os tiranos são aqueles que obedecem a eles humildemente, o que é tarefa da bajulação.

[1314a] [1] Na verdade, devido a isso que a tirania é amiga da perversidade; pois os tiranos gostam de ser lisonjeados, mas ninguém jamais os lisonjearia se eles possuíssem um espírito livre – homens de caráter amam seu governante ou, em todo caso, não o lisonjeariam. Além disso, os perversos são úteis para as ações perversas dos tiranos, pois [5] *um prego arranca outro prego*", como diz o provérbio[41].

É uma marca de um tirano não gostar de quem é orgulhoso ou de espírito livre; pois o tirano reivindica apenas para si o direito de ter esse caráter, e o homem que enfrenta seu orgulho e mostra um espírito livre rouba da tirania sua superioridade e posição de domínio; os tiranos, portanto, odeiam os orgulhosos e os consideram inimigos de sua [10] autoridade. Também é uma marca de um tirano ter homens de origem estrangeira em vez de cidadãos como convidados à mesa e companheiros, sentindo que os cidadãos são hostis, mas os estrangeiros não se opõem a eles.

Esses e outros hábitos são característicos dos tiranos e preservadores de seu ofício, mas excluem a perversidade. Em termos gerais, todos eles estão incluídos em [15] três tipos, pois a tirania visa três objetivos: o primeiro visa manter seus súditos humildes (pois um homem de espírito humilde não conspiraria contra ninguém; o segundo visa semear continuamente a desconfiança entre os súditos, pois uma tirania não é destruída até que alguns homens passem a confiar uns nos outros, e é por isso que os tiranos também fazem guerra contra os cidadãos respeitáveis, pois os considera prejudiciais [20] ao seu governo, não apenas por sua recusa em se submeter ao governo despótico, mas também porque confiam uns nos outros e inspiram confiança nos outros cidadãos, além de não denunciarem ninguém entre eles ou dos outros); e o terceira é privar os cidadãos de poder para a ação política (já que ninguém tenta fazer o impossível e tenta derrubar uma tirania se não [25] tiver poder por trás dele).

Esses são, portanto, os três objetivos aos quais se dirigem os desejos dos tiranos; para todas as medidas tomadas pelos tiranos, pode-se classificar sob esses princípios – algumas medidas são projetadas para impedir a confiança mútua entre os súditos, outras para reduzir seu poder e outras para torná-los humildes de espírito.

Tal [30] é, então, a natureza de um dos métodos pelos quais a preservação é obtida para tiranias. O outro método tenta operar de maneira quase oposta aos meios mencionados. E isso pode ser verificado considerando a queda dos governos régios. Pois, assim como um modo de destruir a realeza é tornar seu governo mais tirânico, um modo de [35] garantir a tirania é torná-la mais régia, protegendo apenas uma coisa: seu poder; para que o governante possa governar não apenas com o consentimento dos súditos, mas até mesmo sem ele; pois se ele renuncia isso, ele também renuncia sua posição de tirano.

Embora isso deva ser um princípio fundamental, todas as outras medidas o tirano pode adotar ou fingir adotar, [40] desempenhando habilmente o papel de um rei. O primeiro passo é ter cuidado com os fundos públicos, **[1314b]** [1] não esbanjando com presentes que só irritam as multidões – ainda mais quando os tiranos tiram dinheiro do próprio povo enquanto labutam e o gastam com amantes, estrangeiros e artesãos – e prestando contas [5] de receitas e despesas, como alguns tiranos já fizeram (pois essa administração cuidadosa faria com que um governante parecesse um administrador da *pólis* e não um tirano, e ele não precisa ter medo de perder dinheiro enquanto exercer o domínio da *pólis*; para os tiranos que vão para o exterior em campanhas estrangeiras, [10] isso é realmente mais conveniente do que deixar seu dinheiro guardado em uma única soma, pois há menos medo de que aqueles que o guardam tentem o poder; para os tiranos que fazem campanha no exterior, os guardiões das riquezas são mais temíveis do que os cidadãos, pois os cidadãos vão para o exterior com ele, mas os guardiões permanecem na *pólis*). Em segundo lugar, o tirano [15] deve dar a entender que recolhe seus impostos e contribuições para fins de administração e para atender às suas necessidades ocasionais em emergências militares, e geralmente deve se apresentar como guardião e administrador de recursos em nome do bem comum e não do interesse próprio. Seu comportamento não deve ser severo, mas digno, de modo a inspirar respeito em vez de medo, [20] naqueles que o contatam, embora isso não seja fácil de conseguir se ele for uma personalidade desprezível; de modo que, mesmo que negligencie as outras virtudes, é obrigado a cultivar o valor militar e a ganhar fama de soldado. Além disso, não apenas ele deve ser conhecido por não ofender nenhum de seus súditos, sejam rapazes ou [25] moças, mas também todos ao seu redor, e também suas esposas devem mostrar respeito para com as outras mulheres, uma vez que até mesmo insolências das mulheres causaram a queda de muitas tiranias.

Em relação aos prazeres corporais, o tirano deve fazer o oposto do que alguns tiranos fazem agora (pois eles não apenas [30] começam suas libertinagens ao raiar do dia e as realizam por muitos dias, mas também desejam ser vistos pelo público fazendo isso, para que as pessoas possam admirá-los como afortunados e felizes), e, acima de tudo, ele deve ser moderado em tais assuntos, ou se não for assim, ele deve parecer repudiar os prazeres (o homem que se embriaga é [35] facilmente suscetível de ataque e desprezo, e não o homem sóbrio; o mesmo para o homem que dorme, não o vigilante).

No geral, o tirano deve fazer o contrário de quase todas as coisas mencionadas acima, pois deve projetar e adornar a cidade como se fosse um administrador e não um tirano. Além disso, ele deve ser visto sempre como excepcionalmente zeloso em relação às divindades (pois os cidadãos têm menos [40] medo de sofrer qualquer tratamento ilegal por parte de homens dessa índole, [1315a] [1] se pensam que seu governante teme e respeita os deuses, e também conspiram menos contra o tirano, pensando que ele tem até os deuses como aliados), embora não deva exibir uma religiosidade tola.

O tirano deve, também, prestar honra àqueles que demonstram mérito [5] de tal modo que eles pensem que nunca poderiam ser mais honrados pelos cidadãos livres; honras desse tipo ele deve conceder pessoalmente, mas infligir suas punições deve ser deixada para os magistrados e tribunais.

É uma proteção comum a todo tipo de monarquia não elevar um homem em demasia, mas, se necessário, exaltar vários (pois eles vigiarão uns aos outros), [10] e se afinal o governante tiver que elevar um indivíduo, que não seja um homem de caráter ousado (pois o caráter dessa natureza é o mais preparado para se lançar em qualquer empreendimento); e se ele achar conveniente destituir alguém do seu poder, que faça isso gradualmente e não tire toda a sua autoridade de uma só vez. Além disso, o tirano deve evitar cuidadosamente [15] todas as formas de indignação, sobretudo duas: punições corporais violentas e indignação dos jovens. Essa cautela deve ser exercida especialmente em relação aos ambiciosos, pois enquanto ser menosprezado em relação à propriedade incomoda os amantes da riqueza, os desrespeitos que envolvem desonra são ressentidos pelos homens de boa reputação e caráter. [20] Portanto, o tirano não deve se relacionar com homens desse tipo, ou deve parecer infligir seus castigos de modo paternal e não por desprezo; e, se tiver que manter relações íntimas com jovens, que seja por motivos de paixão e não por capricho. Em geral, o tirano deve compensar com honras ainda maiores o que é considerado desonra.

Entre aqueles que atentam contra [25] a vida de um governante, os mais temíveis e que exigem uma maior precaução são os que estão prontos a sacrificar suas vidas se puderem destruir a do tirano. Portanto, o maior cuidado deve ser tomado para se proteger contra aqueles que pensam que um ultraje insolente está sendo feito a si mesmos ou àqueles que estão sob seus cuidados; pois os homens que atacam sob a influência da raiva são imprudentes consigo mesmos, [30] assim como observou Heráclito quando disse que a raiva era difícil de combater porque ela tem o preço da própria alma.

Uma vez que as *pólis* são constituídas por duas partes – os pobres e os ricos – , o mais importante é que ambos pensem que devem sua segurança ao governo e que este impeça que um sofra injustiça por parte do outro; [35] mas seja qual for a classe mais forte, isso deve ser feito inteiramente ligado ao governo, pois, se esse apoio aos interesses do tirano estiver assegurado, não há necessidade de ele instituir a libertação dos escravos ou o desarmamento dos cidadãos: com efeito, o poder de uma das duas partes da *pólis*, adicionadas ao seu poder, será suficiente para torná-los mais fortes [40] do que seus adversários.

Discutir cada um desses assuntos separadamente é supérfluo; pois a coisa a visar é clara: **[1315b]** [1] que é necessário parecer aos súditos não um governante tirânico, mas um administrador e um rei; não um apropriador de riquezas, mas um gestor; deve também buscar as coisas moderadas da vida e não suas extravagâncias; também fazer dos notáveis seus camaradas e das massas seus seguidores. Pois [5] o resultado desses métodos deve ser que não apenas o governo do tirano seja mais honroso e mais invejável – porque ele governará súditos mais nobres e não homens que foram humilhados, e, assim, não será continuamente odiado e temido –, mas também que seu governo perdure mais. Além disso, o próprio tirano deverá revelar, em seu caráter pessoal, uma disposição à virtude, ou, pelo menos, ficar a meio caminho da virtude. [10] Se tiver que ser vil, que seja apenas meio vil.

No entanto, a oligarquia e a tirania são menos duradouras do que qualquer um dos regimes constitucionais. A mais duradoura foi a tirania de Ortágoras e seus filos em Sicíone, que durou cem anos. A causa disso [15] era que eles tratavam seus súditos com moderação e em muitos assuntos eram subservientes às leis. Clístenes manteve-se no poder por muito tempo também: por ser um homem guerreiro, não era facilmente desprezado. Na maioria dos casos, eles mantinham a liderança do povo cuidando de seus interesses. Em todo caso, é dito que Clístenes coroou um juiz que o excluiu da vitória, e alguns afirmam que a estátua [20] de uma figura sentada na ágora é do homem que deu esse julgamento. Dizem, também, que Pisístrato já se submeteu a uma intimação para julgamento no Areópago.

A segunda mais longa foi a tirania de Corinto, a dos Cipsélidas, que durou setenta e três anos e meio: Cipselo foi tirano por trinta anos, [25] Periandro por quarenta e quatro anos, e Psamético, filho de Górdio, por três anos. As razões da permanência dessas tiranias também são as mesmas: Cipselo era um demagogo e continuamente, ao longo de seu mandato, dispensou guarda-costas; embora Periandro tenha se tornado tirânico, ainda assim ele era guerreiro.

A terceira [30] tirania mais longa foi a dos Pisistrátidas, em Atenas, mas esta não foi contínua; pois enquanto Pisístrato era tirano, ele fugiu duas vezes para o exílio, de modo que, em um período de trinta e três anos, ele foi tirano por dezessete. Seus filhos ficaram no poder por dezoito anos, de modo que toda a duração de seu governo foi de trinta e cinco anos.

Entre as tiranias restantes está aquela ligada a Hiéron e Gélon, [30] em Siracusa, mas mesmo isso não durou muitos anos, apenas dezoito ao todo, pois Gélon, depois de ser tirano por sete anos, morreu no oitavo, e Hiéron governou dez anos; já Trasíbulo foi derrubado após dez meses. Concluímos, então, que grande parte das tiranias foram de curta duração.

[40] As causas, portanto, da destruição dos regimes constitucionais e das monarquias, bem como as causas de sua preservação, foram quase todas discutidas.

[1316a] [1] O assunto das revoluções é discutido por Sócrates na *República*[42], mas não é bem discutido. De fato, seu relato não aplica a revolução no regime que considera o melhor e superior. A seu entender, a causa é que nada é permanente, [5] mas tudo se transforma em um determinado período. Essa mudança de regimes, em sua opinião, tem sua origem na fórmula numérica *"cuja razão é de três por quatro que, ligada ao número cinco, produz uma dupla harmonia"*, de tal forma que sempre o resultado dessa combinação torna-se um sólido cúbico[43], na crença de que a natureza, às vezes, engendra homens que são maus e fortes demais para a educação influenciar. Esses dizeres, talvez, [10] não estejam errados (pois é possível que

existam algumas pessoas incapazes de serem educadas e tornam-se homens de caráter nobre), mas por que esse processo de revolução deveria pertencer ao regime que Sócrates chama de melhor, mais do que a todas as outras formas de regime, e a todos os homens que vêm a existir? E por que apenas pela operação do tempo, que ele diz ser a causa [15] de todas as coisas mudarem, até mesmo as coisas que não começaram a existir simultaneamente mudam simultaneamente? Por exemplo, se uma coisa passou a existir um dia antes da conclusão do ciclo, por que ela ainda muda simultaneamente com todo o resto? E além desses pontos, qual é a razão pela qual esse regime excelente muda para a forma espartana? Pois todas os regimes mudam mais frequentemente para a forma oposta do que [20] para a forma próxima a elas. A mesma observação se aplica às outras revoluções também. Pois do regime espartano, a *pólis* muda, diz ele, para a oligarquia, e desta para a democracia, e da democracia para a tirania. No entanto, as revoluções também ocorrem no sentido inverso, por exemplo, da democracia para a oligarquia, e mais frequentemente do que da democracia para a monarquia. [25] Ainda quanto à tirania, Sócrates não diz se sofrerá revolução ou não, nem, se chegar a sofrer, qual será a causa dela, e para que tipo de regime ela mudará; a razão para isso é que ele não teria achado fácil dizer, pois é indeterminado. Segundo ele, a tirania deveria se transformar no primeiro e no melhor regime, pois assim o processo seria contínuo e circular, mas, na verdade, a tirania também se transforma [30] em outra tirania – como o regime tirânico em Sicíone, que passou da tirania de Míron para a de Clístenes –, ou em oligarquia – como a de Antileão, na Cálcida –, ou em democracia – como a da família de Gélon, em Siracusa –, ou em aristocracia – como a de Carilau, em Esparta, e como em Cartago. Também se pode dar o caso de uma oligarquia ir no sentido de uma tirania, [35] como quase a maioria das antigas oligarquias da Sicília; em Leontino, a oligarquia deu lugar à tirania de Panécio; em Gela, à de Cleandro; em Régio, à de Anaxilau; e em muitas outras *pólis* de modo semelhante.

Ademais, é uma ideia estranha que revoluções na oligarquia ocorram porque os que estão no comando são avarentos e ambiciosos, **[1316b] [1]** mas não porque os proprietários de muito achem injusto que aqueles que não possuem nenhuma propriedade tenham uma participação igual no governo da *pólis* com aqueles que possuem fortunas. Em muitas oligarquias não é permitido aos que estão no poder fazer negócios, há leis [5] que o impedem, enquanto em Cartago, que tem um governo democrático, os magistrados fazem negócios e ainda não fizeram nenhuma revolução.

Também é uma observação estranha que o regime oligárquico seja composto de duas *pólis*: a dos homens ricos e a dos homens pobres. Pois o que aconteceu com esta *pólis*, e não com a espartana ou qualquer outro tipo de *pólis* em que nem todos possuem uma quantidade igual de riqueza ou em que nem todos são homens igualmente [10] bons? Quando ninguém se torna mais pobre do que era antes, não obstante, a revolução ocorre da oligarquia para a democracia, se homens sem propriedade se tornarem mais numerosos, e da democracia para a oligarquia, se a classe rica é mais forte do que a multidão ou se a multidão se descuida politicamente enquanto os ricos estão vigilantes.

Embora haja muitas causas pelas [15] quais ocorrem as revoluções nas oligarquias, Sócrates menciona apenas uma: a dos homens se tornando pobres por meio de uma vida desregrada, endividando-se com juros de empréstimos – como se no início todos ou a maioria tivessem sido ricos. Mas isso não é verdade; quando alguns dos magistrados perdem suas propriedades, nesse caso, eles incitam revoluções, mas quando homens de outras classes são arruinados, nada de estranho acontece; [20] e mesmo quando tal revolução ocorre, não é mais provável que termine em uma democracia do que em outra forma de regime.

Além disso, os homens também formam facções e provocam revoluções no regime se não lhes for permitido uma parte das honrarias e se forem tratados com injustiça ou insolência, mesmo que não tenham dissipado todos os seus bens por terem permissão para fazer o que quiserem; cuja causa Sócrates afirma ser a liberdade excessiva. [25] Assim, embora existam várias formas de oligarquia e de democracia, Sócrates fala das revoluções que nelas ocorrem como se houvesse apenas uma forma de cada uma.

Livro VI

[1316b] [31] Já discutimos quantas e quais são as variedades do elemento deliberativo e do poder soberano na *pólis*, do sistema de magistraturas e de tribunais, qual variedade se adapta a qual forma de regime. Também foi discutido sobre a destruição de regimes e sua preservação, [35] assim como suas origens e quais são suas causas.

Mas, uma vez que existem vários tipos de democracia, assim como outras formas de regime, será bom considerar os pontos que restam sobre essas variedades e também determinar o modo de organização apropriado e vantajoso para cada uma. Ainda devemos investigar [40] as combinações de todos os modos de organização que foram mencionados, [1317a] [1] pois esses modos quando combinados fazem as constituições se sobreporem, de modo a produzir aristocracias oligárquicas e regimes constitucionais inclinados à democracia. Refiro-me, portanto, às combinações que deveriam ser investigadas, mas ainda não foram estudadas, por exemplo, [5] se o corpo deliberativo e o sistema de magistrados eleitorais são organizados oligarquicamente, mas os regulamentos sobre os tribunais são aristocráticos, ou se a estrutura do corpo deliberativo é feita de forma oligárquica e a eleição da magistratura aristocraticamente, ou se há alguma outra maneira de todas as partes do regime não estarem adequadamente combinadas.

[10] Já foi dito antes[44] que tipo de democracia é adequado para que tipo de *pólis*, similarmente

qual dos tipos de oligarquia é adequado para que tipo de população, e também qual dos regimes restantes é vantajoso para qual povo; no entanto, já que não só deve ficar claro qual variedade desses regimes é melhor para as *pólis*, mas também [15] como essas variedades melhores e as outras formas devem ser estabelecidas, vamos prosseguir brevemente no assunto.

Primeiramente, falaremos sobre a democracia; pois, ao mesmo tempo, os fatos também se tornarão claros sobre a forma oposta de regime, ou seja, o regime que alguns chamam de oligarquia. Para esta investigação devemos levar em conta todas as características que são populares e que se pensa [20] acompanhar as democracias; pois é a partir de combinações dessas características que os tipos de democracia são formados e que faz com que existam democracias diferentes e mais de um tipo. De fato, há duas causas para a existência de vários tipos de democracia: primeiro, a que se disse antes, que é o fato das populações serem diferentes (pois encontramos [25] uma população ocupada na agricultura e outra composta por artesãos e assalariados, e quando os primeiros se somarem aos segundos e os terceiros aos dois restantes, não só ocorre uma diferença na democracia para melhor ou pior, mas também se torna diferente em espécie); e a segunda causa é aquela sobre a qual há pouco falamos: quando as características [30] que acompanham as democracias e parecem apropriadas a essa forma de regime diferenciam as democracias por meio de suas combinações; pois uma forma de democracia será acompanhada por menos atributos democráticos, outra por mais e outra por todos eles. É útil averiguar cada uma dessas características, tanto com o propósito de instituir qualquer um desses tipos de democracia que se deseje [35] quanto com o propósito de emendar as existentes. Os instituidores de regimes procuram reunir todas as características adequadas ao seu princípio fundamental, mas ao fazê-lo cometem um erro, como foi dito antes na passagem que trata das causas da destruição e da preservação dos regimes.

Agora enunciemos os pressupostos, os caracteres éticos e os objetivos das várias formas de democracia. [40] Um princípio fundamental da forma democrática de constituição é a liberdade (tal como geralmente afirma-se, implicando que somente sob este regime os homens partilham da liberdade, [1317b] [1] e que este é o objetivo de toda democracia). Por sua vez, um fator de liberdade é governar e ser governado em alternância; pois o princípio democrático de justiça é ter igualdade segundo o número, não o valor, e se este [5] é o princípio da justiça prevalecente, a multidão deve necessariamente ser soberana e a decisão da maioria deve ser final e deve ser justa. Alguns dizem que cada um dos cidadãos deve ter uma parte igual, de modo que, nas democracias, o resultado é que os pobres são mais poderosos do que os ricos, porque há mais deles e o que é decidido pela maioria é soberano.

[10] Esta é, então, uma marca de liberdade que todos os democratas estabelecem como um princípio do regime. Outra marca é permitir com que um homem viva como ele quiser; pois dizem que esta é a função da liberdade, visto que não viver de acordo com a sua vontade é viver como um escravo. Este é o segundo princípio da democracia, e dele deriva a pretensão de [15] não ser governado, de preferência por ninguém, ou, na falta disso, governar e ser governado alternadamente; esta é a maneira pela qual o segundo princípio contribui para a liberdade igualitária.

Estes princípios, tendo sido estabelecidos, e sendo essa a natureza do governo democrático, os seguintes procedimentos são de caráter democrático: eleição de todos os magistrados dentre todos os cidadãos; governo de cada um por todos, [20] e de todos por cada um alternadamente; eleição por sorteio para todas as magistraturas ou para todos que não precisam de experiência e habilidade; nenhuma qualificação de propriedade para o cargo, ou apenas uma muito baixa; nenhum cargo a ser exercido duas vezes, ou mais do que algumas vezes, pela mesma pessoa, ou poucos cargos, exceto os militares; curto mandato de todos [25] os cargos ou do maior número de cargos possível; funções judiciárias a serem exercidas por todos os cidadãos, ou seja, por pessoas escolhidas entre todos e para todos os assuntos ou a maioria deles, e entre essas as mais importantes e decisivas, como a auditoria de contas públicas, questões constitucionais e contratos privados; a assembleia deve ser soberana sobre todos os assuntos e nenhum magistrado deve ser soberano sobre nenhum [30] assunto, ou que seja apenas sobre pouquíssimos assuntos; ou então um conselho para ser soberano sobre os assuntos mais importantes (e um conselho é a mais democrática das magistraturas em *pólis* em que não há uma oferta abundante de remuneração para todos – pois onde há, eles privam até mesmo este cargo de seu poder, já que o povo atrai para si todas as decisões quando possuem riquezas, como já foi dito no estudo anterior a [35] este[45]); também a remuneração de todas as magistraturas, preferencialmente de todos os ramos, incluindo membros da assembleia e dos tribunais, ou em caso negativo, remunerar as magistraturas, tribunais e assembleias de soberanos, ou aquelas magistraturas nas quais é exigida a presença de mesas de refeição públicas. Além disso, na medida em que a oligarquia é definida pelo nascimento, pela riqueza e pela educação, as qualificações [40] democráticas são pensadas como opostas a estas: nascimento de baixa condição, pobreza e banalidade. Em relação às magistraturas, é democrático não ter nenhuma magistratura vitalícia, **[1318a]** [1] e se alguma magistratura vitalícia foi mantida depois de uma antiga reforma, é democrático privá-la de seu poder e substituir sua eleição por sorteio por uma eleição por voto.

Essas são, portanto, as características comuns às democracias. O que se pensa ser a forma extrema da democracia e do regime popular surge como resultado do princípio da justiça que se admite ser democrática, [5] e isso é que todos tenham igualdade em termos numéricos. É, pois, uma igualdade que os pobres não tenham uma parcela de poder maior do que os ricos, e que não apenas os pobres sejam supremos, mas que todos governem igualmente; pois assim se compreende que o regime possui tanto igualdade [10] quanto liberdade.

Todavia, uma questão continua: como eles terão igualdade? As partilhas das propriedades de quinhentos cidadãos devem ser divididas entre mil cidadãos e esses mil têm igual poder aos quinhentos? Ou a igualdade, neste princípio, não deve ser organizada dessa maneira, mas a divisão em classes [15] deve estar neste sistema e, então, um número igual deve ser tirado dos quinhentos e dos mil para controlar as eleições e os assuntos de foro judicial? Esta é, então, a forma mais justa de regime de acordo com a justiça democrática? Ou é uma forma de regime que se estabelece de acordo com a decisão do povo? Pois os democratas dizem que a justiça é o que parece justo para a maioria, [20] mas os defensores da oligarquia pensam que o justo é aquilo que parece justo para os donos da maior quantidade de propriedade, pois dizem que a decisão deve ser feita pela quantidade de propriedade. Porém, ambas as visões envolvem desigualdade e injustiça; se prevalecer a vontade de poucos, isso significa uma tirania (pois se um homem possui mais do que os outros ricos, de acordo com o princípio oligárquico da justiça, é justo que ele governe sozinho), mas, se [25] a vontade da maioria numérica deve prevalecer, essa maioria cometerá uma injustiça confiscando a propriedade da minoria rica, como foi dito anteriormente.

Deve ser examinada, portanto, que forma de igualdade seria aquela em que ambas as partes concordariam à luz dos princípios de justiça definidos por ambos os conjuntos. Ambas dizem que tudo o que parece justo para a maioria dos cidadãos deve ser soberano. Aceitemos, então, este princípio, ainda que não inteiramente sem reservas, [30] mas na medida em que o acaso trouxe à existência duas partes componentes da *pólis*, ricos e pobres, qualquer resolução aprovada por ambas as classes, ou pela maioria de cada uma, é soberana, mas se as duas classes tiverem resoluções opostas, prevalece a decisão da maioria, no sentido do grupo cuja avaliação total da propriedade é maior: por exemplo, se há dez cidadãos ricos e vinte pobres, e votos contrários foram dados [35] por seis dos ricos e por quinze dos pobres, então quatro dos ricos ficaram do lado dos pobres e cinco dos pobres do lado dos ricos; então o lado que tem a maior propriedade total quando as avaliações de ambas as classes são somadas ganha a votação. Mas se os totais forem exatamente iguais, isso será considerado um impasse comum a ambos os lados, e isso é o que ocorre [40] atualmente quando a assembleia ou o tribunal são divididos em duas partes equivalentes; [1318b] [1] nesse caso, ou uma decisão deve ser tomada por sorteio ou algum outro procedimento deve ser adotado. Mas em questões de igualdade e justiça, embora seja muito difícil descobrir a verdade sobre elas, é mais fácil alcançá-las do que convencer de sua importância os que têm o poder e em vantagem de obtê-las. A igualdade e a justiça são sempre procuradas pela parte [5] mais desfavorecida, mas os que estão em vantagem não lhes dão atenção.

Havendo quatro tipos de democracia, a melhor é aquela que se destaca em primeiro lugar em estrutura, como foi dito nos discursos anteriores[46]; é também a mais antiga de todas. Por "primeiro lugar", quero dizer primeiro como se fosse uma classificação dos tipos de massa popular. A melhor facção popular é a população agrícola, [10] de modo que é possível introduzir a democracia e outras formas de regime em que a multidão vive da agricultura ou da criação de gado. Pois, por não terem muitas propriedades, estão ocupadas, de modo que não podem se reunir com frequência na assembleia, e, com efeito, por terem o necessário, passam o tempo cuidando do trabalho agrícola e não cobiçam os bens dos vizinhos, [15] além de encontrarem mais prazer em trabalhar do que em participar da política e ocupar cargos, já que os lucros a serem obtidos com os cargos não são grandes; pois a massa é mais cobiçosa de ganho do que de honra. Isso é indicado pelo fato de que os homens suportaram as tiranias de outros tempos e se sujeitaram às oligarquias, desde que um governante não os impeça de trabalhar ou [20] roubá-los; pois se alguns deles logo ficam ricos, então os outros ficam livres da miséria. E, também, se alguns deles têm alguma ambição, ter o controle sobre a eleição dos magistrados e a sua prestação de contas já compensa a falta de cargos, pois em algumas democracias, mesmo que o povo não participe na eleição dos magistrados, mas estes são eleitos por um comitê selecionado entre todos, [25] como em Mantineia, a multidão fica satisfeita em ter o poder de deliberar sobre política. E isso também deve ser contado como uma forma de democracia, nos moldes em que existiu em Mantineia. De fato, é por esta razão que é vantajosa a forma de democracia mencionada anteriormente; é um procedimento costumeiro que todos os cidadãos elejam [30] os magistrados e os chamem a prestar contas, e julguem os processos, mas que os titulares das maiores magistraturas sejam eleitos e possuam qualificações de propriedade, sendo os cargos superiores eleitos entre os homens de maior propriedade (quanto maior a fortuna, mais importante o cargo); ou então nenhum cargo deve ser eleito com base na qualificação de propriedade, mas com base na capacidade. Uma *pólis* governada desta maneira deve ser bem governado (pois os cargos serão sempre administrados pelos melhores homens com o consentimento do povo [35] e sem inveja das classes superiores), e esse arranjo certamente será satisfatório para as classes altas e notáveis, pois elas não estarão sob o governo de outros inferiores a elas. Além disso, nessa ordenação, governarão com justiça porque uma classe diferente estará no controle das auditorias – já que é conveniente estar em estado de dependência de outros cidadãos e não ser capaz de fazer tudo exatamente como bem entende, [45] pois a liberdade de fazer o que quiser não pode proteger contra o mal que está no caráter de cada homem. [1319a] [1] Daí resultam, necessariamente, as condições mais vantajosas nos regimes: que as classes superiores governem sem fazer mal, não privando o povo de nenhum direito. É evidente, portanto, que esta é a melhor das formas de democracia, e também é evidente a razão de o ser: [5] porque nela o povo é de uma certa qualidade.

Com o objetivo de tornar o povo uma comunidade agrícola, algumas das leis que foram promulgadas em muitas *pólis* nos tempos antigos são inteiramente úteis, tais como proibir a propriedade de mais de uma certa quantidade de terra sob quaisquer condições ou de mais de uma certa quantia situada entre um determinado lugar e a cidadela[47] [10] ou a *pólis* propriamente dita (nos tempos de outrora, em todos os casos, em muitas *pólis* havia até uma legislação proibindo a venda dos lotes originais; e há uma lei, que se diz ser atribuída a Oxilo, com efeito semelhante, proibindo a hipoteca de certa parte da propriedade existente de um homem). Hoje em dia, também seria bom introduzir uma reforma de acordo com a lei que vigora em Afites, [15] pois é útil para o propósito de que estamos falando; os cidadãos de Afites, embora numerosos e possuindo um pequeno território, são todos ocupados na agricultura e não são avaliados no conjunto de suas propriedades, mas em divisões tão pequenas que até mesmo os pobres podem exceder o mínimo exigido.

Depois da comunidade agrícola, [20] o melhor tipo de democracia é onde as pessoas são pastores e vivem do gado; pois esta vida tem muitos pontos de semelhança com a agricultura, e no que diz respeito aos deveres militares, os pastores estão em condições muito bem treinadas e de corpo saudável e capazes de viver ao ar livre. Mas quase todas [25] as outras classes de população, das quais se compõem os demais tipos de democracia, são muito inferiores a essas, pois seu modo de vida é mesquinho, e não há nenhum elemento de virtude em nenhuma das ocupações a que se entregam os artesãos, comerciante ou assalariados. Além disso, devido às suas deslocações pelo mercado e pela *pólis*, quase todas as pessoas desta classe têm facilidade em comparecer à assembleia; [30] considerando que os agricultores, devido à sua dispersão pelas terras, não comparecem e não têm o mesmo desejo por este cenário de reunião. Onde também acontece de a disposição do terreno ser tal que o campo está amplamente separado da *pólis*, é fácil estabelecer uma boa democracia e também um [35] bom regime constitucional, pois a multidão é forçada a viver à distância nas fazendas; e assim, mesmo que haja uma multidão que frequenta o comércio, é melhor, nas democracias, não realizar assembleias sem a multidão espalhada pela nação.

Declaramos, então, como a melhor e primeira forma de democracia deve ser organizada, e está claro como devemos organizar também as outras formas, [40] uma vez que se desviam gradualmente da forma mais excelente, e em cada estágio devemos admitir o povo de qualidade cada vez mais inferior.

[1319b] [1] A última forma de democracia, pelo fato de toda a população ter participação no governo, não está ao alcance de toda *pólis*, e não é fácil mantê-la se não estiver bem constituída nas suas leis e costumes (as coisas que resultam na destruição tanto deste regime quanto [5] das outras formas já foram quase todas mencionadas anteriormente. Com vista a instaurar este tipo de democracia e tornar o povo poderoso, os seus dirigentes costumam angariar o maior número de apoiadores possível e admitir à cidadania não só os filhos legítimos dos cidadãos, mas também os filhos bastardos e os cidadãos por nascimento de apenas um dos [10] lados, refiro-me àqueles cujo pai ou cuja mãe detém o estatuto de cidadania; todos esses elementos são especialmente adequados a uma democracia desse tipo. Os demagogos, portanto, introduzem regularmente tais procedimentos; devem, porém, continuar a somar cidadãos até o ponto em que a multidão supera os notáveis e a classe média, e não ir além desse ponto; [15] pois, se o ultrapassarem, tornam o governo mais desordenado, e também provocam ainda mais os notáveis no sentido de serem relutantes em suportar a democracia, foi o que realmente aconteceu e causou a revolução em Cirene. Um pequeno elemento irrelevante passa despercebido, mas quando cresce, fica mais em evidência. [20] Uma democracia desse tipo também achará úteis os procedimentos que foram empregados por Clístenes em Atenas, quando desejava aumentar o poder da democracia, e pelos democratas que instituíram a democracia em Cirene: criação, em número maior do que antes, de diferentes tribos e fratrias; as celebrações de ritos religiosos privados devem ser agrupadas em um pequeno número [25] de celebrações públicas; todos os meios devem ser empregados para fazer com que todos os povos

se misturem tanto quanto possível e desmembrar os grupos de vínculos anteriormente existentes. Além disso, as características de uma tirania também são todas consideradas democráticas, quero dizer, por exemplo, a insurreição entre escravos (que pode ser realmente vantajosa para a democracia até certo ponto), mulheres e [30] crianças, e indulgência para viver como cada um quiser. Um regime desse tipo terá um grande número de adeptos, pois a vida desordenada é mais agradável para a massa popular do que a vida sensata.

A mais importante, ou única, tarefa do legislador ou daqueles que desejam construir um regime [35] desse tipo, não é apenas criá-la, mas também garantir a sua preservação; pois não é difícil para qualquer forma de regime durar um, dois ou três dias. Devemos, portanto, empregar os resultados obtidos nas investigações que já fizemos sobre as causas da preservação e destruição dos regimes e tentar, à luz desses resultados, estabelecer a preservação do regime, evitando cuidadosamente as coisas que causam sua destruição e [40] promulgando leis, sejam escritas ou não escritas, **[1320a]** [1] que melhor comtemplarão os resultados preservadores dos regimes, e não pensar que é uma medida democrática ou oligárquica que fará com que a *pólis* seja governada democrática ou oligarquicamente em seu maior grau, mas que a fará ser governada por mais tempo.

Os demagogos de hoje, [5] para agradarem ao povo, muitas vezes usam os tribunais para confiscarem propriedades. Portanto, aqueles que cuidam da segurança do regime devem contrariar isso decretando que nada pertencente a pessoas condenadas por lei seja confiscado e passível de ser levado ao tesouro público, mas que seus bens sejam consagrados ao serviço da religião; assim, os réus não deixarão de ser menos atentos, [10] pois serão punidos da mesma forma, enquanto o povo votará menos frequentemente contra homens em julgamento por não conseguir tirar proveito disso. Também se deve sempre fazer com que os julgamentos públicos ocorram o menos possível, condenando com penas pesadas aqueles que trazem acusações caluniosas; pois não costumam acusar homens do povo, mas notáveis, ao passo que, mesmo com essa forma de regime, é desejável que todos os cidadãos, se possível, sejam benevolentes [15] para o regime, ou, na falta disso, que pelo menos não pensem em seus governantes como inimigos.

Na medida em que as formas definitivas de democracia tendem a ter grandes populações e se torna difícil para seus cidadãos se sentarem na assembleia sem remuneração; e como esse estado em que não há recursos é hostil aos notáveis [20] (pois o pagamento deve ser obtido por meio de um imposto sobre a propriedade e confisco, e da corrupção dos tribunais, procedimentos que causaram a queda de muitas democracias antes), portanto, quando não há recursos, poucas reuniões da assembleia devem ser realizadas, e os tribunais devem consistir de muitos membros, mas apenas durante alguns dias (pois isso não apenas contribui para que os ricos não tenham medo [25] do custo do sistema, mesmo que eles não recebam o pagamento e apenas os pobres o recebam, mas também leva a uma eficiência muito maior no julgamento de ações judiciais, pois os abastados, embora não desejem ficar longe de seus assuntos privados por muitos dias, estão dispostos a deixá-los por pouco tempo). Enquanto, onde há recursos, os homens não devem fazer [30] o que os demagogos fazem agora (eles usam o excedente para doações, e as pessoas, assim que as recebem, querem as mesmas doações novamente; essa maneira de ajudar os pobres é como encher um jarro furado[48]), mas o estadista verdadeiramente democrático deve estudar como a multidão pode ser salva da pobreza extrema; pois é essa condição que faz com que a democracia seja corrupta. [35] Portanto, devem ser planejadas medidas que possam trazer prosperidade duradoura. E como isso é vantajoso também para os ricos, o caminho certo é recolher todo o produto das receitas em um fundo e distribuí-lo em quantias únicas aos necessitados; e melhor ainda, se for possível, em somas grandes o suficiente para adquirir uma pequena propriedade ou, pelo menos, servir de capital para o comércio ou a agricultura; **[1320b]** [1] e se isso não for possível para todos, então pelo menos distribuir o dinheiro por tribos ou alguma outra divisão da população, enquanto os ricos devem contribuir com o pagamento da assistência as assembleias necessárias, ficando eles próprios dispensados de serviços públicos inúteis.

Seguindo uma política como essa, os governantes de Cartago [5] conquistaram a amizade do povo; ao constantemente enviarem algumas pessoas para os territórios circundantes, os tornando, assim, ricos. Se os notáveis são homens de bons sentimentos e bom senso, também podem dividir os necessitados entre eles em grupos e fornecer-lhes capital para iniciar negócios. Também é um bom plano imitar a política dos tarentinos. [10] Eles obtêm a boa vontade da multidão tornando as propriedades comunais disponíveis para uso dos necessitados; também dividiram o número total de suas magistraturas em duas classes, uma eleita por voto e outra preenchida por sorteio, a última para garantir que o povo possa ter participação nelas, e a primeira para melhorar a condução dos assuntos públicos. Também é possível fazer isso [15] dividindo os titulares da mesma magistratura em dois grupos, um designado por sorteio e outro por voto.

Dissemos, então, como as democracias devem ser organizadas.

Também fica bastante claro, a partir dessas considerações, como as oligarquias devem ser organizadas. Devemos inferir de seus opostos, raciocinando cada forma de oligarquia [20] com referência à forma de democracia oposta a ela; começando com a mais bem misturada e primeira forma de oligarquia – e esta é a mais próxima do que é chamado de regime constitucional. Nessa forma, as qualificações de propriedade devem ser divididas em um grupo de propriedades menores e outro grupo de maiores, [25] as propriedades menores habilitando seus proprietários para os cargos indispensáveis e as maiores para os mais importantes. Uma pessoa que possui a propriedade qualificada deve ter permissão para participar do governo – introduzindo, pela avaliação, um número suficientemente grande de pessoas do povo para garantir que a classe governante tenha uma maioria sobre os excluídos; e as pessoas para participarem do governo devem ser constantemente trazidas da melhor classe do povo comum. [30] A forma de oligarquia que se segue também deve ser construída de maneira semelhante, com uma leve exigência a mais na qualificação.

Contudo, quanto à forma de oligarquia que se opõe à última forma de democracia, a mais autocrática e tirânica das oligarquias, na medida em que é a pior, requer uma quantidade correspondentemente grande de salvaguardas. Pois, assim como corpos humanos em bom estado de saúde e navios [35] bem equipados com suas tripulações para navegar admitem mais erros sem serem destruídos por pequenas falhas, os corpos enfermos e navios cujas madeiras estão em más condições e embarcados com más tripulações não podem suportar nem mesmo os menores erros; assim, também, os piores regimes precisam da maior vigilância. [1321a] [1] As democracias, portanto, em geral, são mantidas seguras pela grandeza do corpo de cidadãos, e esta é a antítese da justiça segundo o mérito; mas a oligarquia, ao contrário, deve obter sua segurança manifestamente por meio de uma boa organização de cidadãos.

[5] Como a massa da população se divide principalmente em quatro divisões – agricultores, artesãos, mercadores e assalariados – e as forças militares são também constituídas de quatro classes – cavalaria, infantaria pesada, infantaria leve e fuzileiros navais –, em lugares onde a região é adequada para a equitação, as condições naturais favorecem o estabelecimento de uma oligarquia que será poderosa [10] (pois a segurança dos habitantes depende da força desse elemento, e manter a criação de cavalos é mais adequado a quem possui extensas propriedades); onde o terreno é adequado para infantaria pesada, as condições favorecem a próxima forma de oligarquia (pois a infantaria pesada é um serviço para os ricos e não para os pobres); mas a infantaria leve e as forças navais são um elemento inteiramente democrático. Assim, nos tempos de hoje, [15] onde há uma grande multidão desses últimos tipos de classes, quando ocorre uma revolta, os oligarcas geralmente levam a pior na luta; e um remédio para isso deve ser adotado pelos comandantes militares, que combinam suas forças de cavalaria e infantaria pesada com um contingente de infantaria leve. E esta é a maneira pela qual as pessoas comuns levam a melhor sobre os ricos em surtos de conflitos revolucionários: [20] estando livres, eles lutam facilmente contra a cavalaria e a infantaria pesada. Portanto, estabelecer essa força fora dessas classes é estabelecê-la contra si mesma. O plano correto seria separar os homens em idade militar em uma divisão de homens mais velhos e uma de homens mais jovens, e obrigar os pais a terem seus próprios filhos ainda jovens treinados nos exercícios [25] de agilidade e destreza, enquanto são novos, de modo que se encontrem treinados em operações ativas ao sair da adolescência.

A concessão de uma parte do governo à multidão deve seguir as linhas indicadas anteriormente[49], e deve ser dada àqueles que adquirem a qualificação de propriedade, ou como em Tebas, às pessoas depois de terem se abstido por algum tempo da atividade manual, ou [30] como em Massália, fazendo uma seleção entre os membros das classes governantes e seleção de membros que merecem inclusão e são de fora das classes governantes. Além disso, as magistraturas supremas, que devem ser mantidas por aqueles dentro do regime, devem ter deveres onerosos ligados a eles, a fim de que o povo possa estar disposto a ser excluído deles e não sentir ressentimento contra a classe dominante, na convicção de que estes pagam um preço alto [35] pelo cargo. É conveniente que os magistrados ofereçam esplêndidos sacrifícios e construam algum monumento público ao entrarem no cargo, para que as pessoas comuns que participam das festividades vejam a cidade decorada tanto com ofertas votivas quanto com edifícios e para que possam se alegrar ao ver o regime duradouro. Um resultado adicional será que os notáveis [40] terão memoriais de seus gastos. Mas, atualmente, os membros das oligarquias não adotam esse curso, mas o contrário, pois buscam os ganhos do cargo tanto quanto a honra; portanto, essas oligarquias são bem descritas como democracias em escala reduzida.

[1321b] [1] Que seja esta, então, uma descrição do modo de organizar as várias formas de democracia e de oligarquia.

Como consequência do que acaba de ser dito, seguem-se conclusões satisfatórias para [5] as questões relativas às magistraturas: quantos e quais devem ser e a quem devem pertencer, como também foi dito antes[50]. Pois sem as magistraturas indispensáveis uma *pólis* não pode existir, assim como não pode ser bem governada sem aquelas magistraturas que contribuem para a boa ordem e decoro. Além disso, as magistraturas são menos numerosas nas pequenas *pólis* e mais numerosas nas grandes, [10] como aliás, também, já foi dito[51]; deve-se, portanto, ter em vista que tipos de magistraturas podemos combinar e que tipos devemos manter separados.

O primeiro entre os serviços indispensáveis é a superintendência da ágora, sobre a qual deve haver um funcionário para supervisionar os contratos comerciais e a boa ordem; uma vez que é uma necessidade para [15] quase todas as *pólis* que as pessoas vendam algumas coisas e comprem outras de acordo com as necessidades uns dos outros, e este é o meio mais rápido de garantir a autossuficiência que parece ser a razão pela qual os homens se uniram em uma única *pólis*.

Outro cargo ligado muito estreitamente a este último é a curadoria dos bens públicos e privados da *pólis*, [20] para garantir a boa ordem, a preservação e retificação de edifícios e estradas em queda, e dos limites entre os bens de diferentes pessoas, de modo que disputas não podem surgir sobre esse domínio, e todas as outras funções próprias do cargo semelhantes a estas. Um cargo dessa natureza é, na maioria das *pólis*, intitulado de administração urbana, mas tal administração apresenta vários departamentos, cada um dos quais é preenchido por funcionários [25] diferentes nas *pólis* com grandes populações, como diretores de muros, superintendentes de poços e guardiões de portos. Há, ainda, outro cargo indispensável e muito próximo a estes, pois controla os mesmos assuntos, mas lida com o país e suas regiões fora da *pólis*; esses magistrados são chamados, em alguns lugares, de "inspetores de terras" e, em outros, de "inspetores florestais". [30] Estes são, então, três departamentos de controle sobre esses assuntos, enquanto outro cargo é aquele para o qual são pagas as receitas dos fundos públicos, os funcionários que os guardam e por quem são distribuídos aos vários departamentos administrativos; esses magistrados são chamados de cobradores ou tesoureiros. Outra magistratura é a que deve receber a declaração escrita dos contratos privados e das sentenças dos tribunais; [35] e com esses mesmos funcionários também deve ser feito o registro de processos judiciais e sua instituição. Em algumas *pólis*, esse ofício também é dividido em vários departamentos, mas há lugares onde uma magistratura controla todos esses assuntos; esses oficiais são chamados de "registradores sagrados", "superintendentes", "conservadores" e outros [40] nomes semelhantes a estes.

Depois destes, o cargo que se segue é talvez o mais indispensável e mais difícil de todos, é o que diz respeito à execução de sentenças sobre os condenados nos processos judiciais, os postulados como infratores fiscais de acordo com as listas **[1322a]** [1] e a custódia de prisioneiros. Este é um cargo cansativo porque envolve grande impopularidade, de modo que, onde não for possível obter muito lucro, os homens não o exercem ou, quando o assumem, relutam em desempenhar suas funções de acordo com as leis; mas é um cargo necessário, porque de nada valem os julgamentos sobre os direitos dos homens quando os veredictos não são executados, de modo que, se não há julgamento legal, [5] o convívio social é impossível; também o é quando os julgamentos não são executados. Por isso, é melhor que essa magistratura não seja um único cargo, mas que seja composta por várias pessoas provenientes de diferentes tribunais, e é desejável igualmente tentar repartir as funções relacionadas com o destacamento de pessoas inscritas como devedores públicos. Além disso, é melhor que algumas sentenças sejam executadas por magistrados, especialmente pelos recém-eleitos; e quando se tratar de processos [10] julgados por homens efetivamente em exercício, que seja o magistrado executor da sentença diferente daquele que condenou (por exemplo, os administradores urbanos executarão as sentenças proferidas pelos inspetores da ágora, e outros magistrados executarão as sentenças destes). Quanto menos ódio houver para quem executa os julgamentos, mais adequadamente os julgamentos serão executados; [15] assim, há um duplo ódio em relação aos magistrados que proferem e eles mesmos executam a sentença, assim como fazer com que os mesmos magistrados executem suas sentenças torna-os inimigos de todos. Em muitos lugares, o cargo de custódia de prisioneiros é separado da magistratura que executa as sentenças, como [20] em Atenas, onde há a magistratura conhecida como "Onze". É melhor, portanto, manter isso também separado e tentar o mesmo procedimento com relação a isso. Pois, embora não seja menos necessário do que o cargo de que falei, na prática as pessoas respeitáveis evitam-no acima de todos os cargos, além de não ser seguro colocá-lo nas mãos de homens sem escrúpulos, pois eles [25] mesmos precisam ser vigiados, mais do que vigiar os outros. Portanto, não deve haver uma magistratura especialmente designada para a guarda dos presos, nem deve a mesma magistratura cumprir esse dever continuamente, mas deve ser exercido pelos jovens, nos locais em que há regimento de cadetes ou guardas, e pelos magistrados, em seções sucessivas.

Essas magistraturas, portanto, [30] devem ser consideradas em primeiro lugar como extremamente necessárias, e depois delas devem ser colocadas aquelas que não são menos necessárias, mas são classificadas em um grau mais alto de dignidade, porque exigem muita experiência e confiabilidade; nesta classificação, viriam as magistraturas encarregadas da guarda da *pólis* e as designadas para as exigências militares. [35] Tanto na paz como na guerra é igualmente necessário que haja magistrados para supervisionar a guarda de portões e muros e a inspeção e treinamento das tropas de cidadãos. Em alguns lugares, portanto, há mais magistraturas atribuídas a todos esses deveres, e em outros lugares, menos – por exemplo, nas pequenas *pólis* há apenas uma magistratura para lidar com todos esses assuntos. Os oficiais desse tipo são intitulados generais ou senhores da guerra. [1322b] [1] Além disso, se houver também cavalaria, infantaria leve, arqueiros ou marinha, por vezes é nomeado um magistrado para encarregar-se também de cada uma dessas tropas, e eles têm os títulos de almirante, comandante de cavalaria e generais de tropas ligeiras; também as comissões divisionais subordinadas a estas posições são chamadas de capitães de trirremes, comandantes de companhia [5] e capitães de tribos, e o mesmo para todas as subdivisões destes comandos. Todos esses tipos de oficiais constituem uma única classe, a do comando militar. São esses os aspectos em relação a esta magistratura.

Como algumas das magistraturas, se não todas, lidam com grandes somas de dinheiro público, deve haver outro ofício para receber uma conta e submetê-la à auditoria, [10] que não deve tratar de outros negócios; esses funcionários são chamados de auditores por alguns, mas outros os chamam de contadores, outros de fiscais e outros ainda de inspetores.

Ao lado de todos esses ofícios está o mais supremo sobre todos, pois muitas vezes a mesma magistratura tem a execução de decisões que controlam sua introdução ou preside a assembleia geral nos lugares onde o povo é supremo; [15] a magistratura que convoca a assembleia soberana é obrigada a ser o poder soberano na *pólis*. É denominada, em alguns lugares, de "conselho preliminar", porque considera as deliberações antecipadamente, mas onde há uma democracia é mais comumente chamada de Conselho. Isso completa, de certo modo, o número das magistraturas de natureza política.

Outro tipo de magistratura é aquela relacionada com o culto do divino; nesta classificação, estão os sacerdotes e superintendentes dos assuntos [20] relacionados aos templos, a preservação dos edifícios existentes e a restauração dos que estão em ruínas, e os outros deveres relativos aos deuses. Na prática, estas funções, em alguns lugares, formam uma única magistratura, como nas pequenas *pólis*, mas em outros lugares, pertence a um número de oficiais que não são membros do sacerdócio, como é o caso, por exemplo, dos oficiais de sacrifício, [25] dos guardiões do templo e dos administradores de fundos religiosos. Ligado a essa magistratura, está o ofício dedicado à administração de todas as festas públicas que a lei não atribui aos sacerdotes, mas aos funcionários cuja honra deriva do lugar de destaque que ocupam na comunidade; e esses funcionários são chamados, em alguns lugares, de arcontes, em outros, de reis, e em outros de pritanos.

Para resumir, [30] as funções necessárias das magistraturas lidam com os seguintes assuntos: instituições religiosas, instituições militares, receitas e despesas, controle do mercado, da cidadela, dos portos e do país; também os arranjos dos tribunais, registro de contratos, cobrança de multas, custódia de presos, [35] fiscalização de contas, inspeções e fiscalização de funcionários e, por último, os órgãos vinculados ao cargo que delibera sobre assuntos públicos. Por outro lado, peculiares às *pólis* que têm mais lazer e prosperidade, e onde há também a preocupação com a boa ordem pública, existem os cargos de superintendente de mulheres, guardião das leis, superintendente de crianças, direção de ginásios, **[1323a]** [1] e, além destes, a superintendência de competições atléticas, dionisíacas e de quaisquer exibições semelhantes que aconteçam. Alguns desses cargos, obviamente, não são de caráter popular, por exemplo, o de superintendente de mulheres e crianças; [5] pois os pobres que não têm escravos são forçados a empregar suas mulheres e filhos como servos. Existem três magistraturas que, em algumas *pólis*, supervisionam a eleição dos magistrados supremos: guardiões das leis, conselheiros preliminares e o Conselho; destes, os guardiões das leis são de índole aristocrática, os conselheiros preliminares são de índole oligárquica e o Conselho é de índole democrática.

Falamos, portanto, em linhas gerais, [10] sobre quase todas as magistraturas de uma *pólis*.

Livro VII

[1323a] [14] Ao se investigar adequadamente sobre a melhor forma de regime, deve-se, necessariamente, [15] decidir antes de tudo qual é o modo de vida mais desejável. Pois, se isso for incerto, também será incerto qual é o melhor regime, uma vez que é de se esperar que as pessoas que têm a melhor forma de governo disponível sob suas condições possuem uma vida melhor, a menos que suceda algo de excepcional. Portanto, devemos primeiro [20] concordar sobre qual vida é mais desejável para quase todos os homens, e depois se a mesma vida é mais desejável tanto para a comunidade quanto para o indivíduo, ou não.

Acreditando, portanto, que muito já foi dito, em discursos alheios, sobre o tema da melhor vida, façamos agora uso desses pronunciamentos. Em todos os casos, há uma classificação das coisas boas colocando-as em três grupos: [25] bens externos, bens da alma e bens do corpo. Certamente ninguém negaria que os homens idealmente felizes são obrigados a possuir todos os três tipos de bens. Ninguém chamaria de idealmente feliz um homem que não possuísse uma porção de coragem, ou de temperança, ou de justiça, ou de sabedoria, mas que tivesse medo das moscas [30] que voassem ao seu redor ou que não pudesse se abster de nenhuma das ações mais ultrajantes para gratificar um desejo de comer ou beber, ou que arruinasse seus amigos mais queridos por causa de centavos, ou ainda que, em questões do intelecto, fosse tão insensato e equivocado quanto uma criança ou um louco.

Embora sejam proposições com as quais, quando proferidas, todos concordariam, [35] os homens divergem sobre a quantidade e os graus de valor. Acham que basta possuir, por menor que seja, uma certa quantidade de virtude, mas buscam uma quantidade cada vez maior e sem limites de riquezas, patrimônios, poder, glória e tudo o mais. Nós, por outro lado, diremos a eles que é fácil chegar à convicção sobre essas questões à luz dos fatos reais, [40] quando se vê que os homens não adquirem e preservam as virtudes por meio desses bens externos, mas sim adquirem os bens externos por meio das virtudes. **[1323b]** [1] Vemos também que, querer a vida feliz consista, para o homem, em prazer ou em virtude, ou em ambos, ela se encontra em maior medida naqueles que são de alto caráter e intelecto, e apenas moderados no que diz respeito aos bens exteriores, do que entre aqueles que possuem mais do que podem usar destes últimos, mas são deficientes [5] nos primeiros. Na verdade, isso também é facilmente visto se considerarmos o assunto mediante a teoria. Os bens externos têm um limite, como qualquer utensílio (e tudo o que é útil é útil para alguma coisa), de modo que uma quantidade excessiva deles deve necessariamente prejudicar, ou não fazer bem, ao seu possuidor; [10] ao passo que com qualquer um dos bens da alma, quanto mais abundante for, mais útil deve ser – se para além do termo "nobre", também aplicarmos o termo "útil" aos bens da alma. E, em linhas gerais, é claro que a melhor condição de uma coisa particular, comparando umas com as outras, corresponde em ponto de superioridade à distância que subsiste entre as coisas das quais declaramos [15] serem elas mesmas condições. Portanto, visto que nossa alma é a coisa mais valiosa, tanto absoluta quanto relativamente a nós mesmos, do que nossa propriedade ou nosso corpo, as melhores condições dessas coisas devem necessariamente estar na mesma relação umas com as outras que as próprias coisas. Além disso, é por causa da alma que esses bens são naturalmente desejáveis, e que todos os sensatos devem [20] preferi-los, não a alma em vista desses bens.

Tomemos, então, como combinado que a cada homem cabe uma medida de felicidade tão grande quanto ele alcança de virtude e sabedoria, agindo de forma virtuosa e sábia. Como evidência disso temos o caso das divindades, que são felizes e bem-aventuradas, mas não por causa de bens [25] externos, mas por si mesmas e por serem naturalmente de certa qualidade. É também por isso que a sorte é necessariamente diferente da felicidade, pois as causas dos bens exteriores à alma são o espontâneo e a sorte; ninguém, pelo contrário, é justo ou moderado por acaso ou devido à ação da sorte. Atrelado a isso [30] está uma verdade que faz uso dos mesmos argumentos como prova: a melhor *pólis* é aquela que faz o bem e é, simultaneamente, próspera e feliz. Mas fazer o bem é possível apenas para aqueles que praticam boas ações, e não vemos uma boa ação vindo de um homem ou de uma *pólis* sem virtude e sabedoria. A coragem, a justiça e a sabedoria [35] pertencentes a uma *pólis* têm a mesma capacidade e forma das virtudes cuja posse confere os títulos de justo, sábio e prudente a um indivíduo.

Essas observações devem ser suficientes como prefácio ao nosso discurso: pois nem é possível abster-se de tocar nesses assuntos completamente, nem é possível seguir todos os argumentos que são pertinentes a eles, pois isso é assunto de outro estudo. [40] Por ora, tomemos como estabelecido que a melhor vida, seja separadamente para um indivíduo seja coletivamente para as *pólis*, **[1324a]** [1] é a vida articulada com a virtude dotada de meios suficientes para participar em ações virtuosas. Objeções a esta posição devemos deixar de lado no curso da presente investigação e reservá-las para consideração futura, se alguém for encontrado em desacordo com o que foi dito.

Resta dizer se a felicidade de uma *pólis* deve ser declarada igual à de cada homem individual, ou se é diferente. Também aqui a resposta é clara: todos concordariam que é a mesma coisa; pois todos aqueles que baseiam a boa vida na riqueza, no caso do indivíduo, também atribuem felicidade à *pólis,* como um todo, se ela for rica; todos os que mais valorizam a vida tirânica diriam também que a *pólis* em que o tirano governa o maior número de cidadãos é a mais feliz; se alguém pensa o indivíduo como feliz por causa da virtude, ele também dirá que a *pólis* que é moralmente melhor é a mais feliz.

Mas, agora, surgem essas duas questões que exigem consideração: primeira, qual modo de vida é o mais desejável, a vida de cidadania ativa e participação na política ou a vida alheada e a de desvinculação da parceria política; em seguida, qual regime e qual organização de uma *pólis* devem ser considerados os melhores – seja na suposição de que participar ativamente da *pólis* é desejável para todos, ou que é indesejável para alguns homens, embora desejável para a maioria. Como essa [20] última questão é tarefa do estudo e da especulação política (e não a questão do que é desejável para o indivíduo), e como é a investigação da política que agora retomamos, deixemos de lado a primeira questão que seria apenas paralela.

Agora está claro que o melhor regime é o sistema sob o qual qualquer pessoa estaria em melhor situação e viveria com felicidade; mas a questão é levantada mesmo por aqueles que concordam que [25] a vida acompanhada pela virtude é a mais desejável, se a vida de cidadania e atividade política é desejável ou melhor que uma vida livre de todos os assuntos externos, por exemplo, alguma forma de vida contemplativa, que alguns dizem ser a única vida filosófica. É manifesto que esses são os dois modos [30] de vida escolhidos principalmente pelos homens mais ambiciosos de virtude, tanto em tempos passados quanto em nossos dias atuais, refiro-me à vida política e à vida filosófica. Não é questão de pouca importância saber para que lado está a verdade; pois, certamente, os sábios são obrigados a se ordenar na direção do objetivo melhor, e isso se aplica à *pólis* tanto coletivamente [35] quanto ao ser humano individual. Alguns pensam que o poder exercido sobre os vizinhos, se exercido despoticamente, envolve uma injustiça definida da maior espécie, e se constitucionalmente, embora não carregue injustiça, ainda é um obstáculo ao próprio bem-estar do governante. No entanto, outros têm uma visão quase oposta a estes: pensam que a vida prática e política é a única vida adequada para um [40] homem, pois, com cada uma das virtudes, seu exercício em ações é tão possível para homens engajados em assuntos públicos e em política como para aqueles que vivem uma vida privada. [1324b] [1] Enquanto alguns mantêm a primeira visão, outros declaram que somente a forma despótica e tirânica de regime alcança a felicidade; em algumas *pólis* é também o objetivo distintivo do regime e da constituição permitir-lhes exercer um domínio despótico sobre seus [5] vizinhos. Portanto, mesmo que para a maioria dos povos a maior parte das ordenações legais tenham sido estabelecidas ao acaso, há lugares em que as leis visam um objetivo definido, e esse objeto é, em todos os casos, o poder. Assim como acontece em Esparta e Creta, que tanto o sistema de educação quanto grande parte das leis são enquadradas, principalmente, visando a guerra. Também [10] entre todas as nações que não são helênicas e que são fortes o suficiente para expandir-se à custa de outras, a força militar foi honrada, como entre os citas, persas, trácios e celtas. De fato, entre alguns povos existem até certas leis que estimulam o valor militar; por exemplo, em Cartago, dizem que os guerreiros recebem a condecoração de braceletes equivalentes ao número de [15] campanhas militares em que serviram. Havia também, outrora, uma lei na Macedônia em que um homem que nunca matou um inimigo deve usar um cabresto em vez de um cinto. Entre as tribos citas, em um certo festival, um copo era carregado, do qual um homem que não havia matado um inimigo não podia beber. Entre os iberos, povo guerreiro, eles fixavam pequenos obeliscos [20] na terra ao redor da sepultura de um homem que correspondiam em número aos inimigos que ele havia matado em vida. Com outras raças, enfim, existem também muitas outras práticas semelhantes, algumas estabelecidas por lei e outras pelo costume.

No entanto, aqueles que desejam analisar o assunto de perto talvez achem extremamente estranho que seja tarefa de um estadista ser capaz de conceber meios de manter o poder e [25] o domínio despótico sobre os povos vizinhos, quer estes queiram ou não. Como isso pode ser digno de um estadista ou legislador que nem mesmo é legítimo? O governo não é legítimo quando executado não apenas com justiça, mas também injustamente – e uma força superior pode ser exercida injustamente. Além disso, também não vemos isso nas outras ciências: não [30] faz parte da função de um médico ou capitão de navio usar persuasão ou violência sobre os pacientes em um caso e a tripulação no outro. No entanto, a maioria dos povos parece pensar que o governo despótico é estadista, e não se envergonha de praticar contra os outros povos os tratamentos que eles declaram ser injustos e prejudiciais para si mesmos; pois em seus próprios assuntos internos exigem um governo [35] justo, mas em suas relações com outros povos não se preocupam com a justiça. Entretanto, é estranho que não haja uma distinção natural entre os povos aptos para serem governados despoticamente e os que não são adequados; de modo que, se assim for, não é correto tentar exercer um governo despótico sobre todos os povos, mas apenas sobre aqueles que são adequados para tal, assim como não é correto caçar seres humanos para alimento ou sacrifício, [40] mas apenas a caça adequada para este propósito, isto é, de criaturas selvagens que são próprias para a alimentação.

Além disso, é possível que uma única *pólis* seja feliz em si mesma **[1325a]** [1] se ela for bem governada, na medida em que é concebível que uma *pólis* possa funcionar em algum lugar isolado, gozando de boas leis, e cujo sistema constitucional não seja enquadrado para fins de guerra ou dominação de seus inimigos; [5] pois devemos supor que tudo que tenha a ver com a guerra seja excluído. É evidente, portanto, que, embora todas as atividades militares devam ser consideradas honrosas, não o são como o último fim de todas as coisas, mas como meios para esse último fim. É tarefa do bom legislador considerar como uma *pólis*, um povo ou qualquer outra comunidade deve participar da boa vida [10] e da felicidade possível para eles. No entanto, algumas das disposições legislativas estabelecidas irão variar; e caso existam povos vizinhos, compete à ciência legislativa considerar que tipo de exercícios deve ser praticado em relação a que tipo de vizinhos ou como a *pólis* deve adotar os regulamentos adequados em relação a cada um.

Porém, esta questão do fim adequado para os melhores regimes pode receber sua devida [15] consideração mais tarde.

Voltamo-nos, agora, para aqueles que, embora concordem que a vida de virtude é a mais desejável, divergem sobre a maneira pela qual essa vida deve ser seguida. Alguns desaprovam a participação nos cargos políticos da *pólis*, pensando que a vida do homem livre [20] é diferente da vida do homem político e é a mais desejável de todas; enquanto outros acham que a vida política é a melhor vida, pois argumentam que é impossível para o homem que não faz nada fazer o bem, e fazer o bem e a felicidade são a mesma coisa. A esses dois partidos devemos responder que ambos estão parcialmente certos e parcialmente errados. Os primeiros estão certos em dizer que a vida do homem livre é melhor [25] do que a vida do senhor de escravos, pois isso é verdade – não há nada de especialmente digno em servir-se de um escravo enquanto escravo, pois dar ordens sobre tarefas braçais não tem nada em si de nobre; ainda assim, pensar que todo governo está exercendo a autoridade de um senhor de escravos é um erro, pois há uma diferença tão grande entre governar homens livres e governar escravos quanto existe entre o homem naturalmente livre [30] e o próprio escravo por natureza. Mas essas coisas foram adequadamente decididas nos primeiros discursos[52]. Louvar a inação mais do que a ação é um erro, pois a felicidade é uma ação, e, além disso, as ações dos justos e moderados têm em si a realização de muitos atos nobres.

No entanto, com base nessas decisões, alguém poderia talvez supor que o bem [35] maior é ter o poder supremo, pois assim se teria o poder de abranger o maior número e o tipo mais nobre de ações; assim, não é dever do homem, que é capaz de governar, entregar o cargo a seu vizinho, mas tirá-lo dele. Não deve ser levada em conta, nesse sentido, a atenção dada pelo pai aos filhos, nem pelos filhos ao pai, nem, em geral, por um amigo a outro. [40] Nenhuma atenção deve ser dada a eles em comparação a isso; pois a melhor coisa é a mais desejada, e fazer o bem é a melhor coisa. Esta afirmação seja, talvez, verdade **[1325b]** [1] se for o caso da mais desejável das coisas existentes pertencer aos homens que usam o roubo e a violência. Mas como isto é inaceitável, esta é uma suposição falsa. Pois os atos de um homem não podem ser nobres se ele não se distingue das ações dos seus semelhantes tanto quanto um homem se distingue da mulher, ou um pai de seus filhos, ou um senhor de seus escravos, de modo que aquele que comete uma transgressão não pode, posteriormente, ser capaz de nada que seja suficiente para corrigir o lapso de virtude que cometeu; porque entre os iguais, o nobre e o justo consistem em se revezarem, visto que são iguais e semelhantes, mas é contrário à natureza dar vantagens desiguais aos que são iguais e vantagens diferentes aos que são semelhantes. E nada contrário à natureza é nobre. Portanto, se houver outra pessoa que seja nossa superior em virtude e em capacidade prática para as funções mais altas, é nobre segui-la e é justo obedecer-lhe; embora cada pessoa deva possuir não apenas virtude, mas também capacidade de ação.

Se o que acabamos de dizer for exato, e se a felicidade deve ser definida como fazer o bem, então a vida prática é a melhor vida tanto para a *pólis* coletivamente quanto para cada homem individualmente. A vida prática não é necessariamente relativa a outros homens, como alguns pensam, nem é relativa apenas aos pensamentos que visam unicamente resultados provenientes da ação. São muito mais [20] práticas aquelas contemplações e aqueles pensamentos que têm seu fim em si mesmos e são exercidos por si mesmos. O fim é fazer o bem e, portanto, é uma certa forma de ação. Mesmo com ações feitas em relação a objetos exteriores, predicamos ação no sentido pleno principalmente dos mestres artesãos que dirigem a ação através de seus pensamentos. Além disso, também com as *pólis*, [25] aquelas que ocupam uma situação de isolamento e seguem uma política de isolamento não são necessariamente inativas; pois as atividades políticas também podem ser seccionais, uma vez que as partes da *pólis* têm muitas relações comuns entre si. E isso também é possível no caso de qualquer ser humano individual; pois, de outra forma, o ser divino e todo o universo dificilmente poderiam ser bem circunstanciados, [30] uma vez que não possuem atividades exteriores ao lado de suas próprias atividades intrínsecas. É, portanto, manifesto que a mesma vida deve ser a melhor tanto para cada ser humano individualmente quanto para as *pólis* e a humanidade coletivamente.

Tendo preparado o caminho com esta discussão preliminar do assunto e tendo examinado anteriormente todas as outras formas de regime[53], o ponto de partida para o restante de nosso assunto é, primeiramente, especificar a natureza das condições necessárias para o [35] caso da *pólis* que deve ser constituída da maneira mais ideal. Pois o melhor regime não pode ser realizado sem meios adequados. Devemos, portanto, pressupor de antemão uma série de condições como se fossem ideais, embora nenhuma delas deva ser impossível. Refiro-me, [40] por exemplo, ao número de cidadãos e ao território. Da mesma forma que todos os artesãos, por exemplo, um tecelão ou um construtor naval, **[1326a]** [1] devem ser fornecidos com o seu material em condições adequadas para o seu comércio (pois quanto melhor esse material for preparado, mais belo será o produto de seu ofício), assim também o estadista e o legislador devem ser fornecidos com seu material adequado em [5] condições adequadas.

Das condições para a *pólis*, vêm primeiro as questões sobre a população: qual deve ser precisamente o seu número e qual o seu caráter natural? Da mesma forma, em relação ao território: qual deve ser seu tamanho e natureza particulares? A maioria das pessoas imagina que uma *pólis* próspera deve ser grande, mas, admitida a verdade nisso, [10] não percebem em que qualidade consiste a grandeza ou a pequenez de uma *pólis*, pois julgam uma grande *pólis* pela magnitude numérica da população, sendo que, na verdade, o mais adequado a olhar não são os números, mas a eficiência. Uma *pólis*, assim como as outras coisas, tem uma certa função a desempenhar, de modo que é a *pólis* mais capaz de desempenhar essa função que deve ser considerada a maior; assim como se diria que [15] Hipócrates é maior, não como ser humano, mas como médico, do que alguém que o ultrapassou em altura. Mesmo assim, mesmo que seja correto julgar a *pólis* pelo teste de sua multidão, isso não deve ser feito em relação à multidão de toda e qualquer classe (pois as *pólis* são, sem dúvida, obrigadas a conter um grande número de escravos, [20] metecos e estrangeiros), mas o teste deve ser o número daqueles que fazem parte da *pólis*, ou seja, as partes especiais das quais uma *pólis* consiste. É a superioridade no número destas partes que indica uma grande *pólis*. Uma *pólis* que envia para a guerra um grande número de cidadãos da classe mais básica e um pequeno número de soldados armados não pode ser grande – pois uma grande *pólis* não é a mesma coisa que uma [25] *pólis* com uma grande população.

Certamente, a experiência também mostra que é difícil e talvez impossível para uma *pólis* com uma população muito grande ter um bom governo. Em todo caso, vemos que nenhuma das *pólis* com fama de bem governada está isenta de alguma restrição em relação aos números. A evidência da teoria prova esse mesmo ponto. A [30] lei é uma forma de ordem, e boa lei deve, necessariamente, significar boa ordem; mas um número excessivamente grande não pode participar da ordem: dar-lhe ordem certamente seria uma tarefa para o poder divino, que mantém até mesmo este universo unido. Portanto, essa *pólis* também deve necessariamente ser a mais bela e cuja magnitude se combina com o princípio limitante acima mencionado; [35] pois certamente a beleza é geralmente encontrada em número e magnitude, mas há uma medida de magnitude adequada para uma *pólis*, assim como para todas as outras coisas – animais, plantas, ferramentas; cada um deles, se muito pequeno ou excessivamente grande, não terá sua própria eficiência, mas em alguns casos terá perdido inteiramente sua verdadeira natureza, e em outros estará em condições [40] defeituosas. Por exemplo: um navio do tamanho da ponta de um dedo não será um navio, nem um navio do tamanho de dois estádios; e mesmo se atingisse tal tamanho, **[1326b]** [1] seja na pequenez seja na grandeza excessiva, isso faria com que a navegação fosse defeituosa. Da mesma forma, uma *pólis* composta por poucas pessoas não será autossuficiente (o que é uma qualidade essencial de uma *pólis*), e uma que consista em muitos cidadãos, embora autossuficiente nas meras necessidades, será mais uma nação do que [5] uma *pólis*, pois não será fácil para ela possuir um regime constitucional – quem comandará uma multidão tão vasta? Quem servirá de arauto, se não houver alguém com os pulmões de Estentor[54]?

Segue-se que o limite mais baixo para a existência de uma *pólis* é quando [10] ela consiste em uma população que atinge o número mínimo que é autossuficiente para o propósito de viver a boa vida à maneira de uma comunidade política. É possível, também, que uma *pólis* que exceda este em número seja maior, mas, como dissemos, essa possibilidade de aumento não é ilimitada, e o limite da expansão da *pólis* pode ser facilmente visto por considerações práticas. As atividades da *pólis* são as dos governantes e as das pessoas governadas, e o trabalho de um governante é administrar e julgar [15] os processos; mas para decidir as questões de justiça e para distribuir os cargos de acordo com o mérito é necessário que os cidadãos conheçam o caráter pessoal uns dos outros, pois onde isso não acontece, o exercício das magistraturas e a aplicação da justiça estão fadados a ir mal; pois a decisão aleatória é injusta em ambos os assuntos, e isso [20] obviamente é que prevalece em uma comunidade excessivamente numerosa. Também em tal comunidade é fácil para estrangeiros e metecos usurpar os direitos de cidadania, pois o número excessivo da população faz com que não seja difícil escapar da detecção. Fica claro, portanto, [25] que o melhor princípio limitador de uma *pólis* é a maior expansão da população, visando uma autossuficiência que pode ser realizada e comum a todos. Essa pode ser a nossa conclusão sobre a questão do tamanho da *pólis*. O mesmo vale para o seu território.

Quanto à questão de que natureza particular de terra deveria ter, é claro que todos ordenariam a que é mais autossuficiente (e tal é necessariamente a terra que produz de tudo, pois autossuficiência significa ter um suprimento de tudo e [30] não faltar nada). Em extensão e magnitude, a terra deve ser de um tamanho que permita aos habitantes viver uma vida de lazer com liberdade e ao mesmo tempo moderada. Se esse princípio limitante está certo ou errado será, mais adiante, considerado mais precisamente, quando chegarmos a levantar o assunto geral da propriedade e da riqueza – [35] como e de que maneira esse limite deve ser relacionado à riqueza. Sobre esta questão há muitas controvérsias, devido àquelas que nos conduzem para ambos os extremos da vida: uns tendem para a mesquinhez e outros para o luxo.

A configuração adequada do território não é difícil de afirmar (embora haja alguns pontos em que o conselho de especialistas militares [40] também deve ser levado em conta): por um lado deve ser difícil para os inimigos invadirem e fácil para o próprio povo marchar para fora dela, [1327a] [1] por outro lado, o mesmo vale para o território que dissemos ser do tamanho correspondente ao tamanho da população – deve ser capaz de ser abarcado de uma só vez, e isso significa ser uma nação fácil para a defesa militar. Quanto à localização da *pólis*, para que seja [5] idealmente localizada, é conveniente que esteja bem situada em relação ao mar e à terra. Um princípio definidor é o mencionado há pouco: a *pólis* deve estar em comunicação com todas as partes do território para fins de envio de assistência militar; outro princípio é que deve ser facilmente acessível para o transporte de produtos agrícolas, e também de madeira bruta e qualquer outro material que o território [10] possua.

Quanto à comunicação com o mar, é de fato muito debatido se é vantajoso para as *pólis* bem ordenadas ou se é prejudicial. Sustenta-se que as visitas de estrangeiros criados sob outros regimes são prejudiciais à lei e [15] à ordem, assim como uma população volumosa, que cresce a partir do envio e recebimento de vários comerciantes é desfavorável ao bom governo. Não é difícil ver que, evitadas estas consequências, é vantajoso tanto em termos de segurança como de abastecimento dos bens necessários, [20] que a *pólis* e o campo tenham acesso ao mar. Para suportar mais facilmente as guerras, as *pólis* devem ser capazes de defender, de modo seguro, em ambos os elementos, terra e mar, e mais facilmente enfrentar os ataques inimigos, mesmo que não seja possível em ambos os elementos, um ou outro estará mais bem guardado nas *pólis* que possuem acesso a ambos. [25] A importação de mercadorias que, porventura, não existam em seu próprio território e a exportação de seus produtos excedentes são coisas indispensáveis; pois a *pólis* deve se engajar no comércio por seu próprio interesse, mas não pelo interesse do estrangeiro. As *pólis* que abrem seu mercado para o mundo o fazem em razão do lucro, mas uma *pólis* [30] que não participa desse tipo de lucro não precisa ter um grande porto comercial. Vemos, hoje em dia, muitos países e *pólis* que possuem portos marítimos e portos convenientemente situados; estes não devem se localizar isolados da *pólis* e não muito distantes, mas [35] próximos o suficiente para serem defendidos com muralhas e outras defesas desse tipo.

É manifesto que, se alguma vantagem resultar da comunicação da *pólis* com o porto, a *pólis* possuirá essa vantagem, e se houver algum resultado prejudicial, é fácil prevenir-se por meio de leis que estabelecem e regulamentam quais pessoas devem, ou não devem, ter relações [40] umas com as outras.

Sobre a questão das forças navais, não há dúvida de que as possuir até certo ponto é o mais desejável **[1327b]** [1] (pois uma *pólis* deve ser temível e também capaz de defender não só seu próprio povo, mas também alguns de seus vizinhos, tanto por mar como por terra). Porém, quando chegamos à questão do número e tamanho dessa força naval, temos que considerar o modo de vida da *pólis*: [5] se quiser viver uma vida de liderança e política, deve possuir forças marítimas compatíveis a suas atividades. Por outro lado, não é necessário que as *pólis* provoquem um crescimento populacional ao incluir os tripulantes navais, pois não há necessidade de estes serem cidadãos da *pólis*; pois os fuzileiros são homens [10] livres e fazem parte da infantaria, e são eles que comandam e controlam a tripulação. Se existe uma massa de periecos e agricultores, também existirá uma massa de marinheiros. De fato, vemos isso acontecendo agora em alguns lugares, como na *pólis* de Heracleia: possuem uma grande frota de [15] trirremes, embora possuam uma *pólis* de tamanho moderado em comparação a outras.

Que sejam essas nossas conclusões sobre os territórios e portos das *pólis*, o mar e as forças navais.

No que diz respeito ao número de cidadãos, dissemos, anteriormente, qual o limite conveniente a ser adotado. Falemos agora [20] de qual deveria ser o caráter natural dos cidadãos. Isso pode ser compreendido facilmente olhando para as famosas *pólis* da Grécia e observando como todo o mundo habitado está dividido entre as nações. As nações que habitam as regiões frias, principalmente as da Europa, são cheias de espírito, mas bem deficientes em inteligência e [25] habilidade, e por isso continuam relativamente livres e carentes de organização política e capacidade de governar seus vizinhos. Os povos da Ásia, por outro lado, são inteligentes e hábeis em temperamento, mas carecem de espírito, de modo que estão em contínua sujeição e escravidão. Como a raça grega participa das qualidades de ambos os povos, [30] assim como ocupa uma posição intermediária geograficamente, é, ao mesmo tempo, vivaz e inteligente; por isso continua a ser livre e a ter instituições políticas muito boas, além de ser capaz de governar toda a humanidade se alcançar a unidade política. A mesma diversidade existe também entre os povos gregos comparados uns com os outros: [35] alguns têm uma natureza unilateral, outros são bem combinados em relação a essas duas capacidades. O legislador deve, portanto, ser intelectual e espirituoso em sua natureza. Quanto ao que dizem, certas pessoas, sobre o caráter que deve pertencer aos seus guardiões, [40] estes devem ser afetuosos com os amigos, mas implacáveis para os estranhos. E é o espírito que causa a afeição, pois o espírito é a capacidade da alma pela qual amamos. **[1328a]** [1] A prova disso é que, quando menosprezado, o espírito ressente-se mais contra os companheiros e amigos do que contra desconhecidos. Por essa razão, Arquíloco, por exemplo, ao repreender seus amigos, apelou adequadamente ao seu espírito dizendo: [5] *"Pois são teus amigos que te fazem sufocar de raiva".*

Além disso, é dessa faculdade que o poder de comando e o amor à liberdade derivam em todos os casos; pois o espírito é um elemento dominante e indomável. Mas é um erro descrever os guardiões como cruéis com estranhos; não é certo ser cruel com ninguém, e os homens de grande alma [10] não são cruéis, exceto contra os malfeitores. Sua raiva é ainda mais cruel contra seus companheiros, se pensam que eles os estão prejudicando, como já foi dito antes. Isso é razoável, porque tais homens pensam que, além do mal que lhes foi causado, também estão sendo defraudados de benefícios por pessoas que acreditavam dever-lhes também benefícios. [15] Daí os ditados *"pois as guerras entre irmãos são cruéis"* e *"quem muito ama muito odeia"*.

Já determinamos, aproximadamente, quais são os números próprios e as qualidades naturais daqueles que exercem o direito de cidadãos, assim como a extensão e a condição do território (pois não devemos [20] procurar atingir a mesma exatidão, por meio de discussões teóricas, os fatos que chegam até nós através das percepções sensoriais).

Como em todos os outros organismos naturais, as coisas indispensáveis para a existência do todo não são partes do composto total. Também é claro que nem todas as coisas que são necessárias para as *pólis* possuírem devem ser contadas como partes de uma *pólis* (assim [25] como não acontece com qualquer outra associação que forme uma unidade do gênero). Deve haver algo que seja comum e o mesmo para todos, quer dele participem igual ou desigualmente. Por exemplo, esta propriedade comum pode ser um alimento ou uma área de terra ou qualquer outra coisa semelhante. Mas, quando de duas coisas relacionadas, uma é um meio e a outra um fim, não há nada [30] em comum entre elas a não ser o fato de que uma age e a outra recebe. Refiro-me, por exemplo, à relação entre qualquer instrumento e a obra produzida: entre uma casa e um construtor, não há nada que se produz em comum, mas a casa constitui o fim da arte do construtor. Portanto, embora as *pólis* precisem de recursos, os recursos não fazem parte [35] da *pólis*, apesar de haver muitas coisas vivas que caem sob o título de recurso. A *pólis* é uma forma de comunidade de pessoas semelhantes, e seu objetivo é a melhor vida possível. E uma vez que o maior bem é a felicidade, e esta é o ato ou o emprego perfeito da virtude (em relação à qual alguns homens podem participar dela, mas outros apenas em pequena medida, ou [40] nada), é claro que esta é a causa para que surjam diferentes tipos e variedades de *pólis* e várias formas de regimes políticos. [1328b] [1] Pois, à medida que cada grupo de pessoas busca a participação na felicidade de uma maneira diferente e por meios diferentes, elas fazem para si diferentes modos de vida e regimes diferentes. Devemos, também, considerar quantas dessas coisas mencionadas são indispensáveis para a [5] existência de uma *pólis*; pois, entre elas, estarão as coisas que pronunciamos como partes de uma *pólis*, devido às quais sua presença é essencial. Devemos, portanto, considerar a lista de funções que uma *pólis* exige: delas surgirão as classes indispensáveis. Primeiro, uma *pólis* deve ter um suprimento de alimentos; em segundo lugar, os ofícios (pois a vida precisa de muitas ferramentas); terceiro, armas (os membros da comunidade devem necessariamente possuir armas tanto para uso entre si como para fins de autoridade, em casos de insubordinação, e para empregar [10] contra quem tentar ameaçá-los de fora); também uma certa abundância de dinheiro, para que tenham o suficiente tanto para suas necessidades internas quanto para as necessidades da guerra; em quinto lugar, mas primeira em importância, o serviço da religião, denominado sacerdócio; e sexto em número, mas o mais necessário de todos, uma disposição para decidir questões de interesses e de direitos [15] entre os cidadãos. Estas são, então, as funções que todas as *pólis* requerem (pois a *pólis* não é uma multidão casual de pessoas, mas, como se diz, uma comunidade autossuficiente para as necessidades da vida, e, se algum desses elementos estiver faltando, é impossível que essa comunidade seja absolutamente autossuficiente). É necessário, portanto, que a *pólis* se organize de acordo com essas funções; [20] consequentemente, deve possuir um número de agricultores, que fornecerão o alimento e também os artesãos, a classe militar, os ricos, os sacerdotes e os juízes para decidir questões de necessidade e de interesses.

Definidas essas questões, resta considerar se todos os membros da *pólis* devem participar de [25] todas essas funções (pois é possível que todo o povo seja ao mesmo tempo agricultores, artesãos, conselheiros ou juízes) ou se deveríamos atribuir diferentes classes a cada uma das funções mencionadas, ou se algumas delas devem necessariamente ser privadas e outras comuns. Mas essa distribuição não será a mesma em todas as formas de regime; pois, como dissemos, [30] é possível que todas as pessoas participem de todas as funções ou que nem todas participem de todas, mas algumas pessoas tenham certas funções. De fato, essas diferentes distribuições de funções são a causa da diferença entre os regimes: as democracias são *pólis* em que todo o povo participa de todas as funções, as oligarquias é onde ocorre o contrário. No momento, estamos interessados no melhor regime, e este [35] é o regime sob o qual a *pólis* seria mais feliz, e foi afirmado antes que a felicidade não pode ser alcançada sem virtude. Fica claro, portanto, a partir dessas considerações, que na *pólis* mais bem constituída, e aquela que possui homens absolutamente justos (não apenas relativamente ao princípio que é a base do regime), os cidadãos não devem viver uma [40] vida de trabalhadores manuais ou comerciantes (pois tal vida carece de nobreza e é contrária à virtude), nem mesmo devem ser agricultores **[1329a]** [1] (pois o descanso é necessário tanto para o desenvolvimento da virtude quanto para a participação ativa na política).

Por outro lado, a *pólis* também contém a classe militar e a classe que delibera sobre questões de política e julga questões de justiça, e estas são manifestamente partes essenciais [5] da *pólis*. Deveriam essas funções ser também estabelecidas como distintas umas das outras ou são funções a serem atribuídas aos mesmos cidadãos? Aqui, de certo modo, a resposta é clara, porque, em determinados casos, elas devem ser atribuídas às mesmas pessoas, mas, em outros casos, a indivíduos diferentes. Na medida em que cada uma dessas duas funções pertence a uma fase diferente da vida (a deliberação requer sabedoria e a guerra requer vigor), [10] elas devem ser atribuídas a pessoas diferentes. Mas, por mais que seja impossível que um conjunto de homens seja capaz de empregar a força e resistir ao controle, estes se submetam sempre a ser governados. Deste ponto de vista, ambas as funções devem ser atribuídas ao mesmo povo; pois aqueles que têm o poder das armas têm o poder de decidir se o regime deve permanecer ou cair. O único caminho que lhes resta é atribuir essa função constitucional a ambos os grupos de homens sem distinção, mas não simultaneamente, [15] pois se, na ordem natural das coisas, encontra-se a força nos homens mais jovens e a sabedoria nos mais velhos, parece ser conveniente e justo que tais funções sejam atribuídas a ambos dessa maneira, uma vez que esse modo de divisão possui conformidade com o mérito de cada um.

Além disso, a propriedade também deve centrar-se nessas duas classes – a dos militares e a dos conselheiros –; [20] pois estes cidadãos devem necessariamente possuir recursos abundantes, uma vez que a classe dos artesãos não tem participação política na *pólis*, nem qualquer outra classe que não seja "produtora de virtude".

Isso fica claro [25] em nosso princípio básico: em conjunto com a virtude, a felicidade está fadada a surgir, mas devemos declarar uma *pólis* feliz tendo em conta não uma parte particular dela, mas todos os seus cidadãos. Também é manifesto que as propriedades devem pertencer a essas classes, na medida em que é necessário que os agricultores sejam escravos ou servos periecos.

Resta, ainda, da lista enumerada, a classe dos sacerdotes. A posição desta classe também é clara. Os sacerdotes não devem ser nomeados nem pelos agricultores nem pelos artesãos, [30] pois é conveniente que os deuses sejam adorados pelos cidadãos; e como o corpo cidadão está dividido em duas partes, a classe militar e a classe dos conselheiros, e é decente que aqueles que se retiraram da vida ativa devido à idade prestem aos deuses o devido culto e gastem sua aposentadoria em seu serviço, é a estes que os ofícios sacerdotais devem ser atribuídos.

Afirmamos, portanto, as coisas indispensáveis para o regime de [35] uma *pólis* e as coisas que fazem parte de uma *pólis*: os agricultores, os artesãos e a classe trabalhadora geralmente são uma pertença necessária das *pólis*, mas as classes militar e deliberativa são partes da *pólis*. Além disso, cada uma dessas divisões é separada das outras, permanente ou alternadamente.

A necessidade de a *pólis* ser [40] dividida em classes e da classe militar ser distinta daquela dos agricultores **[1329b]** [1] não parece ser uma descoberta dos filósofos políticos de hoje ou feita recentemente. No Egito, esse arranjo existe ainda hoje, como também em Creta; diz-se que foi estabelecido no Egito pela legislação de Sesóstris e [5] em Creta pela de Minos. As refeições públicas também parecem ser uma instituição antiga, as de Creta tendo começado no reinado de Minos, enquanto as da Itália são muito mais antigas. Segundo os historiadores da região, um dos colonos de lá, um certo Ítalo, tornou-se rei da Enótria, e dele tomaram o nome de [10] italianos em vez de enotrianos, e o nome de Itália foi dado a toda aquela península da Europa, situada entre os Golfos Escilético e Lamético, que estão separados por meio dia de viagem. Foi este Ítalo então que, segundo a tradição, converteu os [15] enotrianos de uma vida pastoril para uma de agricultura e deu-lhes várias ordens, sendo o primeiro a instituir o sistema de refeições públicas, de tal forma que tais refeições e algumas de suas leis ainda são conservadas por alguns de seus sucessores até hoje. Os colonos que habitavam no Tirreno eram os ópicos, que hoje, como antigamente, levam o nome de [20] ausônios; e a região junto à Iapígia e ao Mar Jônico, chamada Sirte, era habitada pelos cones, que também eram de raça enotriana. Foi, portanto, destas regiões que o sistema de refeições públicas tem sua origem, enquanto a divisão do corpo cidadão por classes veio do Egito, pois o reinado de Sesostris é muito anterior ao de [25] Minos. Podemos quase supor, portanto, que todos os outros artifícios políticos também foram descobertos repetidamente, ou melhor, um número infinito de vezes, no decorrer das eras; pois as descobertas de um item indispensável provavelmente são ensinadas pela própria necessidade, e quando tais necessidades são resolvidas, é razoável que haja um desenvolvimento das coisas que contribuem para seu refinamento e luxo; [30] de modo que devemos assumir que é assim também com as instituições políticas. Na Antiguidade, de todas essas descobertas políticas, o testemunho é indicado pela história do Egito; pois os egípcios têm a reputação de serem a nação mais antiga e sempre tiveram leis e um sistema político. Portanto, devemos usar os resultados de descobertas anteriores quando adequado, enquanto nos esforçamos para [35] investigar assuntos até então ignorados.

Já foi dito antes que a terra deve pertencer àqueles que possuem armas e àqueles que compartilham os direitos do regime político, e por que os agricultores devem ser de uma classe diferente dessas, além de qual é a extensão e a conformação adequadas do território. Agora, temos que discutir primeiro [40] a distribuição da terra, a classe e o caráter apropriado de tais agricultores; uma vez que não defendemos a propriedade comum da terra, como alguns fizeram, [1330a] [1] mas, na prática, deve ser objeto de um uso comum de maneira amigável. Além disso, sustentamos que nenhum cidadão deve ser mal suprido de alimentos.

Quanto às refeições públicas, todos concordam que esta é uma instituição vantajosa para as *pólis* bem-organizadas possuírem; [5] nossas próprias razões para compartilhar essa visão, afirmaremos mais tarde. Mas as refeições públicas devem ser partilhadas por todos os cidadãos, e não é fácil para os pobres contribuir com parte dos seus meios e também manter o sustento de sua casa. Além disso, as despesas relacionadas com a religião são a preocupação comum de toda a *pólis*.

É necessário, portanto, que a terra seja dividida [10] em duas partes, das quais uma deve ser comum e a outra propriedade privada dos indivíduos; e cada uma dessas duas divisões deve, novamente, ser dividida em duas. Da terra comum, uma parte deve ser destinada aos serviços da religião e a outra para custear as despesas das refeições públicas; dos terrenos de propriedade privada, uma parte deve localizar-se próxima às fronteiras, e a outra parte [15] próxima à *pólis*, de modo que os dois lotes possam ser atribuídos a cada cidadão e todos possam ter participação em ambas as partes. Esse arranjo satisfaz a equidade e a justiça, e também conduz a uma maior unanimidade no enfrentamento da guerra contra povos vizinhos. Onde este sistema não é seguido, haverá alguns que não se preocuparão com as ameaças [20] de vizinhos, enquanto outros serão muito cautelosos e negligenciarão considerações do que é conveniente. Por isso, alguns povos possuem uma lei que impede os cidadãos cujas terras estão perto da fronteira de participar de deliberações sobre guerras contra *pólis* vizinhas, sob a alegação de que o interesse privado os impediria de aconselhar com sabedoria. A terra deve, portanto, ser dividida desta maneira pelas [25] razões acima mencionadas.

Se o sistema ideal for estabelecido, então o melhor é que os agricultores pertençam à classe dos escravos, desde que não sejam todos de uma só tribo nem de caráter espirituoso (pois assim seriam úteis para seu trabalho e seguros para se absterem de motins). Em segundo lugar, os agricultores devem ser recrutados entre os periecos estrangeiros ou de natureza semelhante. [30] Destes trabalhadores, aqueles dos lotes privados devem estar entre as posses privadas dos proprietários das terras e aqueles que trabalham na propriedade pública do dono da terra. Diremos mais tarde como os escravos devem ser empregados e por que é vantajoso que todos os escravos tenham sua liberdade apresentada como recompensa.

Já foi dito antes que a *pólis*, na medida do possível, deve estar em comunicação igual com o continente, [35] o mar e todo o seu território. Quanto à sua localização ideal, devemos levar em conta quatro considerações: primeiro, como coisa essencial, a consideração da saúde (as *pólis* cujo local se inclina para o leste ou para as brisas que sopram desde o nascer do sol [40] são mais saudáveis; a seguir são as *pólis* que estão protegidas do vento do norte, pois estas *pólis* são mais amenas no inverno); **[1330b]** [1] e entre as demais considerações, um terreno inclinado é favorável tanto para fins políticos quanto militares. Para fins militares, portanto, o local deve ser de fácil saída para os próprios cidadãos e difícil para o adversário se aproximar e bloquear, e deve possuir, se possível, um abundante suprimento natural de fontes e [5] cursos de água, mas, na falta disso, um modo deve ser inventado para fornecer água por meio da construção de grandes reservatórios da água da chuva, de modo que o abastecimento nunca possa faltar aos cidadãos quando eles são impedidos de sair de seu território em razão da guerra.

Uma vez que temos que considerar a saúde dos habitantes, e isso depende de o local estar bem situado em terreno [10] saudável e com aspecto saudável e, em segundo lugar, usar fontes de água saudáveis, o seguinte assunto também deve ser de importância primordial. As coisas que usamos para o corpo em maior quantidade e com maior frequência são as que mais contribuem para a saúde: a água e o ar são precisamente dessa natureza. Portanto, nas [15] *pólis* prudentes, se todas as fontes de água não são igualmente puras e não há abundância de fontes adequadas, as fontes de água para beber devem ser mantidas separadas daquelas que são para outras necessidades.

Quanto às fortificações, o que é conveniente não é o mesmo para todas as formas de regime; por exemplo, uma acrópole é adequada para a oligarquia e para a monarquia, [20] e uma planície para a democracia; para uma democracia nenhuma é favorável, mas sim a várias fortificações. A disposição das habitações particulares é considerada mais agradável e mais conveniente para fins gerais se forem dispostas em ruas retas, segundo o modo atual introduzido por Hipódamo; mas é mais adequado para a segurança na guerra se for do modo contrário, [25] como costumavam ser as *pólis* nos tempos antigos; pois esse arranjo é difícil para as tropas estrangeiras entrarem e encontrarem um caminho para atacar. Por isso, é bom combinar as vantagens de ambos os métodos (isso é possível se as casas forem dispostas da maneira que os agricultores fazem em plantações de videiras, que alguns chamam de "*systádas*"[55]) e não toda [30] a *pólis* em ruas retas, mas apenas algumas partes e bairros, pois assim combinará segurança com beleza.

No tocante às muralhas, aqueles que defendem que as *pólis* de certa grandeza não devem ter muralhas possuem uma visão muito antiquada, mesmo quando os fatos provaram o contrário quando se trata de *pólis* que se entregam a essa forma de pensamento. [35] É verdade que contra um inimigo de igual poder ou um pouco superior em número não é honroso tentar se proteger pela força de suas fortificações; mas acontece, e pode realmente acontecer, que o número superior de atacantes esteja além dos esforços e valores de um pequeno grupo. Se a *pólis* deve sobreviver e [40] não sofrer desastres ou sofrimentos, então quanto mais resistente a fortificação das muralhas, mais deve ser o poder bélico desse pequeno grupo, **[1331a]** [1] particularmente em vista das invenções que agora foram feitas em relação a mísseis e artilharia. Pensar que uma *pólis* não deve estar cercada de montanas é o mesmo que desejar que ela seja fácil de invadir; da mesma forma que não cercar [5] nem mesmo as residências particulares com muros sob o pretexto de que os habitantes seriam considerados covardes. Além disso, outro ponto que não deve ser esquecido é que aqueles que têm muralhas ao redor da *pólis* podem usá-las de ambas as maneiras, tanto como *pólis* muralhadas quanto como *pólis* abertas, enquanto as *pólis* que não possuem muralhas [10] não podem ser usadas em ambos os sentidos. Se assim for, não só se devem colocar muralhas à volta de uma *pólis*, mas também lhes prestar atenção para que sejam adequadas tanto no que diz respeito ao adorno da *pólis* como no que diz respeito às exigências militares, especialmente para com os novos dispositivos recentemente inventados. [15] Assim como os atacantes de uma *pólis* estão preocupados em estudar os meios pelos quais podem obter vantagem, os defensores também já inventaram algumas estratégias e ainda devem descobrir e estudar outras; pois ninguém tentará atacar aqueles que estão bem-preparados.

Como a multidão de cidadãos deve ser distribuída em mesas comuns separadas [nas refeições públicas], [20] e as muralhas da *pólis* devem ser divididas por postos de guarda e torres em locais apropriados, é claro que esses próprios fatos exigem que algumas das mesas sejam organizadas nesses postos de guardas. Essas disposições, então, podem ser organizadas dessa maneira: convém que os templos destinados aos deuses [25] e as mais importantes das mesas oficiais tenham um mesmo local adequado para todos, exceto aqueles templos que são designados por lei a um lugar especial e separado ou então por algum enunciado do oráculo de Pítias. O local seria adequado se fosse suficientemente ilustre quanto à excelência de sua posição, e também de força superior em relação às [30] partes adjacentes da *pólis*. É conveniente que nas imediações deste local seja colocada uma praça pública, como aquela na Tessália, que chamam de ágora livre, isto é, uma praça que deve ser mantida livre de todas as mercadorias e na qual nenhum artesão ou agricultor ou qualquer outra pessoa possa se intrometer, [35] a menos que seja convocada pelos magistrados. Daria comodidade ao local se aqui também se situasse o ginásio dos adultos, pois convém que esta instituição seja também dividida por idades e que certos magistrados passem o seu tempo entre os jovens, enquanto os mais velhos passam o seu tempo [40] com os magistrados; pois a presença dos magistrados diante dos olhos dos homens contribui para o verdadeiro respeito e o temor de um homem livre. **[1331b]** [1] A ágora dos mercados deve ser diferente da ágora livre, e em outro lugar; deve ter um local conveniente para a coleta de todas as mercadorias enviadas tanto do porto marítimo quanto pór terra.

Como as divisões da população da *pólis* incluem [5] sacerdotes e magistrados, é conveniente que os refeitórios dos sacerdotes também tenham sua posição ao redor dos edifícios sagrados. Todas as magistraturas que superintendem os contratos, o registro de ações em lei, as intimações e demais assuntos de administração, além dos que tratam da supervisão dos mercados e do que [10] se chama ordenamento da *pólis*, devem ter prédios adjacentes a uma ágora ou algum lugar público, como a região vizinha da ágora dos mercados, pois designamos a ágora livre como o local para o lazer e a ágora dos mercados para as atividades comerciais necessárias.

Os arranjos no campo também devem seguir a ordenação descrita; lá também os magistrados, [15] chamados em algumas *pólis* de guardas florestais e em outras de superintendentes da terra, devem ter seus postos de guarda e refeitórios perto dos postos de patrulhamento. Também devem ser distribuídos templos pelo país, alguns dedicados a deuses e outros a heróis. Demorar-se neste ponto de modo detalhado e discutir questões desse tipo é perda de tempo. [20] A dificuldade com essas coisas não é tanto na questão teórica, mas na prática; estabelecer princípios é um trabalho de aspiração, mas sua realização é tarefa da sorte. Por isso, renunciaremos, por enquanto, à consideração adicional de assuntos desse tipo.

[25] Devemos, agora, discutir o próprio regime em si e perguntar quais e de que caráter devem ser os componentes da *pólis* que visa uma vida feliz e um bom governo. Há duas coisas em que consiste o bem-estar de todos os homens: uma delas é o estabelecimento correto do objetivo e do fim de suas ações, a outra é a determinação das ações que levam a esse fim. O fim proposto [30] e os meios adotados podem ser inconsistentes entre si, como também podem ser consistentes; às vezes o objetivo foi proposto corretamente, mas as pessoas não conseguem alcançá-lo por meio da ação; às vezes elas alcançam todos os meios com sucesso, mas o fim que elas postularam era errado; e às vezes eles erram em ambos – [35] por exemplo,

na medicina, seus praticantes estão, às vezes, errados tanto em suas avaliações sobre a saúde de um corpo como em encontrar meios eficazes para produzir o objetivo que eles estabeleceram. Assim, nas artes e nas ciências, ambas as coisas devem ser asseguradas: o fim e os meios práticos para o fim. É claro que todos [40] os homens visam a boa vida e a felicidade, mas embora alguns possam atingir esse fim, outros não, devido a algum fator de sorte ou falha da natureza (sorte porque a boa vida também precisa de certas condições materiais, [1332a] [1] os homens de melhor disposição natural precisam de menos, enquanto os de pior disposição precisam de mais); outros ainda, embora tenham o poder, erram em sua busca pela felicidade logo no início. O objetivo diante de nós é discernir o melhor regime, e este é [5] aquele sob o qual uma *pólis* será melhor governada, e uma *pólis* será melhor governada sob o regime pelo qual tem mais oportunidades de felicidade. É, portanto, claro que devemos saber o que é a felicidade. A visão que mantemos (e esta é a definição que estabelecemos na Ética[56], se é que os argumentos desse discurso têm algum valor) é que a felicidade é a atividade completa e o emprego da virtude, e isso [10] não condicional, mas absolutamente. Quando digo "condicionalmente" refiro-me às coisas necessárias, por "absolutamente" quero dizer "nobremente": por exemplo, para o caso de ações justas, um castigo justo ou uma punição justa surgem, é verdade, da virtude, mas decorrem de uma obrigação e são bons porque são necessários, além de terem a qualidade de nobreza apenas de maneira limitada (pois seria preferível que nem o indivíduo [15] nem a *pólis* precisassem de tais coisas), enquanto que as ações que visam honras e recursos são as ações mais absolutamente nobres; pois a primeira classe de atos – punir e castigar – consiste na remoção de algo que é, em um certo sentido, um mal, mas as ações do último tipo – visar a honra e prosperidade – são o oposto, ou seja, são o fundamento e a geração de coisas boas. O homem virtuoso poderá até fazer bom uso da pobreza, da doença [20] e de outras formas de má sorte de maneira nobre, mas a felicidade consiste em seus opostos (pois é uma definição estabelecida por nossos discursos éticos[57] que o homem virtuoso é aquele de tal caráter que, devido à sua virtude, as coisas absolutamente boas são boas para ele e, portanto, é claro que seu uso desses bens também deve ser virtuoso e [25] absolutamente nobre); Por isso que os homens realmente supõem que os bens externos são a causa da felicidade, como se uma execução brilhante da lira dependesse mais do instrumento do que da habilidade do tocador.

Segue-se, portanto, do que foi dito, que alguns bens devem ser fornecidos por meio do acaso e outros devem ser fornecidos pelo legislador. Por isso, a organização [30] da *pólis* deve ser bem-sucedida em assegurar os bens que estão sob o controle da sorte (pois essa sorte controla os bens externos que tomamos como evidentes); mas quando chegamos à virtude da *pólis*, garantir isso não é função da sorte, mas da ciência e da política. Então, a virtude da *pólis* é naturalmente causada pelo fato de os cidadãos, que participam de seu governo, serem virtuosos; e, em nossa *pólis,* todos os cidadãos [35] participam do governo. O ponto que devemos considerar, portanto, é: como um homem se torna virtuoso? Mesmo que seja possível que os cidadãos sejam virtuosos coletivamente sem sê-lo individualmente, este último é preferível, pois para cada indivíduo ser virtuoso implica como consequência a virtude coletiva de todos.

Há, reconhecidamente, três fatores pelos quais [40] os homens se tornam bons e virtuosos: natureza, hábito e razão. Para começar, é preciso nascer com a natureza de um ser humano e não de algum outro animal; em segundo lugar, deve-se nascer com uma certa qualidade de corpo e de alma. Mas há algumas qualidades com as quais não adianta nascer, **[1332b]** [1] pois nossos hábitos as alteram: a natureza fez, de fato, algumas qualidades capazes de serem modificadas pelos hábitos, para pior ou para melhor. Os outros animais vivem, principalmente, por um impulso natural, embora alguns sejam guiados também pelos hábitos, mas em pequeno grau. Contudo, o homem vive também [5] pela razão, pois somente ele dentre os animais a possui, de modo que no homem esses três fatores devem estar em harmonia um com o outro; pois os homens, muitas vezes, agem contra seus hábitos e sua natureza por causa de sua razão, se estiverem convencidos de que algum outro curso de ação é melhor.

Já definimos, pois, [10] o próprio caráter natural daqueles que devem ser mais facilmente moldados pelo legislador; o que resta agora diz respeito à educação, pois os homens aprendem algumas coisas pelo hábito e outras por instrução.

Como toda comunidade política é composta de governantes e governados, devemos, portanto, considerar se os governantes e os governados devem mudar ou permanecer os mesmos ao longo [15] da vida; pois é claro que sua educação também deverá corresponder a essa distribuição de funções. Se, então, os governantes forem tão diferentes dos governados como acreditamos que os deuses e heróis diferem da humanidade, até o ponto de ser evidente uma grande superioridade em relação ao corpo [20] e à alma dos governantes em relação aos governados, é claro que seria melhor que os governantes e governados fossem sempre as mesmas pessoas.

Mas, como isso não é fácil de garantir, e como não encontramos nada que corresponda à grande diferença que Cílax afirma existir entre reis e súditos na Índia, [25] fica claro que, por muitas razões, é necessário que todos participem igualmente no governo, em um sistema rotativo de governantes e governados. A equidade consiste na ideia de que todos os iguais tenham o mesmo *status*; e também é difícil para um regime sobreviver se for estruturado na injustiça. Todos os cidadãos, em todo o território do país, estão do lado da classe subjugada no desejo de uma revolução, e é algo inconcebível que os que estão no governo sejam suficientemente numerosos para enfrentar [30] todos eles juntos.

Por outro lado, não se pode contestar que os governantes devem ser superiores aos governados; portanto, o legislador deve considerar como isso deve ser garantido e como devem participar do [35] governo. E isso já foi discutido.

A natureza facilitou essa distinção, ao fazer mais jovens ou mais velhos os indivíduos de mesma espécie, dos quais os mais jovens devem ser governados e os mais velhos governantes. Ninguém se irrita ou se considera melhor do que seus governantes quando é governado com base na idade, especialmente porque ele [40] receberá esse *status* quando atingir a idade adequada. Em certo sentido, portanto, devemos dizer que os governantes e governados são os mesmos e, em certo sentido, diferentes. **[1333a]** [1] Portanto, sua educação também deve ser, em parte, de uma mesma maneira e, em parte, de outra maneira. Pois *"se queres governar bem, deves, primeiramente, obedecer"*, como diz o ditado.

O governo, como foi dito nos primeiros discursos, é de dois tipos: um exercido segundo o interesse do governante e outro no interesse do governado; [5] destes, o primeiro é o que chamamos de governo despótico, o segundo é o governo de homens livres. Alguns dos comandos dados não diferem na natureza do que é ordenado, mas em sua finalidade. Por isso, muitos dos que são considerados serviços braçais podem ser honrosamente executados até mesmo por jovens livres; já que, em relação à honra e à desonra, as ações não diferem [10] tanto em si mesmas quanto em seu fim e sua causa.

Como dissemos que a bondade de um cidadão e governante é a mesma do melhor homem, e que a mesma pessoa deve se tornar primeiro governada e depois governante, será importante que o legislador estude como e por quais atividades os homens bons serão produzidos, [15] além de averiguar qual é o fim da melhor vida.

A alma é dividida em duas partes, das quais uma é em si possuidora de razão, enquanto a outra não é racional em si, mas capaz de obedecer à razão. A essas partes, pertencem àquelas virtudes de acordo com as quais um homem é declarado bom de alguma forma. Mas em qual dessas duas partes reside o fim do homem? Aqueles que definem as partes da alma de acordo com essa divisão não terão dúvidas sobre a resposta. O pior sempre [20] existe como meio para o melhor, e isso se manifesta tanto na arte quanto na natureza; mas a parte racional da alma é melhor do que a irracional. A parte racional é subdividida em duas (de acordo com nosso esquema usual de divisão). A razão, pois, é de dois tipos: prática e teórica; de modo que obviamente a parte racional da alma também deve ser subdividida em conformidade. Uma classificação correspondente devemos também pronunciar entre suas atividades: [25] as atividades da parte da alma, que é por natureza superior, devem ser preferíveis para aquelas pessoas que são capazes de atingir todas as atividades da alma, ou pelo menos duas; uma vez que é sempre mais desejável, para cada indivíduo, a atividade que é a mais elevada possível de atingir.

[30] Também a vida, como um todo, é dividida em trabalho e lazer, guerra e paz, e, dentre nossas

ações, umas são necessárias e úteis, e outras são nobres. Nessas questões, o mesmo princípio de preferência que se aplica às partes da alma deve aplicar-se, também, às respectivas atividades: [35] a guerra existe por causa da paz, o trabalho em função do lazer, as coisas necessárias e úteis em vista das coisas nobres. O legislador, portanto, deve legislar com todas essas considerações em vista, tanto a respeito das partes da alma quanto de suas atividades, visando sobretudo os maiores bens e mais excelentes fins. O mesmo princípio se aplica em relação aos modos de vida e escolhas de conduta: um homem deve ser capaz de se envolver na guerra, **[1333b]** [1] mas, ainda mais, ser capaz de viver em paz e no lazer; deve também fazer o que é necessário e útil, mas deve, sobretudo, fazer o que é nobre. Esses são, pois, os objetivos que devem ser mantidos em vista na educação dos cidadãos, tanto em [5] crianças quanto nas idades posteriores que requerem educação.

Os povos gregos, considerados hoje em dia como tendo os melhores governos, bem como os legisladores que as estabeleceram, manifestamente não moldaram seus sistemas constitucionais com referência ao melhor fim, nem construíram suas leis e seu esquema de educação visando todas as virtudes, mas se desviaram [10] para aquelas excelências que deveriam ser úteis e mais propícias ao lucro. Seguindo essa mesma linha, alguns autores posteriores pronunciaram a mesma opinião: ao elogiar a constituição espartana, eles expressam admiração pelo objetivo de seu fundador, pois ele moldou toda a sua legislação com vistas à conquista e à guerra. Essas visões [15] são fáceis de refutar em bases teóricas e também já foram refutadas pelos fatos da história. Assim como a maioria da humanidade cobiça ser senhor de muitos servos, porque isso produz um suprimento múltiplo de bens da fortuna, Tibrão e todos os que escreveram sobre [20] a constituição espartana, mostram admiração pelo legislador dos espartanos porque, devido ao fato de terem sido treinados para superar perigos, governavam um vasto império. No entanto, segue-se claramente que, hoje em dia, os espartanos não possuem mais um império, não são felizes e seu legislador não é bom. É caricato que, embora tenham cumprido suas leis, e embora nada os [25] impeça de observar as leis, tenham perdido a vida nobre. Também os escritores têm uma concepção errônea do modelo de governo pelo qual o legislador deve demonstrar estima; governar homens livres é mais nobre e mais ligado à virtude do que governar despoticamente. E, novamente, não é adequado considerar uma *pólis* feliz [30] e elogiar seu legislador, quando este tenha incitado os seus cidadãos a conquistar seus vizinhos. Este princípio é muito desastroso; segue-se daí que um cidadão individual, que tenha a capacidade, deve esforçar-se para obter o poder de dominar sua própria *pólis*; mas isso é exatamente o que os espartanos acusam o seu rei, Pausânias, de tentar fazer, embora ele [35] tenha alcançado tão alta honra.

Nenhum princípio, portanto, e nenhuma lei dessa natureza é político, lucrativo ou verdadeiro; os mesmos ideais são os melhores tanto para os indivíduos quanto para as comunidades, e o legislador deve se esforçar para implantá-los nas almas dos homens. O próprio objetivo de praticar o treinamento militar não é para que os homens escravizem aqueles que não merecem [40] a escravidão, mas, em primeiro lugar, para que eles mesmos evitem ser escravizados por outros; em segundo lugar, para que busquem o poder em benefício do povo dominado, **[1334a]** [1] mas não um domínio totalitário; e, em terceiro lugar, manter o poder despótico sobre aqueles que merecem ser escravos. Os fatos apoiam a teoria de que é dever do legislador antes estudar como ele pode estruturar sua legislação tanto no que diz respeito à guerra [5] quanto em outros departamentos para fins de lazer e paz. A maioria das *pólis* militares permanece a salvo durante a guerra, mas perece quando alcança a hegemonia; à semelhança da espada sem uso cuja lâmina deixa de ficar afiada em tempo de paz. O legislador é o culpado desse colapso, porque não educou os cidadãos para poder empregar o lazer.

[10] Como parece que os homens têm o mesmo fim coletiva e individualmente – e como o mesmo objetivo distinto deve, necessariamente, pertencer tanto ao melhor homem quanto ao melhor governo – é claro que as virtudes relativas ao lazer são essenciais; pois, como já foi dito repetidamente, a paz é o fim da guerra e o lazer é o fim do trabalho. As virtudes úteis ao lazer e seu emprego não são apenas as que operam no lazer, mas também as que operam no trabalho; [15] pois muitas das necessidades devem estar disponíveis para nos dar oportunidade de lazer. Portanto, é apropriado que a *pólis* seja moderada, corajosa e duradoura; como diz o provérbio: "*não há lazer para os escravos*". As pessoas incapazes de enfrentar o perigo com bravura são escravas de seus agressores. Portanto, coragem e resistência são necessárias para o trabalho, [20] amor à sabedoria para o lazer, temperança e justiça para ambos os casos, especialmente quando os homens estão em tempos de paz e lazer; pois a guerra obriga os homens a serem justos e moderados, enquanto o desfrute da prosperidade e do lazer pacífico tendem a torná-los insolentes. Logo, muita justiça e muita temperança [25] são necessárias para aqueles que são considerados muito prósperos e que desfrutam de todas as coisas contadas como benefícios, assim como os habitantes que habitam nas Ilhas dos Bem-Aventurados (se é que tais habitantes existem, como narram os poetas); estes, quanto mais eles estiverem livres e tiverem uma abundância de tais benefícios, [30] mais precisarão de sabedoria, temperança e justiça.

Fica claro, portanto, por que uma *pólis,* que deve ser feliz e justa, deve compartilhar dessas virtudes; pois se é vergonhoso não poder usar nossas [35] coisas boas, é ainda mais vergonhoso não poder usá-las no tempo de lazer e, embora nos mostremos homens bons no trabalho e na guerra, nos tempos de paz e lazer não parecem melhores do que escravos. [40] Portanto, não devemos cultivar a virtude à maneira de Esparta. A superioridade dos espartanos sobre outros povos não reside **[1334b]** [1] em terem uma opinião diferente dos outros sobre quais coisas são os maiores bens, mas antes em acreditarem que estes são obtidos por meio de uma virtude particular. Uma vez que consideram os bens externos como bens maiores e o lazer maior do que o que resulta das virtudes [...][58], é óbvio, a partir dessas considerações, [5] que devem ser praticados por si mesmos. Porém, agora, deve ser considerado como e por quais meios isso acontecerá.

Decidimos anteriormente que isso requer natureza, hábito e razão, e entre estes, qual qualidade particular da natureza os homens devem possuir foi também já definida. Resta-nos considerar se os homens devem ser educados primeiro pela razão ou pelos hábitos. Entre a razão e o hábito [10] deve existir a mais perfeita harmonia, pois é possível que a razão tenha perdido seu princípio mais elevado ou que os homens tenham sido treinados erroneamente pelos hábitos. Isto, portanto, é claro logo de início, tanto no caso dos homens como das outras criaturas, que sua geração procede de um princípio, e que o fim desse princípio pode se referir a um outro fim. [15] No nosso caso, razão e inteligência são o fim de nosso desenvolvimento natural, de modo que é com vistas a esses fins que nossa geração e a formação de nossos hábitos devem ser reguladas. Em segundo lugar, como alma e corpo são duas partes, duas são também as partes da alma: a parte irracional e a parte que possui a razão, referindo-se a cada uma das partes um estado correspondente, [20] sendo o desejo à parte irracional e a inteligência à racional. Como o corpo é anterior em seu desenvolvimento à alma, assim a parte irracional da alma é anterior à racional. Isso também é óbvio, porque a paixão, a vontade, e também o apetite, existem nas crianças logo que nascem, mas é da natureza que o raciocínio e a inteligência surgem nelas à medida que crescem. Portanto, em primeiro lugar, é necessário que o treinamento do corpo preceda o da mente [25] e, em segundo lugar, que o treinamento do apetite preceda o da inteligência; o treinamento do apetite deve ser para o intelecto, e o do corpo para o bem da alma.

Sendo, portanto, dever do legislador considerar, desde o início, como os cidadãos devem obter as melhores formas corporais, ele deve primeiro atentar para a união conjugal e estabelecer quando, e em que condições, o casal [30] deve praticar relações sexuais. Ao legislar sobre esse aspecto, o legislador deve considerar parcialmente os caráteres das pessoas e seu período de atividade sexual, para que suas duas idades coincidam e não haja diferenças entre suas capacidades físicas, [35] podendo o marido ainda gerar e a esposa não, ou a esposa capaz e o homem não (pois isso causa diferenças e discórdias reais entre eles); o legislador também deve considerar a sucessão dos filhos, pois os filhos não devem estar muito distantes de seus pais [40] em suas idades (já que os pais idosos não podem desfrutar dos filhos nem beneficiá-los), [1335a] [1] nem devem estar muito perto deles (pois isso envolve muitas dificuldades já que em tais famílias há menos respeito entre eles, assim como entre companheiros da mesma idade, além de que a proximidade da idade leva a atritos nos assuntos domésticos); e, além disso, para voltar ao ponto [5] de onde começamos esta digressão, devem ser tomadas medidas para garantir que as crianças geradas tenham uma estrutura corporal adequada ao desejo do legislador.

Esses objetivos são quase todos alcançados por uma certa regulação. Pois, como o período de parentesco termina, falando em geral, com os homens aos setenta anos de idade, e [10] com as mulheres aos cinquenta, o início de sua vida conjugal deve corresponder a este intervalo em relação à idade. O ato sexual entre os jovens é ruim para a procriação; pois, em todas as espécies animais, os descendentes dos jovens são mais imperfeitos e propensos a produzir descendentes do sexo feminino e de pequena estatura, de modo que a mesma coisa ocorre necessariamente [15] na raça humana. Uma prova disso é que em todas as *pólis* onde é costume local unir moços e moças, as pessoas são deformadas e de pequena estatura. Ademais, as mulheres jovens têm trabalhos de parto mais difíceis, e mais delas morrem no parto. De fato, de acordo com alguns relatos, essa foi a razão pela qual a resposta do oráculo foi dada [20] ao povo de Trezena, porque muitos estavam morrendo devido ao costume de as mulheres se casarem jovens (o que nada se referia às colheitas). Também convém, no interesse da temperança, que a doação de mulheres em casamento seja feita quando forem mais velhas, pois se pensa que são mais licenciosas já que tiveram relações sexuais na juventude. Além disso, pensa-se que os homens são prejudicados [25] no desenvolvimento corporal se tiverem relações sexuais enquanto o sêmen ainda está se desenvolvendo; pois o sêmen também tem um período fixo de desenvolvimento e que, após a passagem de tal período, não é mais abundante.

Portanto, é apropriado que as mulheres se casem por volta dos dezoito anos e os homens aos trinta e sete, ou um pouco antes; [30] pois isso dará tempo suficiente para que a união ocorra com seu vigor corporal no auge, e para que chegue com uma conveniente coincidência de datas no momento em que a procriação cessa. Além disso, a sucessão dos filhos nas propriedades, se o nascimento deles ocorrer logo após o casamento dos pais, ocorrerá quando eles estiverem começando a vida adulta e quando o [35] período de vigor dos pais tiver chegado ao fim, por volta da idade de setenta.

A idade adequada, portanto, para a união conjugal foi discutida; quanto à estação apropriada, podemos aceitar o que é costumeiro com a maioria das pessoas de praticar a relação conjugal no inverno. As pessoas também devem estudar por si mesmas, quando chegar o momento, [40] os ensinamentos dos médicos e naturalistas sobre o assunto da procriação de filhos; as condições corporais adequadas são discutidas adequadamente pelos médicos, [1335b] [1] e a questão da estação pelos naturalistas, que dizem que os ventos do norte são mais favoráveis do que os do sul.

O tipo particular de constituição corporal dos pais que será mais benéfico para a prole deve ser abordado mais detalhadamente em nossa discussão sobre a formação dos filhos; [5] é suficiente falar disso em linhas gerais agora. O hábito atlético não é útil para a aptidão física exigida por um cidadão, nem para a saúde e procriação, já o hábito que exige demasiado cuidado é insalubre e impróprio para o trabalho; a melhor condição é a que existe entre tais hábitos. O hábito corporal, portanto, deve ser treinado pelo exercício, mas não por exercícios violentos, e não apenas [10] para uma forma de trabalho, como é o caso do atleta, mas para as atividades de homens livres. E esses arranjos devem ser fornecidos igualmente para homens e mulheres.

As grávidas também devem cuidar do corpo, não evitando exercícios nem adotando uma dieta baixa; isso é fácil para o legislador garantir, ordenando-lhes que façam uma jornada [15] diária para o culto das deusas cujo ofício é o controle do parto. No que diz respeito à mente, ao contrário, convém-lhes passar o tempo com menos fadiga do que em relação ao corpo; pois as crianças, antes do nascimento, são evidentemente afetadas pela mãe, assim como as plantas em crescimento são pela terra.

Quanto a expor ou [20] criar os filhos nascidos, que haja uma lei que nenhuma criança deformada seja criada, mas, em razão do número de filhos, se os costumes regulares impedirem que algum dos nascidos seja exposto, deve haver um limite fixado para a procriação; e se alguém tiver um filho como resultado de relações sexuais em contravenção a estes regulamentos, o aborto deve ser praticado antes que o embrião tenha desenvolvido sensibilidade [25] e vida; a linha entre o aborto legal e ilegal será marcada pela presença da sensibilidade e de estar vivo.

Posto que foi definido o início da idade apta para o homem e para a mulher, em que eles devem iniciar sua união conjugal, devemos decidir, também, por quanto tempo é conveniente para eles servirem à *pólis* na questão de produzir filhos. Os filhos de pais muito idosos, [30] assim como os de pais muito jovens, nascem imperfeitos no corpo e na mente; e os filhos gerados em idade avançada dos pais também são fracos. Portanto, o período deve ser limitado para corresponder à plenitude mental; e esta, no caso da maioria dos homens, é a idade declarada por alguns dos poetas – que medem a idade dos homens por períodos de sete anos – e é cerca de cinquenta anos. [35] Portanto, os homens que ultrapassarem essa idade em quatro ou cinco anos devem ser exoneradas do dever de produzir filhos para a comunidade e, pelo resto de suas vidas, se tiverem relações sexuais, deve ser manifestamente por causa da saúde ou por alguma outra razão similar.

Quanto à relação extraconjugal com outra mulher ou homem, em geral, deve ser desonroso para eles serem conhecidos por praticarem isso em qualquer circunstância durante o período em que [40] são casados e chamados de marido e mulher. Qualquer um que seja descoberto fazendo coisa desse tipo, durante seu período de procriação, **[1336a]** [1] deve ser punido com a perda de direitos cívicos proporcional ao delito cometido.

Quando os filhos nascem, o modo particular de criação adotado referente aos alimentos deve ser considerado uma importante influência determinante em relação ao vigor corporal. [5] Pela observação dos outros animais, e também dos povos estrangeiros que têm como objetivo manter o corpo adequado à guerra, parece que uma dieta com uma abundância de leite é mais adequada ao corpo das crianças, e com a menor quantidade de vinho possível, por conta das doenças que causa. Além disso, é vantajoso submeter seus corpos a tantos movimentos quanto possível ainda na infância. [10] Para evitar a deformidade dos membros ainda frágeis, alguns povos, ainda hoje, empregam certos dispositivos que impedem que os corpos das crianças sejam torcidos. Também é vantajoso acostumar seus corpos, desde tenra infância, ao frio, pois isso é muito útil tanto para a saúde [15] quanto para o serviço militar. Por isso, entre muitas raças que não são gregas, é costume, no caso de alguns povos, lavar as crianças ao nascer, mergulhando-as em um rio frio, e em outros povos, como os celtas, dar-lhes poucas vestimentas. É melhor acostumá-las desde o início a tudo o que for possível, mas acostumá-las gradualmente; e o hábito corporal das crianças é naturalmente bem adaptado pelo calor para ser treinado a suportar o frio. [20] No primeiro período da vida é conveniente empregar esses métodos ou outros semelhantes.

O período seguinte das crianças dura até os cinco anos de idade, que ainda não é bom direcionar a nenhuma aprendizagem nem a trabalhos compulsórios, [25] a fim de que não impeçam o crescimento. Deve-se, no entanto, permitir movimentos suficientes para evitar a inatividade; este exercício deve ser obtido por meio de várias atividades, particularmente com jogos. Os jogos não devem ser impróprios, nem trabalhosos, nem indisciplinados, mas de modo a tornar a criança livre. [30] Também a questão do tipo de contos e histórias que devem ser contadas às crianças dessa idade deve ser atendida pelos funcionários chamados de *pedonómoi*. Todas essas diversões devem preparar o caminho para suas atividades posteriores; portanto, a maioria dos jogos infantis deve ser imitações das ocupações sérias da vida adulta. [35] Os legisladores das *Leis*[59] proíbem que as crianças tenham crises de choro, mas essa proibição é um erro; o choro contribui para o crescimento, pois serve, de certa forma, como exercício para o corpo, uma vez que prender a respiração é um fator que dá força no trabalho duro, e isso ocorre também com as crianças quando elas choram.

[40] Os *pedonómoi* devem supervisionar os passatempos das crianças e, sobretudo, devem cuidar para que elas se associem o menos possível com os escravos. As crianças desta idade **[1336b]** [1] até os sete anos devem, obrigatoriamente, ser criadas em casa; então é razoável supor que mesmo nessa idade elas podem aprender coisas indignas a partir do que ouvem e veem. O legislador [5] deve, portanto, banir totalmente a conversa indecente da *pólis*, tanto quanto qualquer outra coisa (pois o uso da conversa indecente sobre qualquer coisa vergonhosa logo passa à ação). Os jovens, principalmente, devem ser impossibilitados de ouvir ou dizer qualquer coisa do tipo; e quem for encontrado dizendo ou fazendo qualquer dessas coisas proibidas, já sendo livre, mas ainda não autorizado [10] a frequentar as refeições públicas, deve ser punido com espancamento e outros castigos corporais; e o infrator sendo mais velho deve ser punido com um vexame degradante para um homem livre, por seu comportamento indigno.

Uma vez que banimos qualquer conversa desse tipo, é claro que também devemos banir a visão de imagens ou representações que [15] sejam indecentes. Os magistrados devem, portanto, tomar cuidado para que não haja esculturas ou pinturas que representem atos indecentes, exceto nos templos de certos deuses, em que a lei permite até mesmo a indecência; em relação a isso, a lei permite que homens ainda em idade adequada adorem os deuses tanto em seu próprio nome quanto em nome das crianças e mulheres. [20] Os mais jovens não devem ser admitidos na plateia de sátiras e comédias até atingirem a idade em que terão o direito de se sentar à mesa em companhia dos mais velhos e beber vinho. A essa altura da idade, sua educação os tornará imunes aos efeitos nocivos de tais coisas.

Por hora, apenas mencionamos esses assuntos de modo passageiro, mas em uma ocasião futura devemos parar para resolvê-los mais definitivamente, [25] primeiro discutindo completamente se a legislação que proíbe a assistência aos jovens é desejável ou não, e como essa proibição deve ser posta em vigor. Porém, na presente ocasião, tocamos na questão apenas da maneira necessária. Talvez não seja ruim colocar a observação do ator trágico Teodoro: ele nunca permitiu que outro ator entrasse primeiro em cena, por mais vulgar que fosse, [30] pois dizia que o público é atraído pelo que ouve primeiro. Isso acontece da mesma forma nas nossas relações com as pessoas e com as coisas: gostamos mais de tudo o que vem primeiro. Por isso, devemos fazer com que todas as coisas maldosas não sejam familiares aos jovens e, especialmente, aquelas [35] que envolvem depravação ou hostilidade.

Passados os cinco anos, as crianças devem passar os dois anos seguintes, até a idade dos sete, a assistir às lições que elas próprias terão de aprender mais tarde.

Há duas idades nas quais a educação deve ser dividida: dos sete anos até a puberdade, e [40] da puberdade até os vinte e um anos. Aqueles que dividem as idades em períodos de sete anos, geralmente, não estão errados, [1337a] [1] mas convém seguir a divisão feita pela natureza, pois toda arte e educação visam suprir as deficiências da natureza.

Em primeiro lugar, portanto, devemos considerar se alguma regulamentação em relação à educação das crianças deve ser instituída; em seguida, se é vantajoso [5] que essa educação seja conduzida em caráter público ou privado (como é feito atualmente na maioria das *pólis*); em terceiro lugar, de que natureza deve ser essa educação.

Livro VIII

[1337a] [11] Ninguém contestaria que a educação dos jovens requer atenção especial do legislador. De fato, a negligência disso nas *pólis* é prejudicial aos seus regimes. A educação deve ser adaptada de acordo com cada regime, já que importa defender o caráter particular pertencente [15] a cada regime tal como foi estabelecido originalmente. Por exemplo, o caráter democrático promove a democracia, e o caráter oligárquico a oligarquia; e o melhor caráter sempre causa um melhor regime. Além disso, em relação a todas as faculdades e artes, certas formas de educação e [20] treinamento preliminares em suas várias operações são necessárias, o que manifestamente também é necessário em relação às ações da virtude.

Como toda *pólis* tem um único fim, é evidente que a educação também deve, necessariamente, ser única e a mesma para todos, e que a superintendência desta deve ser pública, e não privada como é atualmente, [25] em que cada homem supervisiona a educação de seus próprios filhos, ensinando-os, de modo particular, qualquer ramo especial de conhecimento que considere adequado. Os assuntos de interesse público devem estar sob supervisão pública; ao mesmo tempo, nenhum cidadão deve julgar-se útil por si próprio, uma vez que todos pertencem à *pólis*, pois cada um é uma parte dela. É [30] natural que a superintendência das várias partes considere a superintendência do todo. E pode-se elogiar os espartanos a respeito disso, pois eles prestam a maior atenção ao treinamento de seus filhos e o conduzem em um sistema público.

Fica claro, portanto, que deve haver uma legislação sobre educação e que ela deve ser conduzida em um sistema público.

Deve-se considerar, ainda, a questão sobre o que constitui a educação e qual [35] é a maneira adequada de ser educado. Atualmente, existem diferenças de opinião quanto às tarefas apropriadas a serem estabelecidas; pois todos os povos não concordam quanto às coisas que os jovens devem aprender, seja para a virtude ou para a melhor vida, nem é claro se seus estudos devem ser regulados mais pelo intelecto ou pelo caráter. As questões confusas que surgem [40] quanto a que tipo de educação deve realmente prevalecer só gera mal-entendidos, pois não está nada claro se os alunos devem praticar atividades que são moralmente edificantes ou realizações mais elevadas em virtude; todas essas visões ganharam o apoio de alguns juízes; [1337b] [1] e nada é acordado no que conduz à virtude: para começar, nem todos os homens honram a mesma virtude, de modo que, naturalmente, têm opiniões diferentes quanto ao seu exercício.

Portanto, não é difícil ver que aos jovens devem ser ensinadas as artes que são absolutamente necessárias; [5] mas é claro que não devem ser ensinadas todas as artes úteis, sendo distintas as atividades dos homens livres e as dos não livres; e é claro que importa realizar aquelas artes úteis que não tornem a pessoa vulgar. Uma tarefa, uma arte ou uma ciência devem ser consideradas vulgares se tornam o corpo, a alma ou [10] a mente de homens livres inúteis para os empregos e ações da virtude. Por isso, intitulamos vulgares todas as artes que deterioram a condição do corpo, tais como os ofícios assalariados, pois eles mantêm a mente presa e degradada. [15] Há, ainda, as ciências liberais das quais os homens livres podem participar até certo ponto, pois dedicar-se a elas com muita assiduidade é suscetível a ter os resultados prejudiciais que acabamos de especificar. Também faz muita diferença o objetivo que se tem em vista em uma busca ou estudo; a prática de certos atos por causa de si mesmo ou de seus amigos, ou por motivos morais, em nada degrada o homem, [20] mas o homem que faz os mesmos atos por causa de outras pessoas, muitas vezes, parece estar agindo como um escravo ou assalariado.

Os ramos de estudo, atualmente estabelecidos, se enquadram em ambas as classes, como foi dito antes. Há praticamente [25] quatro disciplinas habituais de educação: leitura e escrita, ginástica, música e, em quarto lugar, com algumas pessoas, desenho. A leitura, a escrita e o desenho sendo ensinados por serem úteis para os propósitos da vida e por terem várias aplicações; e a ginástica por contribuir para com a coragem. Quanto à música, aqui se pode levantar uma questão. Atualmente, a maioria das pessoas estuda música por prazer; mas aqueles que originalmente a incluíram na educação desde o início [30] o fizeram porque, como já foi dito muitas vezes, a própria natureza não só procura operar corretamente, mas também procura ocupar bem o lazer; pois – falemos sobre isso mais uma vez – este é o princípio de todas as coisas. Se o trabalho e o lazer são necessários (embora o lazer seja mais desejável e um fim mais completo do que o trabalho), devemos pesquisar [35] qual é a ocupação de tempo adequada ao lazer. Certamente, não deve ser empregado em jogos, pois seguiria, assim, que jogar é nosso fim na vida. Todavia, se isso é impossível (aliás, os jogos devem ser empregados em nossos tempos de trabalho, pois um homem que está no trabalho precisa de descanso, e o descanso é o objetivo do jogo, enquanto o trabalho é acompanhado de cansaço [40] e esforço), segue-se que, em se tratando dos jogos, devemos observar a oportunidade certa para seu emprego, já que os estamos aplicando para servir como remédio; pois a atividade de jogar é um relaxamento da alma e serve como recreação por conta do prazer que causa.

[1338a] [1] Por outro lado, o próprio lazer parece conter em si mesmo prazer, felicidade e ventura. E isso não é usufruído pelos que trabalham, mas pelos ociosos; pois o homem ocupado ocupa-se por causa de algum fim que não está em sua posse. A felicidade é um fim em si próprio, que todos os homens pensam ser acompanhado de [5] prazer e não de dor. No entanto, nem todos definem esse prazer da mesma maneira, mas de acordo com suas várias naturezas e seus próprios caráteres. O prazer com o qual o melhor homem pensa que a felicidade está conjunta é o melhor prazer e é aquele que surge das fontes mais nobres. Que fique claro, portanto, [10] que alguns assuntos devem ser aprendidos e adquiridos apenas com vistas ao prazer, e que esses estudos e esses ramos de aprendizado são fins em si mesmos, enquanto as formas de aprendizado relacionadas ao trabalho são estudadas conforme necessário e como meio para outras coisas.

Portanto, nossos predecessores incluíram a música na educação não como uma necessidade [15] (pois não há nada de necessário nisso), nem como uma utilidade, tal como acontece com a leitura e a escrita que são úteis para o trabalho, para o gerenciamento doméstico, para adquirir aprendizado, para muitas atividades políticas, ou como acontece com o desenho que parece ser útil para apreciarmos melhor as obras dos artistas, ou ainda com a ginástica, em relação [20] à saúde e à força corporal (não vemos nenhuma dessas coisas produzidas como um resultado da música). Resta, portanto, que a música seja útil como passatempo no lazer, que é evidentemente o propósito para o qual as pessoas realmente a introduzem no ensino, pois a classificam como uma forma de passatempo apropriada para homens livres. Por esta razão, Homero escreveu: [25] *"apenas ele deve ser convocado para o banquete festivo"*, e depois dessas palavras, ele escreve sobre os outros hóspedes *"que convidam o aedo para que ele possa alegrar a todos"*. E também, em outros versos, Odisseu diz que este é o melhor passatempo, com os homens desfrutando de bom ânimo quando *"sentados na ordem devida por todo o salão, podem ouvir um aedo cantar"*.

[30] É claro, portanto, que existe uma forma de educação na qual os filhos devem ser educados não porque seja útil ou necessário, mas como liberal e nobre. Embora essa educação implique um ou vários saberes, isso deve ser discutido mais tarde[60], além de quais são esses saberes e como devem ser perseguidos. Como fizemos muito progresso [35] no caminho até aqui, temos um testemunho antigo no que se refere à educação tradicional que os antigos fundaram, e esse ponto é provado pela música. Também é claro que alguns dos saberes úteis devem ser estudados pelos jovens não apenas por sua utilidade, como o estudo da leitura e da escrita, mas também porque podem levar a muitos [40] outros ramos do conhecimento; e, da mesma forma, devem estudar desenho, não para evitarem erros em suas compras particulares ou evitarem ser enganados na compra e venda de bens, **[1338b]** [1] mas sim porque este estudo torna o homem observador da beleza corporal; e buscar utilidade em todos os lugares é totalmente inadequado para homens livres e de grande alma.

Como é evidente que a educação baseada no hábito deve vir antes da educação baseada na razão, e o treinamento do corpo antes do treinamento da mente, [5] fica claro, a partir dessas considerações, que os filhos devem ser entregues aos cuidados de um mestre de ginástica e de um treinador; pois o último confere uma certa qualidade ao hábito do corpo e o primeiro às suas ações.

Atualmente, algumas das *pólis* que têm a reputação de prestar uma grande atenção às crianças produzem [10] nelas um hábito atlético em detrimento de sua forma e crescimento corporais. Os espartanos, embora tenham evitado esse erro, ainda fazem com que seus meninos se tornem mais brutos com árduos exercícios, na crença de que isso é o que mais contribui para adquirir uma coragem viril. No entanto, como já foi dito muitas vezes, não é correto regular a educação tendo em vista apenas uma virtude, ou uma virtude acima de todas; na verdade, os espartanos [15] nem mesmo investigam a questão de saber se essa virtude deve ser considerada, pois não vemos, nem nos animais nem no caso das raças estrangeiras, a coragem de acompanhar os mais selvagens, mas sim os mais gentis e o que mais se assemelham ao caráter do leão. Há muitas raças estrangeiras [20] inclinadas ao assassinato e ao canibalismo, como entre os povos do Mar Negro – os Aqueus e os Heníoco –, e outros povos do continente, tanto ou ainda mais selvagens do que estes, que vivem do saque, mas não possuem nenhuma parcela de coragem. Também sabemos que mesmo [25] os espartanos, embora antes persistissem sozinhos em seus laboriosos exercícios e superassem todos os outros povos, agora ficam atrás dos outros tanto nas competições atléticas quanto nas militares; pois costumavam não se destacar porque exercitavam seus jovens dessa maneira, mas apenas porque treinavam e seus adversários não.

[30] Consequentemente, é o espírito bem formado, e não o rude, que deve desempenhar o papel principal; pois não é um lobo, nem um dos outros animais selvagens, que se aventurará em qualquer perigo nobre, mas sim um bom homem. Aqueles que deixam as crianças praticarem demais esses árduos

exercícios, tornando-os destreinados nas coisas necessárias, na verdade os tornam vulgares, tornando-os disponíveis para serem usados para apenas [35] uma tarefa de cidadão, e mesmo essa fica inferior a outras, como prova nosso argumento anterior. Não devemos, porém, julgar os espartanos por suas realizações anteriores, mas pelos fatos de hoje; pois agora eles têm rivais na arte de educar, mas antes não tinham nenhum.

Concorda-se, portanto, que devemos empregar o treinamento de ginástica e como devemos empregá-lo. [40] Até a puberdade, deve-se fazer exercícios mais leves, proibindo dietas duras e esforços severos, para que nada impeça o crescimento; [1339a] [1] pois há provas de que um treinamento muito severo pode produzir esse resultado: dentre os vencedores olímpicos só se encontram dois ou três espartanos, tanto homens quanto crianças, porque quando se treina na juventude, os exercícios severos roubam a força. Quando, a partir da [5] puberdade, as crianças passam três anos dedicados a outros estudos, então é adequado ocupar o próximo período da vida com exercícios árduos e dieta rigorosa como parte do treinamento. É errado trabalhar arduamente a mente e o corpo ao mesmo tempo; pois trata-se de duas práticas opostas que produzem efeitos opostos, visto que o trabalho [10] corporal impede o desenvolvimento da mente e o trabalho mental é um obstáculo para o corpo.

Sobre a música, por outro lado, já levantamos algumas questões no curso de nossa argumentação, mas é bom retomá-las e levá-las adiante agora, para que isso possa fornecer a base, por assim dizer, [15] dos princípios sobre o tema. Não é fácil dizer exatamente qual é a potência que a música possui, nem a razão pela qual deve ser cultivada – seja para diversão ou relaxamento, da mesma maneira que recorremos à bebida e ao sono (estas em si não são atividades sérias, mas meramente agradáveis, além de "relaxar nossos cuidados", como diz Eurípides; devido a isso que as pessoas classificam [20] a música junto com o sono e a bebida, além de colocarem a dança nessa mesma classificação); ou se devemos pensar que a música conduz, em certo grau, à virtude (sendo a música capaz de produzir uma certa qualidade de caráter, assim como a ginástica é capaz de produzir uma certa qualidade do corpo; também a música pode conferir caráter aos homens, se estes se acostumarem ao hábito de usá-la [25] corretamente); ou, ainda, que ela contribui para o entretenimento intelectual e a cultura (esta deve ser colocada como uma terceira alternativa entre as mencionadas).

Não é difícil ver que não se deve fazer da diversão o objetivo da educação dos jovens; pois a diversão não acompanha o aprendizado – o aprendizado é um processo doloroso. Além disso, também não convém atribuir entretenimento intelectual às crianças [30] e aos jovens; pois uma coisa que é um fim não pertence a nada que seja imperfeito. Talvez possa-se pensar que as atividades sérias das crianças são por diversão quando crescerem e se tornarem adultas, mas, se assim fosse, por que os jovens precisam aprender por si mesmos esse feito, e não partilhar do prazer e da instrução da música por meio de outros que a executam, como acontece com os reis dos persas e [35] dos medos? Aqueles que fizeram da música um negócio e profissão devem necessariamente ter um desempenho melhor do que aqueles que praticam apenas o tempo suficiente para aprender. Se devem aprender música, então também seria correto [40] que aprendessem a cozinhar; mas isso é um absurdo. A mesma dificuldade surge também quanto à questão de saber se aprender música pode melhorar um caráter; por que razão deve-se aprender a tocar música, **[1339b]** [1] em vez de aprender a apreciá-la corretamente e ser capaz de julgá-la quando se ouve outros se apresentando, assim como fazem os espartanos? Pois os espartanos, embora não aprendam a tocar, podem, no entanto, julgar a boa e a má música corretamente, assim pelo menos se diz. O mesmo argumento se aplica também se a música for empregada para prazer [5] e entretenimento próprios de homens livres: por que é necessário aprender a se apresentar em vez de apreciar a música tocada por outros? Podemos considerar a concepção que temos sobre os deuses: Zeus não canta nem toca cítara. Aliás, músicos profissionais são frequentemente considerados pessoas inferiores e, de fato, não é visto como viril um [10] homem tocar música, exceto quando bêbado ou por diversão. Contudo, talvez esses pontos tenham de ser considerados depois.

Nossa primeira indagação é se a música deve ou não ser incluída na educação, e qual é a sua eficácia entre os três usos dela que foram discutidos – ela serve para educação, diversão ou entretenimento? É razoável incluí-la em qualquer destas três ordens, [15] pois parece participar de todas elas. A diversão é para o relaxamento, e o relaxamento deve necessariamente ser prazeroso, pois é uma forma de curar a dor do trabalho penoso; o entretenimento deve ser não apenas honroso, mas também agradável, pois a felicidade deriva tanto da honra quanto do prazer e todos nós declaramos [20] que a música é uma das coisas mais agradáveis, seja só instrumental seja acompanhada de canto (com efeito, Museu diz: "*A música é o que há de mais prazeroso aos mortais*", e é por isso que as pessoas, com razão, a introduzem em festas e entretenimentos, por seu efeito de promover a alegria), de modo que, também por esta razão, se pode supor que os homens mais jovens devem ser educados [25] em música. Todos os prazeres inofensivos não servem apenas para o objetivo final, mas também para o relaxamento; e como raramente acontece de os homens alcançarem seu objetivo final (mas pelo contrário eles frequentemente descansam e buscam diversão no jogo, não tanto com um objetivo, mas em razão do prazer que nele desfrutam), seria útil deixá-los relaxar em intervalos nos prazeres propiciados pela música.

Também sucede que os homens fazem da diversão um fim, pois o fim talvez contenha [30] um certo prazer – mas não um prazer qualquer – e, procurando este fim, eles confundem com outro porque apresenta certa semelhança com a realização do fim de suas ações. O fim prazeroso é desejável não por causa de uma coisa futura (nem os prazeres de que falamos são desejáveis por causa de algum resultado futuro), [35] mas por causa de coisas que já aconteceram, como o trabalho e a dor. Pode-se, então, supor que esta é a razão que leva os homens a buscarem a felicidade por meio desses prazeres. No caso de participar na música, não é só por [40] esta razão, mas também porque tocar música é útil, ao que parece, para relaxar. No entanto, devemos examinar se não é o caso da **[1340a]** [1] natureza da música ser demasiada honrosa para ser reduzida a esse uso; também se é apropriado participar do prazer comum que surge dela, que é perceptível a todos (pois o prazer contido na música é de espécie natural, e por isso seu uso agrada a todas as idades e [5] caráteres); e finalmente, ver se sua influência atinge também o caráter e a alma. É evidente que será assim, no caso de sermos afetados em nossos caráteres pela música, de uma certa maneira. É claro que somos afetados, tanto por muitos outros tipos de música quanto pelas melodias de Olimpo; [10] pois estes certamente tornam nossas almas entusiasmadas, e o entusiasmo é uma afeição do caráter da alma. E, além disso, todos ao ouvir imitações são lançados a um estado de sentimento correspondente, além dos próprios ritmos e melodias. Já que a música é uma das coisas que dão prazer, [15] e que a virtude tem a ver com sentir prazer, amor ou ódio, obviamente não há nada que seja mais necessário aprender, e se acostumar, do que julgar corretamente e alegrar-se com costumes virtuosos e ações nobres.

Ritmos e melodias contêm imitações que correspondem perfeitamente à verdadeira natureza da raiva e [20] da mansidão, também da coragem e da temperança, e de todos os seus opostos e outras qualidades morais (e isso fica claro pelo que ocorre: mudamos nosso estado de espírito quando ouvimos essas imitações). O hábito de sentir dor e prazer em imitações da realidade está próximo de senti-las [25] na realidade (por exemplo, se um homem se deleita em contemplar a estátua de alguém por nenhuma outra razão senão por causa de sua forma, a visão real da pessoa cuja estátua ele contempla também deve necessariamente dar-lhe prazer).

Quanto às outras sensações, acontece que não há imitações do caráter, tais como [30] o tato e o paladar. No caso da visão, a imitação ocorre de forma leve, pois existem figuras que representam o caráter, mas apenas em pequena medida, e nem todos os homens participam da percepção visual de tais qualidades; também as obras de arte visuais não são representações de personagens, mas as formas e cores produzidas são meras indicações de caráter, e essas indicações são apenas sensações corporais [35] durante as emoções. Contudo, na medida em que há diferença mesmo no que diz respeito à observação dessas indicações, o jovem não deve comtemplar as obras de Páuson, mas as de Polignoto, assim como de qualquer outro pintor ou escultor de caráter nobre.

Por outro lado, as melodias também contêm em si imitações de caráter; e isso é manifesto, [40] pois até mesmo as meras melodias possuem, em sua natureza, diferenças, de modo que as pessoas, ao ouvi-las, são afetadas de maneiras diferentes e não têm as mesmas emoções em relação a cada uma delas. Umas melodias nos deixam em um estado triste e melancólico, [1340b] [1] como a chamada mixolídia; outras nos deixam em um estado de espírito mais suave, como as lânguidas; e outras em um estado intermediário e com maior compostura, como o modo dórico das melodias parece agir, enquanto o modo frígio deixa os homens entusiasmados.

[5] Essas coisas são bem declaradas por aqueles que estudaram essa forma de educação, pois derivam a evidência para suas teorias dos fatos reais da experiência. Isso vale para os ritmos também, pois alguns têm um caráter mais estável e outros mais emocional, e destes últimos alguns são mais vulgares em seus efeitos emocionais e outros mais liberais. [10] Destas considerações, portanto, fica claro que a música tem o poder de produzir certo efeito sobre o caráter moral da alma, e se tem o poder de fazê-lo, é claro que os jovens devem ser direcionados à música e devem ser assim educados desde o início. Também a aprendizagem [15] da música está bem adaptada à natureza juvenil; pois os jovens, devido à sua juventude, não podem suportar nada que não seja prazeroso, e a música é, por natureza, uma coisa que tem um prazer agradável. Além disso, parece que temos uma certa afinidade com melodias e ritmos; é nesse sentido que muitos sábios dizem que a alma é uma harmonia ou que tem harmonia.

[20] Devemos, agora, decidir a questão levantada anteriormente, se os jovens devem aprender música cantando e tocando, ou não. Não é difícil ver que faz uma grande diferença no processo de aquisição de uma certa qualidade se a pessoa participa das ações que a conferem; pois é impossível, ou difícil, tornar-se um bom juiz de [25] performances se não tiver participado delas. Ao mesmo tempo, as crianças devem ter alguma ocupação em seu tempo livre, e deve-se pensar, nesse sentido, no chocalho de Árquitas – que

é dado às crianças para que, [30] enquanto ocupadas com isso, não quebrem nenhum dos móveis – como uma preciosa invenção, visto que os mais novos não conseguem ficar quietos. Enquanto, então, um chocalho é uma ocupação adequada para crianças pequenas, a educação serve como um chocalho para os jovens quando mais velhos. Tais considerações provam, portanto, que as crianças devem ser treinadas em música para realmente participarem de sua performance.

Não é difícil distinguir o que é adequado e inadequado [35] para cada idade, e refutar aqueles que afirmam que a prática da música é vulgar. Em primeiro lugar, na medida em que é necessário tomar parte nos espetáculos para julgá-los, é, portanto, apropriado que os alunos, quando jovens, se envolvam efetivamente nos espetáculos. Quando envelhecem, são dispensados de atuar, mas podem julgar o que é belo e desfrutá-lo corretamente por causa do estudo em que se empenharam em sua juventude. Então, [40] quanto à objeção levantada por alguns de que a música torna as pessoas vulgares, não é difícil refutá-la considerando até que ponto os alunos que estão sendo educados com vistas à virtude cívica devem participar da execução real da música, **[1341a]** [1] e em que melodias e ritmos eles devem participar, além de que tipos de instrumentos devem ser usados em seus estudos, pois isso naturalmente faz a diferença. A solução da objeção depende desses pontos, pois é bem possível que alguns estilos musicais produzam o resultado mencionado. É manifesto, portanto, que o estudo [5] da música não deve atrapalhar as atividades subsequentes, nem vulgarizar a estrutura corporal e torná-la inútil para os exercícios de soldado e de cidadão, seja os que se praticam inicialmente seja os que se aprendem mais tarde.

Essa aprendizagem aconteceria [10] se os alunos não continuassem trabalhando nos exercícios que visam as competições profissionais, nem nos maravilhosos e elaborados desempenhos que agora entraram nas competições e passaram das competições para a educação; a música deveria ser estudada pelos jovens o suficiente até serem capazes de desfrutar de belas melodias e ritmos, [15] e não apenas o encanto comum a todas as músicas, que até mesmo alguns animais, crianças e escravos desfrutam.

Fica claro, a partir dessas considerações, que tipo de instrumentos eles devem utilizar. A flauta não deve ser introduzida na educação, [20] nem qualquer outro instrumento profissional, como a cítara ou qualquer outro do gênero, mas instrumentos que os tornem alunos atentos, tanto em seu treinamento musical quanto em suas outras aulas. Além disso, a flauta não é um instrumento moral, mas estimulante, de modo que deve ser usada para ocasiões do tipo em que o espetáculo tem o efeito de purificação e não de instrução. Acrescentemos, ainda, que a flauta possui a propriedade adicional contra seu uso [25] na educação de que tocá-la impede o emprego da fala. Por esse motivo que os antigos rejeitaram, com razão, o seu uso pelos jovens e homens livres, embora, a princípio, o tivessem empregado. Como eles passaram a ter mais lazer por causa de sua riqueza e se tornaram magnânimos e valorosos (tanto antes quanto depois [30] das Guerras Médicas) e estavam cheios de orgulho como resultado de suas realizações, eles começaram a se envolver mais em todos os ramos da aprendizagem, sem fazer distinção. Por isso, incluíram até tocar flauta entre seus estudos, como sucedeu em Esparta, onde um certo líder de coro tocava flauta para seu coro, e em Atenas, onde se tornou tão elegante o uso da flauta que quase [35] a maioria dos homens livres começou a tocá-la, como mostra a placa dedicada a Trasipo, depois de ter sido corifeu de Ecfândites. Mais tarde, a flauta veio a ser desaprovada como resultado de sua prática intensa, pois os homens se tornaram mais capazes de julgar que música conduzia à virtude e a que não conduzia. Da mesma forma também muitos dos instrumentos antigos foram reprovados, [40] como as péctides[61] e os bárbitos[62], e os instrumentos destinados a dar prazer a quem os ouve sendo tocados, como o heptágono, o triângulo e o sambuca[63], **[1441b]** [1] e todos os instrumentos que exigem habilidade manual. De fato, há uma boa razão para a história que foi contada pelos antigos sobre a flauta. Reza a lenda que Atena encontrou uma flauta e a jogou fora; não erraram ao dizer que a deusa fez isso por [5] aborrecimento de ver que usar a flauta destorcia seu rosto; mas, na verdade, é mais provável que tenha sido porque a educação em tocar flauta não tem efeito sobre a inteligência e atribuímos ciência e arte a Atena.

Como rejeitamos a educação profissional tanto no que se refere aos instrumentos como à execução [10] (entendemos como profissional a *performance* em competições, pois o tocador não participa delas para seu próprio aperfeiçoamento, mas para o prazer de seus ouvintes, e esse prazer é considerado vulgar, devido ao qual não consideramos que o desempenho seja apropriado para homens livres, mas um tanto quanto servil). [15] De fato, os intérpretes tornam-se vulgares, pois o objetivo a que visam é baixo, pois a vulgaridade do público geralmente influencia a música, de modo que afeta os artistas que a praticam com o objetivo de agradar ao ouvinte, e também degrada a estrutura corporal devido aos movimentos necessários.

Devemos, portanto, dar alguma consideração às harmonias e ritmos, [20] e à questão de saber se, para fins educacionais, devemos empregar todas as harmonias e todos os ritmos ou fazer distinções entre elas; em seguida, se para aqueles que trabalham com música na educação devemos estabelecer o mesmo regulamento, ou devemos estabelecer um terceiro (como vemos que os componentes na música são a melodia e o ritmo, é importante observar [25] que influência cada uma delas tem sobre a educação); e, ainda, se devemos preferir música com uma boa melodia ou música com um bom ritmo. Consideramos que muito é dito sobre esses assuntos por alguns dos músicos da atualidade e por alguns filósofos que por acaso têm experiência em educação musical, e vamos abandonar a discussão [30] precisa sobre cada um desses assuntos. Para quem quiser aprofundar-se no assunto, procure-o nesses citados. Do nosso lado, vamos estabelecer princípios gerais, apenas expondo algumas considerações sobre tal assunto.

Aceitemos a classificação das melodias feita por alguns filósofos, que as dividem em melodias éticas, melodias práticas e melodias emotivas, [35] atribuindo a cada uma as várias harmonias de natureza semelhantes a uma ou outra. Como dissemos que a música deve ser empregada não para o propósito de conferir um benefício, mas sim de vários (pois serve tanto ao propósito de educação quanto de catarse – o termo "catarse" que aqui usamos explicaremos mais claramente seu significado [40] em nosso tratado *Poética*[64] – e, em terceiro lugar, serve para divertir, ou seja, para relaxar nossa tensão e oferecer descanso), **[1342a]** [1] é claro que devemos empregar todas as harmonias, mas não as empregar todas da mesma maneira, e sim usar as éticas para a educação, e as práticas e emotivas para ouvir quando executadas por outros. [5] Qualquer emoção que ocorra de maneira forte em algumas almas é encontrada em todas essas melodias, embora com diferentes graus de intensidade; é o que sucede, por exemplo, com a piedade, o medo, e também o entusiasmo. Algumas pessoas são muito suscetíveis a essa última forma de emoção, e sob a influência da música sacra vemos essas pessoas, quando na presença de melodias que excitam [10] a alma, serem lançadas a um estado de espírito como se tivessem recebido tratamento medicinal e feito um expurgo. Essa mesma emoção, então, deve ocorrer não só aos dominados pela piedade e pelo medo, ou qualquer emoção em geral, mas também aos restantes, na medida em que recai se deixam dominar [15] por tais sentimentos. Todos devem passar por uma catarse e uma agradável sensação de alívio. As melodias purgativas, ou seja, catárticas também proporcionam um deleite inofensivo às pessoas.

Portanto, aqueles que se dedicam à música teatral devem competir nos concursos com harmonias e melodias desse tipo – e como o público pertence a duas classes, uma de homens livres [20] e pessoas educadas, e a outra, a classe vulgar composta de trabalhadores manuais, não qualificados e outros desse tipo, a este último tipo também deve ser atribuídas competições e espetáculos para relaxamento. Assim como suas almas são distorcidas do estado natural, também aquelas harmonias e melodias que são altamente tensas e irregulares em seus tons são desvios. [25] Cada tipo de pessoa recebe prazer do que é naturalmente adequado a elas, e é por isso que os competidores, diante de um público desse tipo, devem ser autorizados a empregar algum tipo de música como esta.

Relativo à educação, como já foi dito, deve-se empregar a classe ética das melodias e das harmonias. [30] Tal é a natureza da harmonia dórica, como dissemos antes; mas também devemos aceitar qualquer outra harmonia que aqueles que participam da filosofia e da educação musical nos recomendem. Sócrates, na *República*[65], não tem razão em permitir apenas o modo frígio junto ao dórico, quando rejeita a flauta entre os instrumentos; **[1342b]** [1] pois a harmonia frígia tem o mesmo efeito entre as harmonias que a flauta entre os instrumentos: ambos são violentamente excitantes e emocionais. Isso é mostrado pela poesia; pois toda versificação báquica, ou todo movimento desse tipo, [5] pertence particularmente à flauta entre os instrumentos, e esses versos encontram seu acompanhamento adequado em melodias na harmonia frígia. Por exemplo, o ditirambo é reconhecido como um medidor frígio, e os especialistas neste assunto apresentam muitos exemplos para provar isso; entre eles há Filoxeno, que tentou compor [10] um ditirambo, *Os Mísios*, no modo dórico, e foi incapaz de fazê-lo, e apenas pela força da própria natureza ditirâmbica restituiu a composição ao modo frígio, que era o mais adequado. Todos concordam que o modo dórico é mais sereno e de caráter especialmente viril. Além disso, como elogiamos e [15] dizemos que devemos buscar sempre o meio-termo entre os extremos, e o modo dórico tem essa natureza em relação às outras harmonias, é claro que convém aos alunos mais jovens serem mais educados nas melodias dóricas.

Há dois objetivos a visar: o possível e o adequado. Nesse sentido, somos obrigados a tentar as coisas que são possíveis e as que são adequadas para cada classe das pessoas envolvidas. [20] Nessas questões também há linhas divisórias traçadas pelas idades. Por exemplo, aqueles com idade mais avançada não podem cantar facilmente as harmonias em tons agudos, pois, para as pessoas dessa idade, a natureza sugere as harmonias lânguidas. Portanto, alguns especialistas musicais também criticam, e com razão, Sócrates, porque ele desaprovava as harmonias lânguidas para diversão, [25] tomando-as como tendo o caráter de embriaguez, não no sentido de efeito de bebida forte, pois isso claramente tem mais o resultado de tornar os homens mais excitados, mas no sentido da fadiga que provocam. Portanto, tendo em vista o período de vida dos que são relativamente velhos, é apropriado engajar-se nas harmonias e melodias desse tipo também.

Além disso, [30] se existe um tipo de harmonia que seja adequado à idade da infância, capaz de ser ao mesmo tempo decoroso e educativo, tal harmonia seria naturalmente o modo lídio, acima de todas as harmonias. Fica claro, portanto, que devemos estabelecer esses três princípios para orientar a educação: o termo médio, o possível e o adequado. [...][66].

Notas

1 Do grego μοναρχία (monarchía), o poder de um só homem. Portanto, aqui em Aristóteles, trata-se de um uso diferente da ideia moderna da forma de governo comandada por um rei.

2 Algumas palavras gregas parecem ter desaparecido nessa passagem.

3 O termo grego para juros, τόκος (tókos), tem por significação primária "prole", "filhos", "nascimento" e "ação de dar à luz"; uma vez que o conceito de juros é uma multiplicação do dinheiro, o termo passou a ser usado também para o dinheiro que "nasce" do dinheiro.

4 Amásis II, rei do Egito, era desprezado por seus súditos por sua origem no Baixo Egito, então ele mandou fazer uma bacia de ouro para lavar os pés e a montou em área pública. Mais tarde revelou que não se tratava de uma reverência aos deuses, como muitos acreditavam, mas sim uma metáfora sobre a possibilidade de um súdito tornar-se rei. Essa anedota é encontrada nas Histórias, de Heródoto (II, 172).

5 PLATÃO, República, Livro IV, 423e; Livro V, 457a – 466d.

6 Os árcades viviam dispersos em territórios sem delimitação, não atingindo, segundo Aristóteles, a completude unitária que caracteriza uma pólis que é viver em comunidade.

7 ARISTÓTELES, Ética a Nicômaco, Livro V, 8, 1132b.

8 PLATÃO, República, Livro V, 462c.

9 O termo grego φιλία (philía) tem por significação literal a amizade, mas em tal contexto aproxima-se à ideia de laços afetivos.

10 Tal cxcerto textual foi perdido, porém é de fácil suposição que se trata de um contrapondo. Sugestão: "ou é melhor que haja alguma forma limitada do uso comunitário?"

11 Essa passagem foi perdida.

12 Na tecelagem, os primeiros fios de lã, chamados de teia, devem ser de lã resistente e forte, já os fios que seguem a teia, chamados de trama, devem ser de lã mais macia.

13 HOMERO, Ilíada, canto IX, v. 319.

14 Referente ao pagamento oferecido a cidadãos mais desfavorecidos pelo serviço de júri no teatro em Atenas.

15 Moeda grega. Uma mina equivalia a 100 dracmas (cada dracma continha de 4 a 6 gramas de ouro).

16 Essa passagem foi perdida.

17 A batalha de Leuctra, 371 a.C., resultando na vitória de Tebas sobre o exército Espartano.

18 Essa passagem foi perdida.

19 Em grego: πεντακοσιομέδιμνος (pentakosiomédimnos), possuindo terras de 500 alqueires anualmente.

20 Em grego: ζευγίτης (zeugítēs), capazes de manter uma junta de animais.

21 Em grego: ἀόριστος ἀρχή (aóristos arkhḗ)

22 Livro I, 1253a.

23 Ética a Nicômaco, 1131a, 14-24.

24 República, 369b-371e.

25 O primeiro esboço de cidade-Estado (pólis).

26 Ilíada, canto II, verso 204.

27 Chamado também de regime autoritário.

28 Em grego: πολιτεία (politeía).

29 Refere-se ao conceito de kalokagathía.

30 Ética a Nicômaco, 1101a 14.

31 Não se sabe ao certo a quem Aristóteles se refere, possivelmente Sólon ou Terâmenes.

32 Equivale, aproximadamente, a maio no calendário atual.

33 Líderes da classe popular.

34 Ou "Filhos das Donzelas". Diz-se ser originários de sindicatos irregulares. Fundaram Tarento em 708 a.C.

35 Classe espartana de indivíduos com plenos direitos de cidadania por serem nascidos de pai e mãe espartanos.

36 Rei Pausânias II e Rei Agelisau.

37 Sua conspiração contra os Iguais, em 398 a.C. foi descoberta e acabou sendo executado.

38 Fragmento euripidiano de peça desconhecida (Fragmento 883).

39 Magistratura que recebe o nome grego dēmiourgía (δημιουργία), nome dado, em algumas pólis do Peloponeso, para magistraturas mais importantes.

40 Magistraturas com missões oficiais para com os jogos religiosos e oráculos.

41 Geralmente significava executar algo por uma coisa do mesmo tipo, aqui seria a execução de desígnios perversos por agentes perversos.

42 República, livros VIII e IX.

43 Sobre a virtualidade geométrica do "número nupcial", cf. República, livro VIII, 546c.

44 1296b −1297a.

45 Livro IV, 1299b.

46 Livro IV, 1291b – 1292b.

47 A parte urbana.

48 Alusão ao mito referente às cinquenta filhas de Dánao, as danaides, que se casaram com seus primos, e todas, exceto uma, assassinaram seus maridos na noite de núpcias; por tal crime, foram punidas tendo que derramar água em um jarro furado por toda a eternidade.

49 Livro IV, 1320b.

50 Livro IV, 1297b – 1299a.

51 Livro IV, 1299b.

52 Livro I.

53 Livros IV, V e VI.

54 Guerreiro lendário cuja voz possui uma intensidade equivalente à de cinquenta homens. Cf. Ilíada, Canto V, v. 785.

55 Termo de difícil tradução, tem origem no verbo grego συνίστημι (synístēmi) – agrupar, combinar, pôr junto. Na agricultura, parece apontar para o equivalente ao quincux romano: dispor o plantio de modo regular, mas em alternância entre as linhas, ou seja, cada planta de uma linha estando ao lado de um espaço feito por duas plantas da linha ao lado.

56 Ética a Nicômaco, 1098a 16 e 1176b 4.

57 Ética a Nicômaco, 1113a 15.

58 O final desta frase e o início da próxima foram perdidos.

59 Platão, Leis, 792a. Aqui, Platão explicita que o choro de uma criança mostra que ela está aborrecida, e que deve sentir o mínimo de dor possível, ou então ela se tornará rabugenta ao crescer.

60 Esta proposta não é cumprida por Aristóteles.

61 Instrumento de corda, antiga forma da lira ou harpa.

62 Lira de nove cordas.

63 Três instrumentos de cordas diferentes, sendo o último com quatro cordas esticadas em uma estrutura triangular.

64 A referência é, provavelmente, ao Livro II da Poética que foi perdido. Contudo, no Livro VI, Aristóteles atribui a catarse à tragédia, uma purgação emocional da piedade e do medo, dando ao público uma válvula de escape sentimental.

65 Platão, República, 399a.

66 Aqui, o Livro VIII sofre um corte na sequência do que foi exposto. Porém, foi nessa forma incompleta que a Política chegou até nós.

Vozes de Bolso

- *Assim falava Zaratustra* – Friedrich Nietzsche
- *O Príncipe* – Nicolau Maquiavel
- *Confissões* – Santo Agostinho
- *Brasil: nunca mais* – Mitra Arquidiocesana de São Paulo
- *A arte da guerra* – Sun Tzu
- *O conceito de angústia* – Søren Aabye Kierkegaard
- *Manifesto do Partido Comunista* – Friedrich Engels e Karl Marx
- *Imitação de Cristo* – Tomás de Kempis
- *O homem à procura de si mesmo* – Rollo May
- *O existencialismo é um humanismo* – Jean-Paul Sartre
- *Além do bem e do mal* – Friedrich Nietzsche
- *O abolicionismo* – Joaquim Nabuco
- *Filoteia* – São Francisco de Sales
- *Jesus Cristo Libertador* – Leonardo Boff
- *A Cidade de Deus – Parte I* – Santo Agostinho
- *A Cidade de Deus – Parte II* – Santo Agostinho
- *O conceito de ironia constantemente referido a Sócrates* –
  Søren Aabye Kierkegaard
- *Tratado sobre a clemência* – Sêneca
- *O ente e a essência* – Santo Tomás de Aquino
- *Sobre a potencialidade da alma* – De quantitate animae –
  Santo Agostinho
- *Sobre a vida feliz* – Santo Agostinho
- *Contra os acadêmicos* – Santo Agostinho
- *A Cidade do Sol* – Tommaso Campanella
- *Crepúsculo dos ídolos ou Como se filosofa com o martelo* –
  Friedrich Nietzsche
- *A essência da filosofia* – Wilhelm Dilthey
- *Elogio da loucura* – Erasmo de Roterdã
- *Utopia* – Thomas Morus
- *Do contrato social* – Jean-Jacques Rousseau
- *Discurso sobre a economia política* – Jean-Jacques Rousseau
- *Vontade de potência* – Friedrich Nietzsche
- *A genealogia da moral* – Friedrich Nietzsche
- *O banquete* – Platão
- *Os pensadores originários* – Anaximandro, Parmênides, Heráclito
- *A arte de ter razão* – Arthur Schopenhauer
- *Discurso sobre o método* – René Descartes
- *Que é isto – A filosofia?* – Martin Heidegger
- *Identidade e diferença* – Martin Heidegger
- *Sobre a mentira* – Santo Agostinho
- *Da arte da guerra* – Nicolau Maquiavel
- *Os direitos do homem* – Thomas Paine
- *Sobre a liberdade* – John Stuart Mill

- *Defensor menor* – Marsílio de Pádua
- *Tratado sobre o regime e o governo da cidade de Florença* – J. Savonarola
- *Primeiros princípios metafísicos da Doutrina do Direito* – Immanuel Kant
- *Carta sobre a tolerância* – John Locke
- *A desobediência civil* – Henry David Thoureau
- *A ideologia alemã* – Karl Marx e Friedrich Engels
- *O conspirador* – Nicolau Maquiavel
- *Discurso de metafísica* – Gottfried Wilhelm Leibniz
- *Segundo tratado sobre o governo civil e outros escritos* – John Locke
- *Miséria da filosofia* – Karl Marx
- *Escritos seletos* – Martinho Lutero
- *Escritos seletos* – João Calvino
- *Que é a literatura?* – Jean-Paul Sartre
- *Dos delitos e das penas* – Cesare Beccaria
- *O anticristo* – Friedrich Nietzsche
- *À paz perpétua* – Immanuel Kant
- *A ética protestante e o espírito do capitalismo* – Max Weber
- *Apologia de Sócrates* – Platão
- *Da república* – Cícero
- *O socialismo humanista* – Che Guevara
- *Da alma* – Aristóteles
- *Heróis e maravilhas* – Jacques Le Goff
- *Breve tratado sobre Deus, o ser humano e sua felicidade* – Baruch de Espinosa
- *Sobre a brevidade da vida & Sobre o ócio* – Sêneca
- *A sujeição das mulheres* – John Stuart Mill
- *Viagem ao Brasil* – Hans Staden
- *Sobre a prudência* – Santo Tomás de Aquino
- *Discurso sobre a origem e os fundamentos da desigualdade entre os homens* – Jean-Jacques Rousseau
- *Cândido, ou o otimismo* – Voltaire
- *Fédon* – Platão
- *Sobre como lidar consigo mesmo* – Arthur Schopenhauer
- *O discurso da servidão ou O contra um* – Étienne de La Boétie
- *Retórica* – Aristóteles
- *Manuscritos econômico-filosóficos* – Karl Marx
- *Sobre a tranquilidade da alma* – Sêneca
- *Uma investigação sobre o entendimento humano* – David Hume
- *Meditações metafísicas* – René Descartes
- *Política* – Aristóteles
- *As paixões da alma* – René Descartes
- *Ecce homo* – Friedrich Nietzsche

Conecte-se conosco:

f facebook.com/editoravozes

[◯] @editoravozes

🐦 @editora_vozes

▶ youtube.com/editoravozes

🟢 +55 24 2233-9033

www.vozes.com.br

Conheça nossas lojas:

www.livrariavozes.com.br

Belo Horizonte – Brasília – Campinas – Cuiabá – Curitiba
Fortaleza – Juiz de Fora – Petrópolis – Recife – São Paulo

EDITORA VOZES LTDA.
Rua Frei Luís, 100 – Centro – Cep 25689-900 – Petrópolis, RJ
Tel.: (24) 2233-9000 – E-mail: vendas@vozes.com.br